李樹桐著

唐史研究

中華書局印行

目次

唐代帝位繼承之研究

一、前言

自周以後，歷代的帝位繼承，以嫡長子繼承爲經常，以非嫡長子繼承爲權變。李唐建國以後，高祖卽立長子建成爲太子，可知唐代原來也是遵照歷代的成規的。但經玄武門事變，太子建成被殺，遂由次子世民繼位。自此以後，帝位繼承出了軌道，產生出各種方式，論身分有子繼父，有弟繼兄，亦有叔繼姪；子繼父的又有長子與非長子之分。論得繼承的原由，有遵老皇帝之意旨的，有由政爭取得的，有以武力取得的，亦有由宦官擁立的，變化多端，頗爲繁雜。

在帝國時代，皇帝是政府最高的主宰。皇帝的個性和行動，對內影響到政治、經濟、社會、民生等等；對外影響到國際地位的升降，版圖的漲縮等等。唐代的帝位繼承，對於各方面必有不可分的影響力，也是不待卜筮之事。代宗時代，唐室原是聯絡回紇的，但因德宗爲雍王時曾受回紇侮辱，及德宗卽位，很快就與回紇絕交；是帝位繼承影響於外交政策的實例；武宗本極端的崇道抑佛，及宣宗剛繼位，很快就改爲崇佛抑道，又是帝位繼承影響到宗敎發展的例證，凡此等等，不一而足。

帝位繼承影響於各方面既如此之鉅，它的發展如何？必定和國勢興衰大勢是不可分離的。唐代帝位繼承的繁雜，果何因而致此？有無規律可循？變化的理由又何在？影響於國家的又如何？凡此種種，都是不可不加以研究的問題。茲分節研究於後：

二、帝位繼承史略

唐高祖於武德元年（六一八）五月甲子（二十日）受隋禪而即帝位，至六月庚辰（七日）即立長子建成爲皇太子（高祖稱唐王後已立建成爲世子），封次子世民爲秦王。從此以後，隨著唐帝國勢力的發展，他們兄弟兩個各樹軍功，各結人才，逐漸造成太子和秦王兩大勢力的對立。起初只是暗鬭，到武德七年八年時，漸至明爭。及武德九年（六二六）六月四日，秦王伏兵玄武門內，殺了太子建成，高祖在驚恐之下，於六月七日立秦王世民爲皇太子，八月九日，皇太子即位，是爲唐太宗。

太宗即位後，於武德九年十月，立長子中山王承乾（長孫皇后所生）爲皇太子。無奈皇太子有足疾，魏王泰（即濮王泰）潛有奪嫡之意，於是文武群臣，各有附託，各樹朋黨，遂成釁隙。不逞之人遂教太子承乾爲不軌之事。貞觀十七年承乾與兵部尚書侯君集謀反。事被太宗發覺，四月乙酉（六日），廢太子承乾爲庶人。經過太宗和大臣們的各方考慮，於四月丙戌（七日）立太宗第九子晉王治爲皇太子。

貞觀二十三年（六四九）五月二十六日，太宗崩於翠微宮含風殿，皇太子於六月一日即位，是爲高宗。

高宗卽位後，於永徽三年（六五二）七月，册立長子燕王忠（後宮劉氏生）爲皇太子。永徽六年（六五五）十月，高宗廢王皇后，立武昭儀爲皇后。十一月，禮部尙書許敬宗奏請立嫡。顯慶元年（六五六）正月六日，降燕王忠爲梁王，改立武后所生的代王弘（高宗第五子）爲皇太子。

上元二年（六七五）夏四月，太子弘卒（謚孝敬皇帝），六月三日，立雍王賢（武后生，高宗第六子）爲皇太子。

調露二年（卽永隆元年—六八〇）因太子賢有殺武后所寵道士明崇儼的嫌疑，八月二十日，廢太子賢爲庶人。八月二十三日册立英王哲（高宗第七子，武后生，卽中宗）爲皇太子。弘道元年（六八三）十二月四日，高宗崩於東都貞觀殿，十二月六日，皇太子卽位，是爲中宗。

嗣聖元年（六八四）二月六日，武后廢中宗爲廬陵郡王，二月七日，立豫王旦（高宗第八子，中宗母弟）爲皇帝，是爲睿宗。天授元年（六九〇）八月，武太后臨朝，改國號爲周，降睿宗爲皇嗣。

聖曆元年（六九八）九月十五日，册廬陵郡王哲（中宗）爲皇太子，二年（六九九）春二月，改封皇嗣旦爲相王。

神龍元年（七〇五）正月二十二日，鳳閣侍郎張柬之等率羽林軍迎皇太子，進至太后所寢長生殿，逼她傳位，二十四日武太后傳位於皇太子，二十五日，中宗復位。二月四日，復國號爲唐。

中宗復位後的次年（神龍二年—七〇六）七月戊申（五日）立衞王重俊（中宗第三子，後宮生）爲皇太子，韋后以非其所生惡之。韋后所生的安樂公主請廢太子而立己爲皇太女。太子積不能平，於景龍元年（七〇七）七月庚子（五日）以羽林千騎兵誅武三思等，繼攻中宗、韋后、安樂公主於玄武門，不克。次日兵敗而死。

景龍四年（七一〇）六月二日，韋后與安樂公主合謀毒死中宗，立溫王重茂爲皇太子。七日，皇太子卽位（卽殤帝，因在位時短，不計於唐二十帝之內）。尊韋后爲皇太后，臨朝稱制。二十（庚子）夜，臨淄王隆基擧兵誅韋后和安樂公主。二十四日，奉相王旦（卽睿宗）卽皇帝位。二十七日，立平王（六月二十一日剛封平王）隆基爲皇太子。

景雲二年（七一二）二月二日，皇太子監國。先天元年（七一八）八月三日（庚子）立皇太子爲皇帝。是爲玄宗。

玄宗開元三年（七一五）正月四日（丁亥）立郢王嗣謙（卽廢太子瑛，玄宗第二子，趙麗妃生）爲皇太子。開元二十五年（七三七）四月，駙馬楊洄誣太子瑛與太子妃兄駙馬薛鏽等潛構異謀，二十二日廢爲庶人。

開元二十六年（七三八）六月三日，册立忠王璵（玄宗第三子，元獻皇后楊氏生）爲皇太子。天寶十四載，安祿山反，天寶十五載（七五六）六月，亥宗入蜀。七月十二日，皇太子卽位於靈武，是爲肅宗。

肅宗乾元元年（七五八）五月十九日，册立成王俶（肅宗長子章敬皇后吳氏生）爲皇太子。寶應元年（七六二）四月十八日，肅宗崩於長生殿，二十一日太子卽位，是爲代宗。

代宗廣德二年（七六四）正月十七日，立雍王适（代宗長子，睿眞皇后沈氏生）爲皇太子，大曆十四年（七七九）五月二十一日代宗崩，二十三日皇太子卽帝位，是爲德宗。

大曆十四年（七七九）十二月十九日，德宗卽位尚不滿七個月，卽立宣王誦（德宗長子，昭德皇后王氏生）爲皇太子。德宗貞元二十一年（八〇五）三月二十三日德宗崩，二十六日太子卽帝位，是爲順宗。

順宗卽位的當年（貞元二十一年）三月二十四日，立廣陵王純（順宗長子，莊憲皇后王氏生）爲太子。七月，順宗以疾未瘳令太子監國，八月四日傳位於太子。太子純卽位，是爲憲宗。

憲宗卽位後，於元和四年（八〇九）閏三月二十一日立長子鄧王寧（紀美人生）爲皇太子。元和六年（八一一）閏十二月二十一日太子薨。憲宗議立太子，中官吐突承璀獨屬意於憲宗次子澧王惲欲以威權自樹，賴憲宗明斷不惑，於元和七年（八一二）七月十九日冊立遂王恒（憲宗第三子，郭皇后生）爲太子。

元和十五年（八二〇）正月二十七日，憲宗爲宦官陳宏志所弒，中尉王守澄、梁守謙等，共擁太子，殺吐突承璀及澧王惲。閏正月初三日，太子恒卽皇帝位，是爲穆宗。

長慶二年（八二二）十一月，穆宗與宦者擊毬於禁中，有宦者墜馬，穆宗因驚得風疾，宰相屢乞入見，不報，裴度三上疏請立太子。十二月七日立景王湛（穆宗長子，王皇后生）爲皇太子。長慶四年（八二四）正月，穆宗疾甚，命太子監國。二十二日（壬申）穆宗崩。二十六日（丙子）太子卽位，是為敬宗。

寶曆二年（八二六）十二月八日（辛丑）夜，敬宗與宦者夜飲，為宦者蘇佐明等所弒，劉克明等矯詔以絳王悟（憲宗第六子）權句當軍國事，欲易置內侍之執權者，於是樞密使王守澄等以兵迎江王涵（後更名昂）入宮，誅克明，殺絳王悟，十二日（乙巳）江王即帝位，是為文宗。

文宗初有意立敬宗長子晉王普為嗣，會薨，所以久不議建儲。至太和六年（八三二）十月五日（甲子），冊立魯王永（文宗長子）為皇太子，開成三年（八三八）十月暴薨。大臣數請立太子，開成四年（八三九）十月十八日（丙寅），立敬宗少子陳王成美為皇太子。

開成五年（八四〇）正月，文宗疾甚，命樞密使劉弘逸引宰相李珏至禁中，欲奉太子監國。中尉仇士良，魚弘志以太子之立，功不在己，乃言太子幼且有疾，遂矯詔立潁王瀍為皇太弟。廢太子為陳王。正月四日（辛巳）文宗崩，仇士良說皇太弟賜陳王成美（即太子）死。十四日（辛卯），皇太弟即位，是為武宗。

武宗在位歷六年之久，未立太子。會昌六年（八四六）三月，武宗疾篤，旬日不能言，諸宦官密於禁中定策，二十日（辛酉）下詔立光王忱（憲宗納李錡妾所生）為皇太叔，應軍國政事權令句當，二十三日（甲子），武宗崩，二十六日（丁卯），皇太叔即位，是為宣宗。

宣宗喜愛第三子夔王滋，欲以為嗣，但無寵的鄆王溫（元昭皇后晁氏生）卻年最長，故久（十三年）不建東宮。大中十三年（八五九）八月，帝疽發疾甚，宰相及朝臣皆不得見，以夔王屬樞密使王歸長等，使立之。宣宗崩，左軍中尉王宗實矯詔立鄆王漼（原名溫）爲皇太子，收王歸長等皆殺之。八月十三日（丙申）皇太子即位，是爲懿宗。

咸通十四年（八七三）七月，懿宗疾大漸，左軍中尉劉行深，右軍中尉韓文約立懿宗第五子普王儼爲皇太子，權句當軍國政事。十九日（辛巳）懿宗崩，皇太子即位，是爲僖宗。

僖宗即位十五年，未立太子。文德元年（八八八）三月，僖宗疾大漸（那時黃巢亂平帝剛還長安），群臣以皇弟吉王保長而賢，欲立之。唯觀軍容使楊復恭請立其弟壽王傑。五日（壬寅）詔立傑爲皇太弟監軍國事，六日，僖宗崩，皇太弟即位，是爲昭宗。

昭宗乾寧四年（八九七，那時昭宗已即位九年）正月十一日（丁亥）立德王裕（昭宗長子）爲皇太子。光化三年（九〇〇）十一月，中尉劉季述幽昭宗於少陽院，册太子裕爲帝。天復元年（九〇一）正月孫德昭等討劉季述，昭宗復位，黜裕爲德王。天祐元年（九〇四），朱全忠遷昭宗於洛陽，八月十一日（壬寅）夜，朱全忠令朱友恭弑昭宗，立太子祝，是爲昭宣帝（哀帝）。那時，唐已名存實亡了。

三、帝位繼承的剖視

舊唐書卷二太宗本紀：

太宗文武大聖大廣孝皇帝，諱世民，高祖第二子也。母曰太穆順聖皇后竇氏。

同書卷四高宗本紀：

高宗天皇大聖大弘孝皇帝，諱治，太宗第九子也。母曰文德順聖長孫皇后。

同書卷七中宗睿宗本紀：

中宗大和聖昭孝皇帝，諱顯，高宗第七子，母曰則天順聖皇后。

睿宗玄眞大聖大興孝皇帝，諱旦，高宗第八子，中宗母弟。

同書卷八玄宗本紀：

玄宗至道大聖大明孝皇帝，諱隆基，睿宗第三子也。母曰昭成順聖皇后竇氏。

同書卷十肅宗本紀：

肅宗文明武德大聖大宣孝皇帝，諱亨，玄宗第三子。母曰元獻皇后楊氏。

同書卷十一代宗本紀：

代宗睿文孝武皇帝，諱豫，肅宗長子，母曰章敬皇太后吳氏。

同書卷十二德宗本紀：

德宗神武孝文皇帝，諱适，代宗長子，母曰睿眞皇后沈氏。

同書卷十四順宗憲宗本紀：

順宗至德大聖大安孝皇帝，諱誦，德宗長子，母昭德皇后王氏。

憲宗聖神章武孝皇帝，諱純，順宗長子也，母曰莊憲王太后。

同書卷十六穆宗本紀：

穆宗睿聖文惠孝皇帝，諱恒，憲宗第三子，母曰懿安皇后郭氏。

同書卷十七上敬宗文宗本紀：

敬宗睿武昭愍皇帝，諱湛，穆宗長子，母曰恭僖太后王氏。

文宗元聖昭獻孝皇帝，諱昂，穆宗第二子，母曰貞獻皇后蕭氏。

同書卷十八上武宗本紀：

武宗至道昭肅孝皇帝，諱炎，穆宗第五子，母曰宣懿皇后韋氏。

同書卷十八上宣宗本紀：

宣宗聖武獻文孝皇帝，諱忱，憲宗第十三子，母曰孝明皇后鄭氏。

同書卷十九上懿宗本紀：

懿宗昭聖恭惠孝皇帝，諱漼，宣宗長子，母曰元昭皇太后晁氏。

同書卷十九下僖宗本紀：

僖宗惠聖恭定孝皇帝，諱儇，懿宗第五子，母曰惠安皇后王氏。

同書卷二十上昭宗本紀：

昭宗聖穆景文孝皇帝，諱曄，懿宗第七子，母曰惠安太后王氏。

同書卷二十下哀帝本紀：

哀皇帝諱柷，詔宗第九子，母曰積善太后何氏。

合前節和本節所述及的諸帝的身分，可以作如下的統計：

一、唐代二十帝，除高祖爲受隋恭帝之禪非繼承外，其餘各帝繼承本應爲十九次。因中宗、睿宗，均繼承二次（中宗初繼高宗次繼武后；睿宗兩次均繼中宗）合爲二十一次。但武后簒唐改周，中宗繼武后爲革周復唐不作繼承計，減除一次。實際共計帝位繼承二十次。

二、在二十次的帝位繼承中，計：

甲、以叔繼侄者一次：宣宗繼武宗。佔全數百分之五。

乙、以弟繼兄者五次：內睿宗繼中宗二次；文宗繼敬宗；武宗繼文宗；昭宗繼僖宗。佔全數百分之二十五。

丙、以子繼父者十四次：太宗繼高祖；高宗繼太宗；玄宗繼睿宗；肅宗繼玄宗；代宗繼肅宗，德宗繼代宗，順宗繼德宗；憲宗繼順宗，穆宗繼憲宗；敬宗繼穆宗；懿宗繼宣宗；僖宗繼懿宗；哀帝繼昭宗；佔全數百分之七十。

三、以子繼父之十四帝中，又可分爲兩類：

甲、長子繼承者六帝：代宗、德宗、順宗、憲宗、敬宗、懿宗。佔百分之四十二強。

乙、非長子繼承者八帝：太宗、高宗、中宗、玄宗、肅宗、穆宗，僖宗、哀帝。佔百分之五十七強。

四、在唐代的二十帝中，除高祖受隋禪，和哀帝爲朱全宗所立的傀儡不計外，仍有十八帝。依前後次序排列。

甲、太宗、高宗、中宗、睿宗、玄宗、肅宗爲前期六帝，全非長子繼承。

乙、代宗、德宗、順宗、憲宗、穆宗、敬宗爲中期六帝。六帝之中，除穆宗爲憲宗第三子外，其餘五帝，均爲長子。而且憲宗立穆宗之外，已於元和四年立長子寧爲太子，待太子寧薨後，雖然有澧王渾較穆宗爲長，但因「渾母賤」不當立的特殊理由，終於立遂王（穆宗）爲太子。換句話說：除了其母賤的澧王渾外，穆宗已算是長子了。據此可說中期六帝爲長子繼承時期。

丙、文宗、武宗、宣宗、懿宗、僖宗、昭宗，爲後期六帝，在此六帝中，只有懿宗爲宣宗長子外，其餘五帝均非長子。但文宗曾經立過長子魯王永（卽莊恪太子）爲太子，昭宗曾經立過長子德王裕爲皇太子，只是因薨而未得卽位。所以可說後期六帝爲長子與非長子摻合時期。

：

在前期六帝中，第一個繼承帝位的皇帝是唐太宗，他得卽帝位的經過，據舊唐書卷二太宗本紀說（武德）九年，皇太子建成齊王元吉謀害太宗，六月四日太宗率長孫無忌、尉遲敬德、房玄齡、杜如晦、宇文士及、高士廉、侯君集、程知節、秦叔寶、段志玄、屈突通、張士貴等，於玄武門誅之。甲子，立（太宗）爲皇太子。……八月癸亥，高祖傳位於皇太子，太宗卽位於東宮顯德殿。

太宗係以武力取得帝位，自無問題。

高宗的得立，表面似極容易。其實並不簡單。舊唐書卷六十五長孫無忌傳說：

> 太子承乾罪，太宗欲立晉王而限以非次，迴惑不決，御兩儀殿，群官盡出，獨留無忌及司空房玄齡兵部尚書李勣曰：「我三子一弟所爲如此，我心無憀。」因自投於牀，抽佩刀欲自刺，無忌等驚懼，爭前扶抱，取佩刀以授晉王。無忌等請太宗所欲。報曰：「我欲立晉王。」無忌曰：「謹奉詔，有異議者，臣請斬之。」太宗謂晉王曰：「汝舅許汝，宜拜謝。」晉王因下拜。太宗謂無忌等曰：「公等旣符我意，未知物論何如？」無忌曰：「晉王仁孝，天下屬心久矣。伏乞召百寮，必無異辭，若不蹈舞同音，臣負陛下萬死。」於是建立遂定。因加授無忌太子太師。尋而太宗又欲立吳太恪，無忌密爭之，其事遂輟。

據此可知，如果不是長孫無忌的極力支持，高宗固然不得立爲太子，如果不是無忌的密爭，高宗也許成爲太子承乾第二。雖非用武力，但總是由爭而得。

中宗、睿宗的第一次得立，固然是全由於武后的安排，但是武后的取得安排權，當然取決於高宗的廢王皇后而詔立武氏爲后。武后的得立爲后，也是經過長期奮鬪的。武后的如何奮鬪纔得立爲后，和如何取得廢立太子的權力，不在本文研究範圍之內，茲不贅。

舊唐書卷七中宗睿宗本紀：

聖曆元年（六九八）召還東都，（武后）立爲皇太子，依舊名顯。時張易之與弟昌宗潛圖逆亂，神龍元年（七〇五）正月，鳳閣侍郎張柬之，鸞台侍郎崔玄暐，左羽林將軍敬暉、右羽林將軍桓彥範、司刑少卿袁恕己等定策，率羽林兵誅易之昌宗，迎皇太子監國總司庶政……乙巳，則天傳位於皇太子，丙午，卽皇帝位於通天宮。

睿宗景龍四年（七一〇）夏六月，中宗崩，韋庶人臨朝，引用其黨，分握政柄，忌帝望實素高，潛謀危害。庚子夜，臨淄王諱與太平公主子薛崇簡、前朝邑尉劉幽求，長上果毅麻嗣宗，苑總監鍾紹京等率兵入北軍，誅韋溫、紀處訥、宗楚客、武延秀、馬秦客、葉靜能、趙履溫、楊均等，諸韋武黨與皆誅之。……其日（癸卯）王公百寮上表咸以國家多難，宜立長君，以帝衆望所歸，請卽尊位。……是日（甲辰）卽皇帝位。

據以上記載，知中宗第二次卽帝位，是張柬之等以兵擁立的。睿宗的第二次卽帝位，是臨淄王和太平公主等以兵擁立的。都是以武力取得的。

新唐書卷五玄宗本紀：

睿宗卽位，立爲皇太子。景雲二年（七一一）監國，聽除六品以下官。延和元年（七一二）星官言帝坐前星有變，睿宗曰：傳德避災，吾意決矣。七月壬辰，制皇太子宜卽皇帝位。太子惶懼入請，睿宗曰：此吾所以答天戒也。皇太子乃御武德殿，除三品以下官。八月庚子，卽皇帝位。……開元元年……七月甲子，太平公主及岑羲、蕭至忠、竇懷貞謀反，伏誅。乙丑，始聽政。

舊唐書卷八玄宗本紀：

先天二年（卽開元元年—七一三）七月三日，尚書左僕射竇懷貞，侍中岑羲、中書令蕭至忠、崔湜、雍州長史李晉、左羽林大將軍常元楷，右羽林將軍李慈等，與太平公主同謀，期以其月四日以羽林軍作亂。上密知之。因以中旨告岐王範，薛王業、兵部尚書郭元振、將軍王毛仲取閑廐馬及家人三百餘人，率太僕少卿李令問、王守一、內侍高力士、果毅李守德等親信十數人，出武德殿入虔化門，梟常元楷李慈於北闕，擒賈膺福、李猷於內客省以出，執蕭至忠、岑羲於朝，皆斬之。睿宗明日下詔曰：朕將高居無爲，自今軍國政刑一事已上，並取皇帝處分。

由以上記載可知：玄宗雖已監國，甚至卽皇帝位後，其帝位還是不安定的，直至誅殺太平公主的黨羽以後，帝位纔得鞏固。換句話說：玄宗的眞正取得皇帝實權，也是憑仗軍事行動武力纔取得的。

肅宗的得有帝位，是決於開元二十六年六月的被立爲太子，他的得立爲太子，是由玄宗和高力士的一段談話所決定的。通鑑卷二百十四，開元二十六年夏五月記曰：

太子瑛既死，李林甫數勸上（玄宗）立壽王瑁，上以忠王璵（肅宗）年長且仁孝恭謹，又好學，意欲立之。猶豫歲餘不決。自念春秋浸高，（案當時玄宗五十四歲）三子（瑛、瑤、琚）同日誅死，繼嗣未定。常忽忽不樂，寢膳爲之減，高力士乘閒請其故，上曰：「汝我家老奴，豈不能揣我意？」力士曰：「得非以郎君未定耶？」上曰：「然」。對曰：「大家何必如此虛勞聖心，但推長而立，誰敢復爭。」上曰：「汝言是也！汝言是也。」由是遂定。六月庚子，立璵爲太子。

按玄宗三十子中，靖德太子琮最長，廢太子瑛居次，肅宗居三。靖德太子琮因係不得寵的劉華妃所生，不在玄宗考慮之列。他所考慮的是肅宗和壽王兩個。壽王係玄宗所寵的武惠妃所生，但在他兄弟中的排行爲第十八。所謂肅宗年長，是他和壽王比較而言。但從事實上考察，肅宗的優越條件並不專是年長一項。舊唐書肅宗本紀載：

肅宗……初名嗣昇，二歲封陝王，五歲拜安西大都護，河西四鎮諸蕃落大使。上仁愛英悟，得之天然，及長，聰敏強記，屬辭典麗，耳目之所聽覽，不復遺忘。開元十五正月，封忠王改名浚，五月，領朔方大使單于大都護。十八年，奚、契丹犯塞，以上爲河北道元帥，信安王禕爲副帥，御史大夫李朝隱，京兆尹裴伷光等八人總管兵以討之。仍命百寮設次於光順門與上相見，左丞相張說退謂學士孫逖、韋述曰：「嘗見太宗寫眞圖，忠王英姿穎發，儀表非常，雅類聖祖，此社稷之福也。」二年，諸將大破奚、契丹，以上遙統之功加司徒，二十三年改名璵。二十五年皇太子瑛得罪。二十六年六月庚子，立上爲皇太子，改名紹。

據此可知肅宗在被册爲太子以前，在軍事上和政治上已有一部分實力。而且他是楊皇后所生。壽王瑁既年幼而且生身母爲已故的武惠妃（按武惠妃卒於開元二十五年十二月），他的條件當然不及肅宗。高力士說「推長而立，誰敢復爭。」也包括肅宗是最強的意思。

總計初期六帝中，很顯明的以武力奪取的有四帝（太宗、中宗、睿宗、玄宗）。高宗之立，爲太宗之命和長孫無忌的擁護結合而成。肅宗之立，係玄宗聽高力士之議。但得卽帝位，實因肅宗握有一部武力，乘安史之亂的機會而實現。所以可說：初期的帝位繼承是武力爭取時期。

中期六帝中的第一位皇帝是代宗，他得卽帝位的經過，據通鑑卷二百二十二寶應元年記曰：

初張皇后與輔國相表裡，專權用事，晚年更有隙，內射生使三原程元振黨於輔國。上（指肅宗）疾篤，后召太子謂曰：「李輔國久典禁兵，制敕皆從之出，擅逼遷聖皇，其罪甚大，所忌者吾與太子。今主上彌留，輔國陰與程元振謀作亂，不可不誅。」太子泣曰：「陛下疾甚危，二人皆陛下勳舊之臣，一旦不告而誅之，必致震驚，恐不能堪也。」后曰：「然則太子姑歸，吾更徐思之。」太子出，后召越王係謂曰：「太子仁弱，不能誅賊臣，汝能之乎？」對曰：「能。」係乃命內謁者監段恒俊選宦官有勇力者二百餘人授甲於長生殿後。乙丑，后以上命召太子，元振知其謀，密告輔國，伏兵於陵霄門以俟之。太子至，以難告。太子曰：「必無是事。主上疾亟召我，我豈可畏死而不赴乎？」元振曰：「社稷事大，太子必不可入。」乃以兵送太子於飛龍廐，且以甲卒守之。是夜，輔國、元振勒兵三殿，收捕越王係、段恒俊及和內侍省事朱光輝等百餘人繫之。以太子之命，遷后於別殿。時上在長生殿，使者逼后下殿，並左右數十人幽於後宮。宦官宮人皆驚駭逃散。丁卯，上崩，輔國等殺后並係及兗王僩。是日，輔國始引太子素服於九仙門與宰相相見，叙上晏駕，拜哭，始行監國之令。戊辰，發大行皇帝喪於兩儀殿，宣遺詔。己巳，代宗卽位。

可知居中期六帝之首的代宗，其卽位還是經過武力爭取的。在用兵力擊敗對方以前，太子的名義，距帝位之實，還是很遠的。

德宗卽帝位以前的情形及卽位經過，據新唐書卷七德宗本紀說：

肅宗元年建丑月，封德宗奉節郡王，代宗卽位，史朝義據東都，（五月）乃以德宗爲天下兵馬元帥進封魯王。八月徙封雍王。寶應元年十月，屯於陝州，諸將進擊史朝義，敗之。朝義走河北，遂克東都。十一月史朝義死，幽州守將李懷仙斬其首來獻，河北平，以功兼尚書令，與功臣郭子儀、李光弼等皆賜鐵券，圖形凌煙閣。廣德二年二月，立爲皇太子，大曆十四年五月辛酉，代宗崩，癸亥，卽皇帝位於太極殿。

德宗係沈皇后所生，在代宗二十子中最長，而且在未立爲太子以前，已作過天下兵馬元帥，尚書令，曾具有賜鐵券，圖形凌煙閣等功勳；所以他的被立爲太子以及卽帝位，都是比較順利的。更値得注意的他是：唐代太子順利的得卽帝位的開始一位皇帝。

德宗於大曆十四年五月卽位，至十二月卽立宣王誦（順宗）爲皇太子。以後的情形，據新唐書卷七順宗本紀說：

十二月乙卯立爲皇太子，爲人寬仁喜學藝，善隸書，禮重師傅，見輒先拜。從德宗幸奉天，帝執弓矢居左右。郜國公主以蠱事得罪，太子妃其女也。德宗疑之，幾廢者屢矣。賴李泌保護乃免。後侍宴魚藻宮，張水嬉綵艦，宮人爲擢歌，衆樂間發，德宗驩甚，顧太子曰：今日何如？太子誦詩好樂無荒以爲對。及裴延齡韋渠牟用事，世皆畏其爲相，太子每候顏色陳其不可，故二人者卒不得用。貞元二十年，太子病風且瘖，二十一年正月，不能朝。是時德宗不豫，諸王皆侍左右。惟太子臥病不能相見，德宗悲傷涕泣疾有加。癸巳，德宗崩，丙申，卽皇帝位於太極殿。

至於德宗崩後到太子卽位以前的情形，據通鑑卷二百三十六永貞元年（卽貞元二十一年）正月載：

癸巳，德宗崩，蒼猝召翰林學士鄭絪，衞次公等至金鑾殿草遺詔，宦官或曰：「禁中議所立，尚未定。」衆莫敢對。次公遽言曰：「太子雖有疾，地居冢嫡，中外屬心，必不得已，猶應立廣陵王（卽憲宗），不然，必大亂。」絪等從而和之，議始定。

唐國史補也說：

順宗風噤不言，太子未立，牛美人有異志，上召學士鄭絪於小殿，令草立儲詔。絪搦管不請而書「立嫡以長」四字，跪而上呈，帝深然之，乃定。

由以上的記載，可知順宗爲太子時，因風噤不言，雖然一度曾有發生風波的可能，但終因地居嫡長的優越條件，得到大臣們的擁護，而能克服阻力登上帝位。

新唐書卷七憲宗本紀：

憲宗昭文章武大聖至神孝皇帝……貞元四年六月巳亥，封廣陵郡王，二十一年三月立爲皇太子，永貞元年（即貞元二十一年）八月，順宗詔立爲皇帝，乙巳，即皇帝位於太極殿，丁未，始聽政。

考順宗於貞元二十一年正月始即帝位，三月即立憲宗爲太子，八月憲宗即位。憲宗從立爲太子至即帝位，只五閱月，時間至短。一則是順宗有病不能處理政事；二則因憲宗是順宗長子，名正言順，順宗諸子無人與爭的緣故。憲宗的由立爲太子到即帝位，無異議更無紛爭，是唐代諸帝中，繼承帝位最順利的一位皇帝。

憲宗於元和四年閏三月立長子鄧王寧爲皇太子，元和六年閏十二月薨。這表示由肅宗以來立長子爲太子已有成規。

舊唐書卷一百七十五澧王渾傳說：

澧王渾，憲宗第二子也……時吐突承璀恩寵特異，惠昭太子（即鄧王寧）薨，議立儲副，承璀獨排群議，屬澧王，欲以威權自樹，賴憲宗明斷不惑……

同書卷一百五十九崔群傳說：

元和七年；惠昭太子薨，穆宗時爲遂王，憲宗以澧王居長又多內助，將建儲貳，命群與澧王作讓表，群上言曰：「大凡已合當之則有陳讓之儀，已不合當，因何遽有讓表。今遂王嫡長，所宜正位青宮。」竟從其奏。

新唐書卷二百七吐突承璀傳說：

惠昭太子薨，承璀請立澧王，不從。

從以上諸條記載可以表示兩點：

一、澧王雖長而遂王係嫡長，憲宗從崔群之議而立遂王（穆宗），可知當時雖尊長而更尊嫡。

二、吐突承璀雖係恩寵特異的宦官，而憲宗竟從崔群之議不接受承璀之請，可知當時宦官尚沒有立君的絕對權力。

穆宗於元和十五年（八二〇）閏正月即皇帝位，於長慶二年（八二八）十二月即立景王湛爲皇太子。景王湛既爲穆宗長子立爲皇太子名正言順，雖經大臣李逢吉、裴度的請求纔立爲皇太子，但既沒有爭議，更沒兵戎相見。既立景王湛爲太子後，亦沒有其他諸王覬覦帝位，結黨相攻等情。及穆宗崩太子即位，大致是很順利的。原因在：大體上立長已成規定，而且穆宗即位後，恨吐突承璀有立澧王之議而殺之。多少給宦官一點懲戒。

總計中期六帝中，代宗、德宗、順宗、憲宗、敬宗五帝均係長子，只有穆宗是憲宗的第三子，但在太子寧薨後，澧王渾母賤，穆宗在嫡子中也是最長的了。所以可以說此期爲嫡長子繼承時期。

諸帝繼承的情形，只有代宗繼承時，有張皇后招越王係事，曾發生爭端外，其餘均無用兵之事。順宗因病，在繼位之前曾略有異議。穆宗被立爲太子前，宦官曾經一度想干預，其餘大體上都可稱順利。至少可說比前期帝位的繼承，都順利的多了。

在前期：高祖未崩而太宗即帝位，睿宗未崩而玄宗即位，玄宗未崩而肅宗即位。在中期：只有順宗未崩而憲宗即位，那是順宗有病不能理政的特殊原因，其餘的都是老皇帝崩後而少皇帝繼位。

在前期，太子未得繼位者特多。如高祖的太子建成；太宗的太子承乾；高宗的太子忠、太子弘、太子賢；中宗的太子重俊，玄宗的太子瑛等皆是。在中期：只有憲宗的太子寧，並且是因爲已薨而不是因爲政爭。

根據以上的種種情形，可以說前期的帝位繼承是武力爭取時期；中期則是嫡長子和平繼承時期，代宗是中期的第一個皇帝，他的即位是用武力爭取，是前期形的餘波，及他的繼承人德宗的即位，已入於中期形了。

敬宗皇帝在位二年，於寶曆二年（八二六年）十二月被刺死。通鑑卷二百四十三載其事及事後情形說：

> 十二月辛丑，上夜獵還宮，與宦官劉克明、田務澄、許文瑞及擊毬軍將蘇佐明、王嘉憲、石從寬、閻惟直等二十八人飲酒。上酒酣入室更衣，殿上燭忽滅，蘇佐明等弒上於室內。劉克明等矯稱上旨命翰林學士路隋草遺制以絳王悟權句當軍國事。壬寅，宣遺制，絳王見宰相百官於紫宸外廡，克明等欲易置內侍之執權者，於是樞密使王守澄、楊澄和、中尉魏從簡，梁守謙定議以衞兵迎江王涵（文宗）入宮，發左右神策飛龍兵進討賊黨，盡斬之。克明赴井，出而斬之。絳王爲亂兵所害。……乙巳，文宗即位，更名昂。

文宗是穆宗的第二子，敬宗之弟，生於元和四年（八〇九）十月十日，當時已年十八歲，較之敬宗僅少數月，（敬宗生於元和四年六月七日）。而絳王悟係憲宗第六子，敬宗之叔。按血統關係文宗確比較絳王爲優。

敬宗的長子是悼懷太子普，母曰郭妃，雖然是長，但並非嫡，而且那時只有三歲（依舊傳云：「太和二年薨，年五歲」計算）也難維繫人心，資格不如文宗。所以王守澄等就選擇了文宗而立爲皇帝。

雖然如此，可是有兩點出了代宗以來（中期）的軌道：

一、由長子繼承變爲兄終弟及。

二、由老皇帝所立的太子繼承，變爲由宦官臨時擁立。

這樣一來，唐代的帝位繼承，便走上了第三個形態不規則式的由宦官擁立。

在中期：代宗之立，雖然係宦官李輔國之力，但是代宗已是肅宗早已册立爲太子的，李輔國只是擁立原有的太子，抵抗住張后干政的陰謀而已。順宗時宦官劉貞亮勸帝立廣陵王爲太子，帝納其議，也只是參加意見而已。德宗爲太子時，宦官劉忠翼與黎幹陰謀，幾危宗嗣，但是德宗即位後皆伏誅。憲宗時，太子寧薨後，宦官吐突承璀雖請立澧王渾，但是憲宗既未接納，而且吐突承璀亦於穆宗即位後被殺。所以說：在中期，是宦官欲干預立君而未成功時期。眞正的宦官用其所帶禁軍的兵力，擁立皇帝成功的，始於王守澄的擁立文宗。同時也打破了中期的立長的慣例，進而至於皇帝由宦官擁立的新階段—後期形。

文宗於寶曆二年（八二六）十二月卽位，於太和六年（八三二）立長子永爲皇太子，其母爲王德妃，晚年寵衰。楊賢妃得寵，懼太子他日不利於己，故日加誣譖；太子終不能自明，開元三年（八三八）十月暴薨。大臣數請建東宮。於開成四年（八三九）十月，立敬宗少子陳王成美爲皇太子。

新唐書卷八武宗本紀說：

武宗……始封潁王，累加開府儀同三司檢校吏部尙書。開成五年正月，文宗疾大漸，神策軍中尉仇士良、魚弘志矯詔廢皇太子成美復爲陳王，立潁王爲皇太弟、辛巳，卽皇帝位於柩前。辛卯，殺陳王成美。

同書卷二百七仇士良傳說：

帝（文宗）曰：赧獻受制彊臣，今朕受制家奴，自以不及遠矣。因泣下。（周）墀伏地流涕，後不復朝至大漸云。始樞密使劉弘逸、薛季稜、宰相李珏、楊嗣復謀奉太子監國。士良與（魚）弘志議更立，珏不從，乃矯詔立潁王爲皇太弟，士良以兵奉迎而太子還爲陳王。初莊恪太子薨，楊貴妃謀引安王不克。武宗已立，士良發其事，勸帝除之以絕人言，故王妃皆死。士良遷驃騎大將軍封楚國公，弘志韓國公實封戶三百。俄而珏、嗣復罷去，弘逸、季稜誅矣。

仇士良擁立武宗卽位而殺太子成美，其爲宦官擁立皇帝，與宦官王守澄的擁立文宗固頗相似；但有一點更甚於前。因爲敬宗係忽然間爲宦官所弑，劉克明矯詔立絳王悟；王守澄迎立文宗，尙有少許合理之處。而仇士良於文宗已立有太子成美之時，再以兵迎立武宗而殺太子成美，其純係私人爭權，更爲顯明。

武宗於開成五年（八四〇）正月卽位，直至會昌六年（八四六）武宗病時，其間已六年之久，沒有立太子。其所以不立太子的原因，雖無具體記載；但據理推測，不難想知。其原因是：文宗時，雖立了太子成美，但太子無力卽位反而被殺，立太子事反而是多此一擧，倒不如不立太子，到老皇帝病危時，留給宦官任意擁立爲愈。在前期太子地位固然是不安定，可是還立太子。到後期竟空缺多年不立太子，可見由於宦官的干政，皇帝和大臣們視立太子事爲難題了。

宣宗的出身及他的得卽帝位，據通鑑卷二百四十八會昌六年載：

上（武宗）自正月乙卯不視朝，宰相請見不許，中外憂懼。初憲宗納李錡妾鄭氏，生光王怡。怡幼時，宮中皆以爲不慧。太和以後，益自韜匿，群居遊處，未嘗發言。文宗幸十六宅宴集，好誘其言以爲戲笑，號曰光叔。上（指武宗）性豪邁，尤所不禮。及上篤疾，旬日不能言，諸宦官密於禁中定策。辛酉，下詔稱皇子冲幼，須選賢德。光王怡可立爲皇太叔，更名忱。應軍國政事，令權句當。太叔見百官哀戚滿容，裁決庶務，咸當於理，人始知有隱德焉。甲子，上崩，以李德裕攝冢宰。丁卯，宣宗卽位。

新唐書卷八宣宗本紀載：

宣宗……憲宗第十三子也……始封光王……會昌六年，武宗疾大漸，左神策軍護軍中尉馬元贄立光王爲皇太叔，三月甲子，卽皇帝位於柩前。

根據以上記載，可以看出：馬元贄的擁立光王（宣宗），除仍是宦官擁立皇帝以外，有兩點更應注意的：

一、以皇太叔繼承姪皇帝，打破唐代帝位繼承的記錄。

二、宣宗在幼時宮中既是皆以爲不慧，而諸宦官密於禁中定策而迎立之，是有意利用其不慧以便於專權，較之王守澄之立文宗，仇士良之立武宗，其動機更壞。

宦官之立皇帝，一而再，再而三，逐漸成爲積非而爲是，習以爲常，同時朝廷內外全部都無力擺脫這種不合理的現象了。

懿宗得立爲帝的經過，據通鑑卷二百四十九，大中十三年載：

初，上（宣宗）長子鄆王溫無寵，居十六宅，餘子皆居禁中。夔王滋，第三子也，上愛之，欲爲嗣，爲其非次，故久不建東宮。上餌醫官李玄伯道士虞紫芝山人王樂藥，疽發以背。八月疽甚，宰相及朝臣皆不得見。上密以夔王屬樞密使王歸長、馬公儒、宣徽南院使王居方使立之。三人及右軍中尉王茂玄上平日所厚也。獨左軍中尉王宗實素不同心，三人相與謀出宗實爲淮南監軍。宗實已受敕於宣化門外，將自銀台門出，左軍副使亓元實謂宗實曰：聖人不豫踰月，中尉止隔門起居，今日除改，未可辨也，何不見聖人而出。宗實感寤復入，諸門已踵，故事增人守捉矣。亓元實翼導宗實直至寢殿，上已崩，東首環泣矣。宗實叱歸長等，責以矯詔，皆捧足乞命，乃遣宣徽北院使齊元簡迎鄆王。壬辰，下詔立鄆王爲皇太子權當軍國政事，仍更名漼。收

> 歸長、公儒、居方皆殺之。……丙，甲申懿宗即位。……以宗實爲驃騎上將軍。李玄伯、虞紫芝、王樂皆伏誅。

可知立皇帝不止是宦官們的特權，更值得注意的是：立皇帝成爲宦官間角逐的重要事項。因爲誰立皇帝，誰便可以「挾天子以令諸侯」了。

僖宗的卽位經過，據通鑑卷二百五十二咸通十四年載：

> 秋七月戊寅，上（懿宗）疾大漸，左軍中尉劉行深，右軍中尉韓文約立少子普王儼。庚辰，制立儼爲皇太子，權句當軍國政事。辛巳，上崩於咸寧殿，遺詔以韋保衡攝冢宰，僖宗卽位。八月丁未，追尊母王貴妃爲皇太后，劉行深、韓文約皆封國公。

昭宗的卽位經過，據舊唐書卷二十上昭宗本紀：

> 昭宗……咸通十三年四月封壽王，名傑……文德元年二月，僖宗暴不豫，時初復，宮闈人心傾矚，遽聞被疾，軍民駭愕，及大漸之夕而未知所立，群臣以吉王（名保，懿宗第六子）最賢，又在壽王之上，將立之。惟軍容楊復恭請以壽王監國，三月六日宣遺詔立爲皇太弟，八日，柩前卽位，時年二十二。

根據以上記載，宦官擁立皇帝，固然如故，而且他們全是等到老皇帝病重或已崩後，於倉猝之間臨時擁立。他們爲所欲爲，對群臣的意見根本置之不顧了。

四、帝位繼承演變因果的分析

唐代第一位太子建成，未能繼承帝位而被殺於玄武門內，發動事變的秦王繼立爲太子，不久便得繼高祖而卽帝位，便是有名的唐太宗。他是唐代第一位繼承帝位的皇帝，也是奪嫡成功的第一人。

唐太宗的奪嫡，也曾遭遇到反抗力量，在內部有建成的舊部廬江王瑗據幽州反，羅藝據涇州反，在外曾受到突厥頡利可汗大擧深入，侵至渭水便橋的恥辱。但是經太宗的善於應付，先後都化險爲夷。及至貞觀四年擒頡利可汗至長安後，西北各部酋長都尊太宗爲天可汗，原先太宗於平王世充後，在洛陽所聽王遠知說的「方作太平天子」的預言，完全實現了。

太宗卽位以後的措施，據新唐書太宗本紀：

遣裴寂告於南郊，大赦武德流人還之。賜文武官勳爵，免關內及蒲、芮、虞、秦、陝、鼎六州二歲租，給復天下一年。民八十以上賜粟帛，百歲加版授，廢潼關以東瀕河諸關。癸酉，放宮女三千餘人。

同書貞觀元年又載：

二月丁巳，詔民男二十女十五以上無夫家者，州縣以禮聘娶，貧不自行者，鄉里富人及親戚資送之。鰥夫六十，寡婦五十，婦人有子若守節者勿彊。……五月癸丑，勑中書令侍中朝堂受訟辭，有陳事者悉上封。……九月辛酉，遣使諸州行損田賑問下戶。……十月丁酉，以米飢減膳這一連串安民的仁政措施，使太宗的帝位，由動蕩而安定下來。受其惠者固然要感恩圖報，即未受其惠者，對太宗也莫不稱讚景仰。

唐太宗既成爲全國大多數官吏和人民所崇拜的對象，太宗家庭裏的諸皇子，當然也不會例外。他們沒有人指摘太宗得天下的手段毒辣，全都景仰太宗是對內對外的成功者。他們認爲奪嫡不只是可通之路，而且是成功的必要手段。他們認爲太宗是奪嫡成功的最好榜樣，他們都想模仿效法，希望作個太宗第二。

太宗卽位之後，已於武德九年十月，立長子中山郡王承乾爲皇太子，但是由於太宗奪嫡成功的鼓勵，太宗諸子中便產生出來想奪嫡的野心家。舊唐書卷七十六濮王泰傳說：

> 時皇太子承乾有足疾，泰潛有奪嫡之意，招駙馬都尉柴令武、房遺愛等二十餘人，厚加贈遺寄以腹心。黃門侍郎韋挺、工部尚書杜楚客相繼攝泰府事，二人俱爲泰要結朝臣，津通賂遺，文武群官各有附託，自爲朋黨。

同書同卷恒山王承乾傳亦說：

> 承乾先患足，行甚艱難，而魏王泰有當時美譽，太宗漸愛重之，承乾恐有廢立，甚忌之。泰亦負其材能，潛懷奪嫡之計，於是各樹朋黨，遂成釁隙。

通鑑卷一百九十六貞觀十七年載：

> 魏王泰多藝能，有寵於上，見太子有足疾，潛有奪嫡之志，折節下士以求聲譽，上命黃門侍郎

韋挺攝泰府事，後命工部尚書杜楚客代之，二人俱爲泰要結朝士，楚客懷金以賂權貴，因說以

魏王聰明宜爲上嗣，文武之臣，各有附託，潛爲朋黨。

魏王泰完全是仿效太宗爲秦王時的作風，文武群臣的「各有附託，潛爲朋黨。」也無非是想作房玄齡、杜如晦、長孫無忌、尉遲敬德等式的功臣。他們的這種作風，顯然的是受了太宗奪嫡成功的影響和鼓勵。

由於太宗諸子的互相競爭，太子承乾受到威脅，他因謀自安之道，遂於貞觀十七年謀反，事發得罪，被廢爲庶人。另立晉王治爲太子。貞觀二十三年，太子卽位，是爲高宗。

太宗原先立承乾爲太子，還是根據古代立長的傳統，但因濮王泰的想奪嫡和太子承乾的謀反，結果帝位落在太宗第九子晉王治（高宗）的手裏；使立嫡長的傳統出了軌道。這種主要的原動力，就是太宗所發動的玄武門事變，和太宗奪嫡的成功。

舊唐書濮王泰傳說：

（貞觀）十七年，承乾敗，太宗面加譴讓，承乾曰：「臣貴爲太子，更何所求，但爲泰所圖，特與朝臣謀自安之道，不逞之人遂教臣爲不軌之事，今若以泰爲太子，所謂落其度內。」太宗因謂侍臣曰：「承乾言亦是，我若立泰，便是儲君之位可經求而得耳。泰立，承乾晉王皆不存，晉王立，泰共承乾可無恙也。」

這是太宗所以要立晉王治的原因。可見太宗的考慮，還是以安定無爭爲主要目標。

高宗於貞觀二十三年（六四九）六月一日卽帝位，於永徽三年（六五二）七月冊立燕王忠爲皇太子，中間距離三年之久，想必經過比較周詳的考慮。所立的燕王忠爲高宗長子，可推知當時仍有和太宗一樣，求安定的意思。可是永徽六年（六五五）十月廢王皇后，立武昭儀爲皇后。十一月，禮部尙書許敬宗卽奏請立嫡，顯慶元年（六五六）正月，便降太子忠爲梁王，改立武后所生的代王弘爲太子。

許敬宗奉武后命上書造成廢梁王忠立代王弘的事實，在表面看來，與太宗所發動的玄武門事變，似乎毫無關係，但經仔細研究，前後確有極爲密切的關聯。

武后的得立爲皇后，雖然晚在永徽六年十月，而武后的入高宗宮爲昭儀却早在貞觀二十三年八月到十二月的四個月裏。新唐書卷七十六高宗廢后王氏傳說：

初，蕭良娣有寵，而武才人貞觀末以先帝宮人召爲昭儀。

就是證據。

據作者所作「武則天入寺爲尼考辨」一文（收入唐史考辨）的結論說：

貞觀十七年，太子承乾多過失，唐太宗廢之而立晉王治（高宗）爲太子。爲避免以前對承乾教育不周的缺點，太宗特使太子常常入侍左右。（到貞觀二十年，並置別院於寢殿側使太子居之。）許敬宗因修高祖太宗實錄有功，遷太子右庶子，同時李義府爲太子舍人。唐太宗終天忙於政事和軍事的處理，尤其貞觀十九年對高麗用兵，不能如理想的教管太子。太子的生母文德皇后長孫氏又早於貞觀十年死去，太子又得不到母愛。那時太子正在青年時期而性情又極孱懦，入東宮則受許敬宗等小人的逢迎，入宮闈則與妃嬪等宮人接近。許敬宗等俱是好色之徒，品行不端，使太子耳薰目染，無形中受到不良的影響。「素多智計」的武才人，看到太宗皇帝年老多病，而又常常他幸京外；太子受皇帝依託日重，而又「岐嶷端審，寬仁孝友」（舊唐書高宗本紀語），很是她將來依靠利用的對象；在所謂弗離朝夕的接近生活下便發生駱賓王所謂「穢亂春宮」的事情。太宗崩，高宗即位後不久，即將年老的宮人放出一批。那時武氏年只二十六歲，又得高宗的喜悅，所以未隨衆出宮。但因她要「陰圖後庭之嬖」，不得不先「潛隱先帝之私」，因之暫時出宮，金屋別藏而蓄髮如舊。待當年八月，將太宗葬於昭陵，喪事告一段落以後的不久，他們認爲外人的耳目已可避過，最晚在當年的年底，高宗便令武氏重入後宮立她爲昭儀了。以許敬宗李義府兩人的職務及個性判斷，對這些事，很有參謀協贊之嫌。

據此，武后的被高宗立爲昭儀，就是太宗立高宗爲太子的後果。以前曾經提過：高宗的得立爲太子是受玄武門事變的影響，又說到武后的得爲高宗昭儀和被立爲后，是廢梁王忠立代王弘的前因。前後連接起來，從玄武門事變到高宗的廢梁王忠，而立代王弘，都是一脈相連，因果關係清清楚楚的。

高宗立長子梁王忠爲太子，還是受以前立長的傳統思想影響；武后的奪后和廢梁王忠而立代王弘，是受玄武門事變之影響而發生出來的爭奪政權的新思想和行動。這種新的潮流，冲擊舊思想，如摧腐拉朽，舊思想對新潮流，正如螳螂當車毫無抵抗之力。理由是：新潮流是基於現實的利害關係。舊思想却沒有一種力量來維護它。

通鑑卷二百一麟德元年（六六四）載：

自是上（高宗）每視事，則（武）后垂簾於後，政無大小皆預聞之，天下大權，悉歸中宮，黜陟生殺決於其口。

可知高宗晚年，政權完全操於武后之手。

通鑑，卷二百二上元二年（六七五）四月載：

己亥，太子（弘）薨於合璧宮，時人以爲天后酖之也。

雖非定論，可是太子弘的失愛於天后，確是事實。天后因要達到獨握政權的目的而除掉中外屬心的太子弘，是近情近理的事。

太子弘卒後，又立太子賢爲太子，復因受天后的疑忌，由被廢而被殺。然後再立英王哲（中宗）爲太子。及高宗崩，中宗繼位後，武后先廢中宗而立睿宗，繼又降睿宗爲皇嗣而自稱皇帝改國號周，這一連串的廢太子廢皇帝的事蹟，表示太子甚至皇帝都極度不安定。

造成這不安定局面的主力是武后，武后的所以能有這樣大權，一面固然由於她有特殊天才，但追其根源，還是建立在高宗的得立爲太子一事上。高宗的所以得立爲太子，直接受玄武門事變的影響，前已述及，則武后的廢太子廢皇帝，也是間接的由玄武門事變所導引出來的。

太宗廢太子承乾，是唐代廢太子的第一次，也是玄武門事變所引起的。這種廢太子的行動，便成了武后廢太子廢皇帝的極好的前例和借口。

太宗在位二十三年，廢太子事僅有一次。高宗在位三十四年，先被廢而後被殺者，前後有太子忠、太子賢、中間被酖而死者有太子弘。及高宗崩而武后執政，經七年的時間，被廢的皇帝有中宗、睿宗。總計高宗之子，於武后握權到稱帝的三十四年內（自顯慶元年——六五六到天授元年——六九〇）被棄的太子和皇帝，計有五人之多。足見廢立之風潮波浪愈後愈加汹湧，一氣的把原來想維持安定的立長制度，冲的無踪無影了。

武后篡唐稱周十五年，唐室終能恢復，基本原因當然在於人心的厭武周而思李唐；但另外還有一重要原因存在。通鑑卷二百八神龍元年五月甲子「以侍中齊公敬暉爲平陽王……」一段下考異曰：

統紀曰：太后（指武后）善自粉飾，雖子孫在側，不覺其衰老。及在上陽宮，不復節纇，形容羸悴，上（中宗）入見，大驚。太后泣曰：「我自房陵迎汝來，固以天下授汝矣。而五賊貪功，驚我至此。」上悲泣不自勝，伏地拜謝死罪。由是三思等得入其謀。

內裏最值得注意的是：「太后泣曰：我自房陵迎汝來，固以天下授汝矣。而五賊貪功……」數語。這數語表現的意義如下：

一、武后既預備以天下授中宗而人們仍不敢信，可知那個時期，太子未即位前誰也不敢相信將來定能即位而不發生變化。

二、張柬之等五人爲要得擁戴之功，不等到武后傳位於中宗，便提前迫武后退位擁中宗復位。

一般人們不相信太子定能卽位，是根據過去很多太子被廢的事實；張柬之等五人想得擁戴之功，是明瞭過去擁戴成功大臣得到重賞的事實。很多太子被廢的事實都是由玄武門事變所引起。擁戴成功大臣得到重賞的事實，以玄武門事變後太宗賞功臣事爲最著；所以武后所罵「五賊貪功」的擁護中宗復位運動，還是受太宗在玄武門事變成功史事的影響而發生的。

中宗復位以後，立第三子重俊爲太子。但因安樂公主受時代潮流的影響，有請中宗立她爲皇太女的野心，使得重俊不能自安，遂於神龍三年（卽景龍元年七〇七）七月，率左羽林大將軍李多祚等殺了安樂公主的丈夫武崇訓和崇訓父武三思，攻中宗於玄武門，不克而死。重俊爲什麼那樣的不安本份，他的心理也是和太宗時的太子承乾是一樣的。不過他沒有和承乾一樣的說明理由罷了。

韋后的毒死中宗，立溫王重茂自稱皇太后臨朝稱制。她的心理，是想作武后第二。總觀她前後的處事行動無不模仿武后。例如：

武后於高宗上元元年（六七四）九月上表請行便宜十二條。舊唐書中宗韋庶人傳說：「及中宗復位爲太子，又立后爲妃。時昭儀上官氏常勸后行則天故事，乃上表請天下士庶爲出母服喪三年，又請百姓以二十三（歲）爲丁，五十九（歲）免役，改易制度以收時望。」武后在高宗時干預朝政。通鑑卷二百八神龍元年載：「及（韋后）再爲皇后，遂干預朝政如武后在高宗之世。」高宗稱天皇武后稱天后。中宗稱順天皇帝，韋后稱順天皇后。武后時東魏國寺僧法明等撰大雲經謂武后合得天下。韋后時右驍衞將軍知太史事迦葉志忠進桑條歌十二篇，謂韋后合爲國母主。武后遏絕醫術不欲高宗病癒，韋后毒死中宗。武后廢中宗以太后臨朝稱制，韋后立少帝以太后臨朝稱制。前後如出一轍。若不是臨淄王隆基的起兵殺掉韋后，韋后的下一步行動必定是廢少帝自稱皇帝。

韋后的想奪取帝位，直接是受武后的啓示，間接的還是接受了玄武門事變太宗奪嫡成功所造成的潮流的支配。

玄宗的起兵誅韋后擁立睿宗，舊唐書卷九玄宗本紀記他起兵前後的情形說：

> 上乃與崇簡……定策誅之（指韋后）。或曰：先啓大王（指睿宗），上曰：「我拯社稷之危，赴君父之急，事成，福歸於宗社。不成，身死於忠孝，安可先請憂怖大王乎？若請而從，是王與危事，請而不從，則吾計失矣。」遂以庚子夜率幽求等數十人自苑南入……比明，內外討捕，皆斬之（指韋后之黨）。乃比謁睿宗，謝不先啓請之罪。睿宗遽前抱上而泣曰：「宗社禍難，由汝安定，神祇萬姓，賴汝之力也。」拜殿中監，同中書門下三品，兼押左右萬騎，追封平王。

當時玄宗雖未提及太宗的代父取天下，而睿宗的話，大有高祖對太宗所說：「天下皆汝所致。」的意味。想玄宗於默默中，當有以太宗第二自居之感。（玄宗理想中的太宗是據當時實錄所記）。

舊唐書玄宗本紀說：

> 睿宗卽位，與侍臣議立皇太子，僉曰：「除天下之禍者，享天下之福，拯天下之危者，受天下之安。平王（指玄宗）有聖德定天下，又聞成器已下咸有推讓，宜膺主鬯，以副群心。」睿宗從之。

同書卷九十五讓皇帝憲傳說：

讓皇帝憲，本名成器，睿宗長子也。……（睿宗）文明元年（六九四）立爲皇太子，……及睿宗降爲皇嗣，則天册成器爲皇孫……睿宗踐阼，拜左衞大將軍。將建儲貳，以成器嫡長，而玄宗有討平韋氏之功，意久未定。成器辭曰：「儲副者天下之公器，平時則先嫡長，國難則歸有功，若失其宜，海內失望，非社稷之福，臣今敢以死請。」累月涕泣固讓，言甚切至，時諸王公卿亦言楚王（玄宗）有社稷大功，合居儲位，睿宗嘉成器之意，乃許之。

由以上記載看來，諸王大臣皆主張立功，可知立長的傳統，已爲當時的潮流所淘汰。而成器的累日涕泣固讓，也無非是怕作建成第二。否則，讓帝位以至於「累日涕泣」，何近人情！

舊唐書卷九十六姚崇傳說：

時玄宗在東宮，太平公主干預朝政，……外議以爲不便，元之（姚崇的字）同侍中宋璟密奏，請令公主（指太平公主）往東都……以息人心。

同書同卷宋璟傳說：

時太平公主謀不利於玄宗，嘗於光範門內乘輦，伺執政以諷之。衆皆失色，璟昌言曰：「東宮有大功於天下，眞宗廟社稷之主，安得有異議！」乃與姚崇同奏請令公主就東都。

同書卷九十七張說傳說：

睿宗謂侍臣曰：「有術者上言，五日內有急兵入宮，卿等爲朕備之。」左右相顧莫能對。說進曰：「此是讒人設計，擬搖動東宮耳。陛下若使東宮監國，則君臣分定，自然窺覦路絕，災難不生。睿宗大悅，卽日下制皇太子監國。明年（指睿宗太極元年玄宗先天元年，西元七一二）又制皇太子卽帝位。俄而太平公主引蕭至忠崔湜爲宰相，以說不附己，轉爲尚書左丞，罷知政事仍令往東都留司。說既知太平陰懷異計，乃使獻佩刀於玄宗，請先事討之，玄宗嘉納焉。

由以上諸記載，可知玄宗在被立爲太子後，因太平公主的干政，其帝位繼承權，仍極不安定。甚至於及玄宗監國和卽帝位，他的帝位還是不安定。直到後來玄宗盡除太平公主黨羽以後，玄宗政權纔告安定。這一連串的事實，一定會給玄宗留下不能忘記的刺激和警惕。

玄宗帝位既安定，於開元三年（七一五）正月立郢王嗣謙爲皇太子（後改名瑛）。瑛得立的原因，是他的母親趙麗妃「本伎人有才貌善歌舞得玄宗寵」的緣故。可知當時立太子的標準，是由於皇帝的愛好。及開元十四年，趙麗妃卒武惠妃專寵，太子瑛於怨望之餘，與鄂王瑤，光王琚潛構異謀，於開元二十五年被廢。太子瑛爲太子二十二年而仍不免被廢，可見唐代太子的無保障。

按玄宗諸子中，琮最長，瑛次之，亨（肅宗）居第三。瑛既被廢而琮母賤。有資格繼爲太子的，一個是忠王璵（卽肅宗原名），一個是壽王瑁，壽王瑁之母武惠妃雖得寵，但於開元二十五年十二月薨，壽王瑁已失去優勢；所以開元二十六年，玄宗和高力士商談後，就決定立年長而且仁孝恭謹的忠王璵爲太子了。

玄宗的立肅宗爲太子，是唐代帝位繼承由初期轉入中期的初步。

玄宗有意模仿太宗之例甚多，最重要的如代父得天下；如恢復貞觀時代「中書門下及三品官入奏事必使諫官史官隨之」的舊制，如宣佈道教在佛教之上，等等皆是。也有矯正太宗之失的，如對宋王成器等兄弟極爲友愛等是。可知玄宗對太宗事蹟，是時常注意倣效的。

太宗已立中山王承乾爲太子而又廢之，玄宗已立郢王瑛爲太子而又廢之，情形亦頗相似。太宗立晉王治爲太子的理由，玄宗必定會引爲參考的。太宗謂侍臣所說：「泰立，承乾、晉王皆不存，晉王立，泰共承乾皆無恙也。」的話，旨在立晉王後，諸子可以相安。玄宗聽了高力士所說：「推長而立，孰敢復爭。」的話以後，連說：「汝言是也，汝言是也。」是對於無人敢於復爭的相安感到滿意的表示。換句話說：玄宗的「猶豫歲餘不能決，以至於忽忽不樂寢膳爲之減」的原因，就是怕萬一立錯了太子使得諸子繼續發生爭端。

唐代初期爲帝位繼承而引起的爭端，唐玄宗於連殺三子（瑛、瑤、琚）之後，痛定思痛之時，不會不加注意的。太平公主指摘他非長子不合爲太子所給他的煩擾，玄宗更不會忘記的。他既不願意見到他的諸子發生爭端，也不願意使他的非長子受到和他自己所曾受的同樣痛苦，所以當高力士提出：「推長而立」的話，玄宗馬上就決定了立嫡長的肅宗爲太子了。

全唐文卷三十九玄宗册忠王（肅宗）爲皇太子文有曰：

仰稽天道，俯察人心，立長則順天所助也，讓才則賢人之望焉，是用命爾爲皇太子往欽哉。

可見玄宗已把立長的舉動認爲是順應天道迎合人心了。

舊唐書卷十肅宗本紀說：

及立上（肅宗）爲太子，林甫懼不利己，乃起韋堅柳勣之獄，上幾危者數四，後又楊國忠依妃家，恣爲褻穢，懼上英武，潛謀不利，爲患久之。……（天寶）十四載十一月，（安）祿山果叛，稱兵詣闕，十二月……辛丑制太子監國，仍遣上總親軍進討……明年六月……關門不守，國忠諷玄宗幸蜀，……車駕將發（馬嵬），留上在後宣諭百姓，……七月辛酉上至靈武……（裴）冕等凡上六牋，辭情激切，上不獲己，乃從，是月甲子，卽皇帝位於靈武。

由以上記載可知，肅宗在被立爲太子後，其帝位繼承仍不可靠；但因安祿山反，玄宗令肅宗總親六軍進討，又因玄宗幸蜀留肅宗宣諭百姓，肅宗繼承帝位的趨勢，由此客觀環境所造成，及裴冕等凡六上牋，繼承帝位，纔成爲事實。

舊唐書卷一八四李輔國傳：

（安）祿山之亂，玄宗幸蜀，輔國侍太子（肅宗），扈從至馬嵬，誅楊國忠，輔國獻計太子，請分玄宗麾下兵，北趨朔方，以圖興復，輔國從至靈武，勸肅宗卽帝位，以系人心。

可知李輔國具有擁戴之功。同時也開了唐代宦官擁立皇帝的先聲。

無論肅宗如何因客觀環境而得卽帝位，但肅宗的得卽帝位是鐵的事實，肅宗係嫡中之長也是事實，於是當年高力士對玄宗所說：「推長而立，孰敢復爭。」的話，可謂言中了。這樣一來，使君臣上下重新找到立嫡立長的舊道路，認爲只有舊道路纔是滅除爭端最好的道路。

新唐書卷六代宗本紀說：

> 代宗……肅宗長子也，母曰章敬皇后吳氏，玄宗諸孫百餘人，代宗最長爲嫡皇孫，聰明寬厚，喜慍不形於色，而好學強記通易象。

嫡皇孫已是最好的資格了。何況代宗曾任天下兵馬元帥，剛建立了破賊收復東京之功，所以乾元元年（七五八）四月，便立代宗爲太子。

通鑑卷二百二十乾元元年五月記曰：

> 張后生興王佋，纔數歲，欲以爲嗣，上疑未決，從容謂考功郎中制誥李揆曰：「成王（代宗）長且有功，朕欲立爲太子，卿意如何？」揆再拜賀曰：「此社稷之福，臣不勝大慶。」上喜曰：「朕意決矣。」庚寅，立成王俶（代宗原名）爲皇太子。

據此可知立長且有功的王爲太子，爲社稷之福，成爲當時君臣們一致的認識了。

代宗即位之前，雖然仍有張后之爭，但是用武力爭奪帝位的風氣已近尾聲。由太宗玄武門事變的影響而發生出來爭奪帝位的潮流，第一期簡直是波濤洶湧，莫可阻止。經玄宗的推長而立得到了不爭的效果，肅宗又一次的擇長而立，雖然代宗即位時稍有風波，但不久即安，及代宗即位後，關於立太子事，似乎已有成規可循了。代宗聞知玄宗的立太子事，親身經過肅宗立太子（代宗本人）的事，他知道這樣比較可以息爭，他當然也不願讓他的子孫們發生爭端，所以最好的方法他還是遵循成規—立長。

全唐文卷四十六代宗答宰臣等請立皇太子手詔：

卿等謨明廟堂，夾輔王室，請正長嫡以崇儲副，稱元良之貞，固天下之本，此謂主鬯，誠哉是言。

由以上代宗手詔得知宰臣等請立皇太子，仍是「請正長嫡」，君臣們對於立嫡長，已是一致的認識和要求了。

唐大詔令集卷二十七德宗立宣王（卽順宗）爲皇太子制云：

主器者莫若長子，繼明者必建儲貳，卽己傳重，亦以崇本，則君親之大義，帝王之宏範，無先於此矣。

據德宗的制文，知顯明的提出：「主器者莫若長子」的話來了。

舊唐書卷一百五十九衞次公傳：

貞元八年（七九二），徵爲左補闕，尋兼翰林學士。二十一年（八〇五）正月，德宗升遐，時東宮病恙方甚，倉卒召學士鄭絪等至金鑾殿，中人或云：內中商量所立未定。衆人未對。次公遽言曰：「皇太子雖有疾，地居冢嫡，內外繫心，必不得已，當立廣陵王，若有異圖，禍難未已。」絪等隨而倡之，衆議方定。

這裏可以注意的是衞次公的話。第一他說：「皇太子雖有疾，地居冢嫡，內外繫心。」可見內外繫心的是地居冢嫡的順宗。第二他說：「若有異圖，禍難未已。」意思是倘若不立冢嫡，將要引起很多的變亂。第三更要注意的是：經衞次公提出這些話，衆議遂定。可見衆人都是力求安定，恐怕引起變亂。

恐怕引起變亂而立長嫡，雖然有病還是要立，這種求安定的心理和唐玄宗與高力士一席談而決定立長時的心情是一樣的。這種立嫡長的辦法，經事實的證明，確實能減免很多麻煩或變亂，所以衆人對這種辦法更具有信心並且願意維護。

由防亂心理想起來立嫡長的制度，立嫡長的制度經實驗證實確可減少變亂，一再相沿採取這種制度，逐漸相沿之後，便習爲成規，所以順宗立太子時，仍選定他的長子憲宗。

憲宗立太子時，最先仍選定長子鄧王寧爲太子，嗣因太子寧薨，宦官吐突承璀想擁立憲宗次子澧王渾，憲宗要擺脫吐突承璀的控制，而且澧王渾的母賤，所以就選定第三子遂王恒爲太子，就是穆宗。在長子薨次子有問題時，選定第三子，可見憲宗立太子的標準，仍然存有立嫡長的觀念在心頭。

穆宗立太子時，選定景王湛，景王湛是穆宗的長子。可知，穆宗對於立太子事，他們君臣們都存有立長的傳統觀念。

總觀中期的六帝，有五帝爲長子，只有穆宗爲第三子，而憲宗立穆宗時仍有立長的觀念；所以可以說中期爲立長子的時期。其所以造成這一段的立長制度，原因在於君臣上下都想防止變亂。立長雖起於肅宗的立代宗，而其淵源已伏基於玄宗的立肅宗。所以造成這立長的觀念，就是種因於玄宗和高力士的一席談。

後期六帝的繼承帝位，全是由宦官的擁立，計：

一、文宗爲宦官王守澄所立。

二、武宗爲宦官仇士良所立。

三、宣宗爲宦官馬元贄所立。

四、懿宗爲宦官王宗實所立。

五、僖宗爲宦官劉行深所立。

六、昭宗爲宦官楊復恭所立。

宦官何以有這種特權？最主要原因是宦官握有禁軍的兵權，其次是他們掌管樞密。

原來太宗時候，內侍（宦官）不立三品官，不任以事，所以宦官無專權者。及玄宗時，宦官人數加多，地位亦尊，高力士頗有權勢；肅宗尊稱宦官李輔國尙父：代宗時宦官程元振、魚朝恩用事，譖罷郭子儀兵柄，又譖襄陽節度使來瑱賜死。宦官因典禁兵權傾朝廷，所以宦官李輔國已有擁立肅宗代宗之事。但自魚朝恩死後，朝廷暫時不用宦官典禁兵，宦官氣燄曾一度稍息。

德宗時候，曾經盡以禁軍委白志貞，但志貞多納富人金，補軍止收其庸，而身不在軍。及涇原兵變，帝召近衞，無一至者，惟宦官竇文場、霍仙鳴率宦官擁從。至奉天，帝遂逐白志貞，並左右軍付文場主之。平賊之後，德宗自山南還京，忌宿將難制，不欲武臣典禁兵，其左右神策、天威等軍，欲委宦官主之；乃置護軍中尉兩員，中護軍兩員，分掌禁軍。詔竇文場爲左神策護軍中尉，霍仙鳴爲右神策護軍中尉；焦希望爲左神策中護軍，張尚進爲右神策中護軍。自是神策親軍之權，全歸於宦官。神策在禁軍中號稱勁旅，而以宦官主其軍權；所以宦官之勢大張。每於帝位繼承之時，任神策中尉的宦官，自有左右之權。

宦官能夠專權的另一原因，是他們擔任樞密使一職。唐代的樞密使，初置於代帝永泰中，以宦官充任，最初不置司局，只是有屋三楹；貯文書；但是樞密使確職掌着承受表奏，宣布詔令的大權。因爲承受表奏，自能審察表奏，干涉大臣的行政；因爲宣布詔令，自能矯稱帝旨，擅發詔令。換句話來說：大臣上奏章，皇帝下詔令，都經過樞密使之手，他自然可以先知機密。竊預朝政；時間久了，宦官自然能漸漸上下其手，左右朝政。所以到德帝時候，樞密使之權勢漸盛；到憲宗時，已能參與機密，竊取朝政。文宗以後，樞密使儼然成爲朝廷大臣，內可以左右甚至決定詔書的內容。外由參預大臣奏章以至於達到與宰相同議政事。倘遇戰爭緊急，皇帝的詔令可以不經宰相，經由樞密使直接下達軍前。倘遇皇帝有病或暴崩，樞密使自然可以參預議立新皇帝之密謀。

五、帝位繼承與國勢

在前期中，繼承帝位的共計有太宗、高宗、中宗、睿宗、玄宗、肅宗六帝。在位共一百三十五年，（六二七——七六二），依現在諸史計：太宗二十三年、高宗三十四年、中宗二十六年、睿宗八年、玄宗四十四年、肅宗七年，實際高宗雖然在位三十四年，但大部份時間政權爲武后所竊，通鑑卷二百一麟德元年載：

自是上（高宗）每視事，則后垂簾於後，政無大小皆預聞之，天下大權悉歸中宮，黜陟生殺決於其口，天子拱手而已，中外謂之二聖。

可知自麟德元年（六六四）實權已操於武后之手。

中宗在位史書雖稱二十六年，實際上中宗於宏道元年（六八三）多十二月卽位，到嗣聖元年（六八四）二月，卽被廢爲廬陵王，在位尚不滿三個月，在此三個月內政事咸取決於武太后。及張柬之等擁中宗復位，政權又爲韋后所竊。

睿宗前段在位雖云五年，但大權均操於武太后，後段在位雖云三年，實在因受太平公主和臨淄王隆基的擁護而得卽位，政權亦爲他們姑姪二人所掌握。

至於武后，她自從高宗麟德元年（六六四）已操黜陟生殺大權，及中宗卽位時，以太后身分處理政事，後廢中宗立睿宗，復降睿宗爲皇嗣而自己做皇帝，直至中宗神龍元年（七〇五）張柬之等迫她讓位，其間四十二年，她一直大權獨掌。有唐諸帝，除玄宗外，無如她執政時間長久的。縱然以後史家不承認她稱帝，但她長期竊政確是事實。

玄宗爲太子時，已經與聞政事，先天元年（七一二）卽帝位，及天寶十五載（七五六）六月，避安祿山亂出奔蜀，七月肅宗卽位尊帝爲太上皇時止，實際有四十五年之久。史家因將天寶十五載改爲肅宗至德元年，使玄宗只剩有四十四年。卽令以四十四年計算，在唐代諸帝中，他也是在位最長的一位皇帝。

名義上唐初六帝，實際上唐初一百三十五年中，大權操於二帝（太宗、玄宗）一后（武后）之手的時間爲多。

太宗的文治武功，古今罕有其比，新唐書卷二太宗本紀贊云：

甚矣至治之君不世出也。……唐有天下，傳世二十，可稱者三君，玄宗、憲宗皆不克其終。盛哉太宗之烈也，其除隋之亂，比迹湯武，致治之美，庶幾成康，自古功德兼隆，由漢以來，未之有也。

舊唐書卷三太宗本紀後史臣曰：

臣觀文皇帝發迹多奇，聰明神武，拔人物則不私於黨，負志業則咸盡其才，所以屈突，尉遲由仇敵而願傾心膂；馬周，劉洎自疏遠而卒委鈞衡。終平泰階，諒由斯道。……沿周發周成之世襲，我有遺妍，較漢文漢武之恢弘，彼多慙德。迹其聽斷不惑，從善如流。千載可稱一人而已。

以上的評贊，已可道出太宗的歷史地位的大概。

太宗求治心切，大開言路，令群臣直陳得失以匡不逮。例如：資治通鑑卷一九二載：

令京官五品以上，更宿中書內省，數延見，問以民間疾苦，政事得失。

舊唐書卷三太宗紀下，貞觀十一年七月載：

命百官上封事，極言得失。

新唐書卷九十七魏徵傳亦云：

帝（指太宗）……或引至臥內，訪天下事，徵亦自以不世遇，乃展盡底蘊無所隱，凡二百餘奏，無不剴切當帝心者。

便可看出太宗殷殷求治的一斑。至於太宗的善政，眞是書不勝書，大致備載於貞觀政要一書中，茲不贅述。僅擇其內治、武功的概略以明其政績。

貞觀時代內治的成績，舊唐書卷三太宗本紀載：

貞觀四年……是歲斷死刑二十九人，幾致刑措，東至於海，南至於嶺，皆外戶不閉，行旅不齎糧焉。

新唐書卷九十七魏徵傳云：

天下大治……東薄海，南踰嶺，戶闔不閉，行旅不齎糧，取給於道。帝謂群臣曰：此徵勸我行仁義既效矣。惜不令封德彝見之。

通鑑卷一百九十三，貞觀四年載：

是歲，天下大稔，流散者咸歸鄉里，斗米不過三四錢。

太宗對外的武功計有：貞觀四年平東突厥，九年平吐谷渾，收服黨項，十二年破吐蕃，十四年滅高昌，十五年破薛延陀，十八年破焉耆，十九年伐高麗克遼東諸城，二十年滅薛延陀，二十二年收服龜茲，二十二年破天竺。

太宗的內治武功均極可觀，史臣譽爲千載一人實不爲過。

武后本是太宗才人，她能入爲高宗昭儀，已非普通女子所能辦。在太宗的顧命大臣長孫無忌、褚遂良輔佐高宗之時，竟能使高宗貶殺他們，廢掉王皇后而立她爲后，尤非普通女子所能辦。被立爲后之後，復能得高宗的信任委政權於她，更非無才能的女子所能辦到。在高宗信任寵愛太子弘、太子賢的情形下，武后竟能不顧母子之情（弘、賢皆武后所生）先後排除他們在政治上的地位，而獨得操握大權，決非手段不毒辣的女子所能辦到。高宗死後，武后即以太后身分處決一切政務了，而她又要先後廢立中宗、睿宗而自登帝位，更非無雄心的女子所能辦。在中國多年傳統女子干政比爲牝雞司晨的觀念下，武后竟能引用佛家經典，並造出彌勒佛下生之說，打破傳統觀念，終於開中國古今未有的先例，登上帝座。如非能力持強，何能至於此？

武后卽位前後，尊賢納諫，酷似太宗，駕御驅使，各有方法。甚至於她一面能用賢人，另一面亦肯用、敢用、能用小人。孫甫於他作的唐史論斷內狄仁傑薦張柬之條論武后的用人曰：

武后臨朝，僭竊二十餘年，所用之人，姦正相半，蓋后俊智之性，有過於人，謂不用姦人，無以成己欲，不用賢人，無以疵己過。然持大權者，多賢才也。如狄仁傑、姚元崇相於內，婁師德、郭元振將於外，天下事何慮乎？故雖兇殘不道不至禍敗者，以此也。當仁傑、元崇相國，才謀之士，不乏於時，尚孜孜訪於二相，求大才以備任用，二相力薦柬之，立命作相，其推心不疑如此，則向之任用之意可知矣。豈非任賢之術也。

觀此可知武后任人的才能。

武后的史事，因史官認爲她是篡竊而有意的予以略去，所以有關武后的記載，特別簡略。就簡略的史料中，可知她還有幾項不差的政治措施。

一、爲經濟中心在江淮，而關中離江淮太遠，運輸困難，故遷都洛陽，改名神都。

二、爲打破傳統，拔取新的人才，特重科考以吸取文人學士，創設武舉，培植將才。

三、爲軍食民食，規定義倉不許雜用。

四、爲避免人才全集中央，地方官吏人才低落；獎勵人才任郡、縣官吏。

五、因府兵制漸趨破壞，局部的採取募兵制以增強軍力。

語石卷一，葉昌熾云：

金輪（即武后）以一女子，暗移唐祚，威福自姿，舉朝屏息，牝鷄司晨，亘古未有，其所造十九字見宣和書譜……當時群臣奏章及天下書契，咸用其字。以石刻證之，自武后稱制，光宅、垂拱、永昌、尚未改字，至載初以後，無不用新製字矣。余所見武周碑不下數百通，窮鄉僻壤，緇黃工匠，無不奉行惟謹。尤可異者，巴里坤有萬歲通天（武后年號，時年在六九六）造像，敦煌有柱國李公舊龕碑在莫高窟，廖州刺史韋敬辯城碑在廣西龍州關外，河東刺史王仁求碑在雲南昆明縣，龍龕場道銘在廣東羅定州，皆唐時邊遠之地；文敎隔絕，乃紀年月亦皆用新製字，點畫不差累黍，雖秦漢之強，聲靈遠訖，何以加焉。

這說明武后政令的效率。證明一般官吏對她的命令，不是陽奉陰違，而是奉命唯謹的。最可注意的，武后稱帝十五載，干預政治四十餘年，在這四十餘年當中，沒有民變的記載，可以推知當時人民生活不會太差的，因爲倘若太差，應當有叛亂，如有叛亂史官就不會不記載。

通鑑卷二百六久視元年正月載：

內史武三思罷爲特進太子少保天官侍郎，平章事吉頊貶安固尉。太后以頊有幹略故委以心腹，頊與武懿宗爭趙州之功於太后前。頊魁案辯口。懿宗短小傴僂。頊視懿宗聲氣凌厲。太后由是不悅曰：「頊在朕前猶卑我諸武，況異時詎可倚耶？」它日，頊奏事方援古引今，太后怒曰：「卿所言，朕飫聞之；無多言。太宗有馬名師子驄，逸肥無能調馭者，朕爲宮女侍側，言於太宗曰：『妾能制之，然須三物，一鐵鞭，二鐵撾，三匕首。鐵鞭擊之不服，則以撾撾其首，又不服，則以匕首斷其喉。』太宗壯朕之志。今日卿豈足汚朕匕首邪？」頊惶懼流汗拜伏求生，乃止。

這雖然是武后制服吉頊的一件小故事，但由武后所講的御馬術和太宗以她爲壯等事來看，武后確是有辦法的。不只所講爲強者哲學，也確是說得出作得到的。武后的所以能竊取政權達四十餘年，從這一段故事，已可看出端倪。

自武后稱帝後，女子干政之風日熾，中宗復位之後，韋后干政之情形，猶如高宗時的武后。及韋后毒死中宗立少帝，以太后而決斷政事，亦猶中宗時的武太后。那時，韋后的將效武后稱帝篡唐，不待智者而知。而韋后終於失敗被誅者，實因其智能不足和武后相比之故。二后相比益顯武后能力之強。

玄宗以二十七歲的青年，竟能密結才勇之士，先結太平公主發動政變。及睿宗即位，太平公主干政之日，玄宗又能駕御智謀之士對抗太平公主。卒能由監國而即帝位，由稱帝而剷除太平公主統一政權，如非才能超越，決不能至此。

玄宗即位之初，銳意政治，好觀書留心起居注，以太宗為倣效的鵠的。任用名相姚崇、宋璟。宋璟嘗手寫尚書無逸一篇為圖以獻，玄宗置之內殿出入觀省，咸記在心，每嘆古人至言後代莫及。欲復貞觀之政，修勤政樓，崇尚節儉，禁女樂，出宮嬪，汰僧尼，禁惡錢。任用姚、宋、畢、李，信而不疑，禮貌有加。對於搜求人才極為重視，除保持薦舉，徵聘和蔭襲等法外，特別注意科舉，多方加以改進，既恐野有遺才，又不使不才者倖進。為貫徹前面目的，屢次下令求賢，或令文武高才詣闕自舉，或令左右丞相尚書及中書門下五品以上官推舉。為保持後面的目的，曾數度親臨試場考試各方人才，並以向來主考的郎官權輕，改用禮部侍郎專辦考試。

舊唐書卷九玄宗本紀後史臣曰：

……我開元之有天下也，糺之以典刑，明之以禮樂，愛之以慈儉，律之以軌儀，黜前朝徼倖之臣，杜其姦也，焚後庭珠翠之玩，戒其奢也。禁女樂而出宮嬪，明其教也。賜酺賞而放哇淫，懼其荒也。叙友于而敦骨肉，厚其俗也。蒐兵而責帥，明軍法也。朝集而計最，校吏能也。廟堂之上，無非經濟之才，表著之中，皆得論思之士。而又旁求宏碩，講道藝文。昌言嘉謨，日聞於獻納，長轡遠馭，志在昇平。貞觀之風，一朝復振。

便可看出玄宗對政治努力的大概。

由於玄宗君臣的努力，造成有名的開元盛世，當時國內富庶安定的情形，據杜甫憶昔詩云：

憶昔開元全盛日，小邑猶藏萬家室，稻米流脂粟米白，公私倉廩俱豐實。九州道路無豺虎，遠日不勞吉日出。齊紈魯縞車班班，男耕女桑不相失。（見杜詩鏡銓卷十一）

唐語林卷三夙慧條亦說：

開元初，上留心理道，革去弊訛，不六七年間，天下大理，河清海晏，物殷俗阜……入河湟之賦稅滿右藏。納河北諸道租庸充滿左藏。財寶山積，不可勝計，四方豐稔，百姓樂業，戶計一千餘萬，米每斗三錢。丁壯之夫，不識兵器，路不拾遺，行不齎糧，奇瑞疊委，重譯麕出，人物欣然。

通典食貨七記開元盛世的情形說：

東至汴宋，西至岐州，夾路列店待客，酒饌豐溢，每店皆有驢賃客乘，倏忽數十里，謂之驛驢。南詣荆襄，北至太原范陽，西至蜀川涼府，皆有店肆以供商旅、遠適數千里，不持寸刃。

其餘記開元之盛的還多，不必多贅。

以上所舉太宗、武后、玄宗，二帝一后在位之時，唐代內政大致清明國內秩序安定，對外國威發揚，誠爲唐代盛世。假設不是太宗奪嫡成功，唐代仍執行着長子繼承的制度，則太宗、武后、玄宗均不能稱帝；而帝位屬於建成的一支，則唐代歷史必成爲另一面目。

假設建成平安的繼承帝位，則東突厥必不至於侵至渭水便橋，則必無渭水之恥，也不會有太宗的立志雪恥，自然也不會有擒頡利可汗平東突厥之事了。天可汗之名是否出現亦成問題了。

假設太宗的太子承乾不被廢而得卽帝位，則太子承乾的政治必不會淸明，也難有女皇帝出現，歷史的方向又成爲不可知了。

假設睿宗時維持長子繼承制度，則宋王成器理當繼皇帝位，以「累日涕泣固讓」的讓皇帝，一旦眞的作了皇帝，則政治是否能趕上「性英斷多藝」的玄宗皇帝，也大有問題。

按天然定律，是弱者失敗而強者成功，換句話來說：成功的當是強者。唐太宗能力較建成尤強，當屬事實。由太宗奪嫡而打破長子繼承制度，一方面固然給唐代帶來許多宮廷內爭；另一方面也是走上天演淘汰的路線。強者成功而執政，對於內政外交各方面，當更能發揮才能，造成比較偏重於保守者執政更爲輝煌的成績。如此，唐太宗玄武門事變，也屬罪中之功了。

在中期六帝中，順宗在位一年（實際只有八個月），而且有病不能理政。穆宗在位四年，不知創業之艱難，不恤黎元之疾苦。敬宗在位二年，時常以打球打獵爲事，後卒被弒於宦官。所以歐陽修於新唐書穆宗、敬宗本紀後贊曰：

穆敬昏童失德，以其在位不久，故天下未至於敗亂。

比較在位久的，代宗在位十七年，德宗在位二十五年，憲宗十五年。代宗卽位時，置安史之亂，行將結束，假設代宗不採姑息政策而採用李泌：「直擣范陽，覆其巢穴。」的決策，則安史餘黨，均成擒矣。但代宗不此之務，先後收降安史餘黨，封張忠志爲成德節度使，統恒、趙、深、定、易五州，賜姓李名寶臣。封田承嗣爲魏博節度使，據有魏、博、德、滄、瀛諸州。封李懷仙爲盧龍節度使，據有幽、莫、嬀、檀、平薊諸州。封薛嵩爲昭儀節度使，據有相衞等六州。成爲有名的河北四鎭。不久以後（七六五年），淄青的部將李懷玉驅逐了他們的節度使侯希逸。代宗不只沒有聲討李懷玉，反而承認他爲淄青節度使（初稱留後）並賜名正己。這五個藩鎭，名義上雖然都接受唐朝的封號，實際上完全是獨立的，中央不能過問他們的軍政、財政和人事。他們所據的地方，不但土地肥沃，而且風俗強悍，這些地方一失，中央失去大量的財源和兵源，而且失去國家在東北面的天然國防線。使唐帝國的損失，幾乎無可計算。

代宗時代第二件失政，是宦官的專權跋扈。宦官跋扈的代表，是李輔國、魚朝恩、程元振三個。李輔國因有定策功，恃功而驕，至謂帝曰：「大家第坐宮中，外事聽老奴處決。」魚朝恩因吐蕃入犯京師，代宗幸陝之際，有奉迎之功，便無所忌憚起來，以至於朝政裁決時，朝恩或有不預者，輒怒曰：「天下事有不由我者乎？」而程元振權震天下，在李輔國右，兇惡又過之。竟譖名將來瑱賜死，嚇得李光弼不敢入朝。又譖元勳裴冕，遂罷相貶施州。致朝政是非不明，天下方鎭解體。

由宦官專權致內政黑暗，由藩鎭割據而唐國力衰，推究原因，悉由代宗苟安心理所致。所以新唐書卷六代宗本紀贊曰：

代宗之時，餘孽猶在，平亂守成，蓋亦中材之主也。

德宗在位較長，事蹟較多，兩唐書史臣語可以概括。新書本紀後贊曰：

德宗猜忌刻薄，以彊明自任，恥見屈於正論，而忘受欺於姦諛；故其疑蕭復之輕己，謂姜公輔為賣直，而不能容。用盧杞趙贊則至於敗亂而終不悔。及奉天之難，深自懲艾，遂行姑息之政。由是朝廷益弱而方鎮愈彊，至於唐亡，其患以此。

舊唐書卷十三德宗本紀後史臣曰：

……德宗在藩，齒胄之年，曾為統帥，及出震承乾之日，頗負經綸，故從初罷郭令戎權，非次聽楊炎謬計。遂欲混同華裔，束縛奸豪，南行襄漢之誅，北舉恒陽之伐。出車雲擾，命將星繁，罄國用不足以餽軍，竭民力未聞于破賊。一旦德音掃地，愁歎連甍，果致五盜僭擬於天王，二朱憑凌於宗社。奉天之窘，可為涕零，罪己之言，補之何益，所賴忠臣戮力，否運再昌，雖知非竟逐於楊炎，而受佞不忘於盧杞，用延賞之私怨，奪李晟之兵符，取延齡之奸謀，罷陸贄之相位，知人則哲，其若是乎？貞元之辰，吾道窮矣！

據此可知德宗並非英明之主；所以德宗時代朝廷益弱而方鎮愈強。

憲宗在位十五年，起初內部政治、中央威信均有起色。他讀前代實錄，欽佩太宗、玄宗。他仰慕貞觀、開元時代群臣的同心輔政。便立志效法太宗、玄宗的信任宰相。也以他們的勵精圖治為模範，於是常延攬廷英議決，晝漏率下五六刻方退。元和四年蠲租稅、出宮人、絕進奉、禁掠賣，都是一時的善政。

憲宗最值得記述的，是逐漸削平了多年跋扈的藩鎮，計：

一、元和元年秋九月，命將高崇文克成都，擒抗命的知節度事劉闢，斬之。

二、同年三月，夏綏留後楊惠琳拒命，討斬之。

三、元和二年四月，鎮海節度使李錡反，十月，命將執之。

四、元和五年四月，吐突承璀誘執盧從史（昭儀節度使）送京師。

五、元和七年十月，魏博都知兵馬使田興歸命，詔以爲節度使，旋賜名弘正。

六、元和十二年冬十月，唐鄧節度使李愬雪夜入蔡州，擒淮西鎮叛將吳元濟。

七、元和十三年四月，成德王承宗遣子入質，並獻德棣二州。

八、元和十三年七月，詔討淄青藩鎮李師道，次年，其部下劉悟斬之降。

以上的諸戰役中，尤以擒吳元濟之役最使藩鎮的叛將膽寒。直到元和十四年，全國的藩鎮，在名義上大體歸服中央。那時，唐的威命，幾乎復振。

可惜憲宗晚年，安逸心生，信任程异、皇甫鎛等聚歛之臣，逐崔群、裴度等名臣於藩方。更迷信佛教，遣中使迎佛骨至京師，貶諫迎佛骨的韓愈爲潮州刺史，服方士柳泌所製金丹藥，貶諫服金丹的裴潾爲江陵令。卒至服藥不佳，被宦官陳宏志所弒。以致河北三鎮復叛，中興之業將成而復廢。唐室從此不振，良可嘆也。

總計中期六帝中，以憲宗爲最英明，政治亦頗有可觀；但比於前期的二帝一后則又遠遜。後期六帝中，除武宗在位只六年外，餘均爲約十餘年。（僖昭二宗均十五年，文懿二宗均十四年，宣宗十三年）論天資宣宗比較英明，其次爲武宗和昭宗。更次爲文、懿、僖三宗。

文宗雖有帝王之道，而無帝王之才，史稱其「仁而少斷」，他在位的十四年內，朝政日非，甘露之變，宰相李訓被殺，宦官氣燄，更爲高漲。他嘗以周赧漢獻受制強臣，而己受制家奴，謂不如赧獻，對周墀泣下。學士崔愼由夜直，忽仇士良召至秘殿，令草詔更立嗣君，愼由以死拒之，士良引至小殿見帝，士良歷數帝過，帝俯首而已。皇帝的尊嚴，幾乎掃地盡矣。

文宗又嘗語宰輔曰：「朕每讀書，恥爲凡主，然與卿等論天下事，勢不得行者，退但飲醇酒求醉耳。」以一國之主的皇帝，對事束手無策，但欲飲醇酒求醉。其無能可知，其政治更不待問。

武宗雖然是一位大刀濶斧敢幹的皇帝，他任用李德裕爲相，對藩鎭用兵，朝廷的威勢漸振；但因他早好道術修攝之事，即位以後，召趙歸眞等道士八十一人於禁中，修符籙，鍊丹藥服用之後，膚澤日消槁，以至於喜怒不常，病篤，旬日不能言，宰相李德裕請見不得，未幾崩。在位僅僅六年。

宣宗似頗英明，備知民間疾苦，即位以後，權豪斂迹，姦臣畏法，十餘年間，頌聲在路。但帝竟不能以前車爲鑑，餌太醫李元伯所治長年藥，病渴且中燥，疽發背而崩。致大中之政，爲善不竟。

懿宗器本中庸，流於近習，所親者巷伯，所昵者桑門，以蠱惑之侈言，亂驕淫之方寸；欲不怠忽，是不可能的事。他卽位不久，浙東賊裘甫首起倡亂，陷象山、剡縣、雖用王式將裘甫討平，而亂風日熾。數年之後，桂州戍卒龐勛之亂又起，由今日的廣西「經湖南、湖北、經安徽而亂至江蘇北部一帶。後雖經討平；但亦竄擾五省，歷時年餘。唐室之衰象，已盡行暴露。然帝並未勵精圖治；但知迎佛骨以求福，可惜佛骨纔入於應門，龍輴已泣於蒼野。可見求佛亦不能挽救唐國的衰運了。

僖宗更是唐室大亂的符號，剛卽位不久，便有王仙芝之亂，緊接着巨盜黃巢之亂大起，起於山東，蔓延到河北、河南、安徽、江蘇、更經浙江、福建、廣東、直陷廣州。復經湖南、湖北、江西、安徽、江蘇轉入河南。先陷東部洛陽，復破潼關陷京師長安，僖宗被迫幸蜀。黃巢自稱大齊皇帝。幸唐室對政治工作作的還好，一方面借兵於沙陀人李克用，一方面收買黃巢之部屬朱溫反正，雙方夾攻纔把黃巢擊潰。然前後亂十年，亂區幾徧全國，僖宗在位十五年，直至駕崩前一月，纔得返回長安。可以說僖宗和變亂相終始，決不爲過。

昭宗雖然爲人明雋，有志興復，但內而宦官專權跋扈，外而蕃鎮割據，互相爭奪。勢力比較大的，有河東節度使李克用宣武節度使朱全忠（卽朱溫），加以其他節度使的互爭，戰事時常發生，每次戰爭無論發生在何處，都是以朱、李二鎮爲後盾。起初李勝而朱敗，嗣後轉爲李敗而朱勝。最後，朱全忠應宰相崔胤之召，盡誅宦官，但朝廷完全入於朱全忠的控制之下，全忠迫遷昭宗於洛陽，不久昭宗爲全忠所弒，唐帝國已名存實亡了。

通鑑卷二百四十七會昌三年六月載：

癸酉、仇士良以左衞上將軍內侍監致仕，其黨送歸私第，士良教以固權寵之術曰：「天子不可令閑，常宜以奢靡娛其耳目，使日新月盛，無暇更及他事，然後吾輩可以得志。愼勿使之讀書親近儒生，彼見前代興亡，心知憂懼，則吾輩疏斥矣。」其党拜謝而去。

仇士良這種固寵術，後期擁立皇帝的宦官們，想必會周知甚至早已在實行。後期爲宦官所擁立的皇帝，決不會有爲，原因卽在於此。而國勢的危殆，當然在所難免。

六、結　論

唐代前後共二十帝，除最先的高祖係受隋禪，最末的哀帝爲朱全忠所立不計外，中間有十八位皇帝是繼承帝位的。

在這十八位皇帝中，按時間先後排列，從太宗到肅宗爲先期六帝。從代宗到敬宗爲中期六帝。從文宗到昭宗爲後期六帝。

前期六帝中，太宗爲高祖的次子，高宗爲太宗的第九子，中宗、睿宗爲高宗第七子第八子，玄宗爲睿宗第三子，肅宗爲玄宗的第三子；全非長子；可稱爲非長子繼承時期。中期六帝中，除穆宗係第三子外，其餘五帝全係長子，可姑稱爲長子繼承時期。後期六帝中，文宗、武宗以弟繼兄，宣宗以叔繼侄，懿宗以長子繼承，僖宗以第五子繼承，昭宗又是以弟繼兄，可稱爲不規則的繼承時期。

前期六帝的繼承帝位，除少數外，多係以武力爭取。中期六帝的繼承帝位，除少數外，大致係遵老皇帝之命，由立爲太子而和平繼承的。後期六帝的繼承帝位，多係於老皇帝病重或已崩之時，宦官以兵擁立的。

前期最先的皇帝高祖，本來也是遵守古代立長的制度，而立長子建成爲太子的；但經玄武門事變，秦王世民以高祖次子而奪得帝位。於是長子繼承的制度便開始破壞了。太宗雖然也依立長制度而立長子承乾爲太子，但太宗的其他諸子都羨慕太宗的爭得帝位，紛紛的想奪取帝位，於是長子繼承制度，一時便無法維持了。以致初唐爭奪帝位的事件特多。

玄宗於廢掉太子瑛後，時常爲立太子事所困擾，以至於寢食不安，宦官高力士用立長的話提醒了玄宗，玄宗就選了嫡子之中年長的肅宗作了太子，以後就得繼承了帝位。這樣以來，使唐代的帝位繼承，又重新走上了立長的道路。中期諸帝多係長子，就是由此引出來的。由長子繼承的結果，雖然也有爭端，但大體比前期和平的多了。爭奪帝位而兵戎相見的事，便減少了很多。

皇帝們的心理，愈是遇有患難之時，愈是對外人不敢信任，敢信任的只限於常常跟隨在他左右的人。宦官是終天在皇帝身旁侍候的，所以最容易得到皇帝的信任。唐代自安史之亂起，宦官們日益得到皇帝的信任和依重，因之權勢也日益擴張。代宗時，因爲內亂外患交集，皇帝便把宣布命令和接受表奏的大權，交與宦官，宦官因有此權，便可左右朝政。德宗時候，因爲涇原兵變，德宗皇帝倉猝避亂時，宦官們盡了護衛的責任，亂平之後，德宗皇帝便把禁軍的率領權，全委任宦官，於是宦官之勢愈盛。

敬宗皇帝爲人刺死，宦官王守澄迎立敬宗的弟弟文宗作皇帝，從此以後，不只唐代的帝位繼承，由長子繼承變爲不規則式的繼承，而且開了宦官擁立皇帝之路。從文宗到昭宗，後期的六帝，全數都是宦官擁立的。在這期內，只有宦官纔有擁立皇帝的權力，皇帝們縱然立了太子，也不能繼承帝位，所以不是經過多年不立太子，便是根本不立太子。

前期皇帝的帝位繼承權，多由競爭得來。由競爭而取得帝位者，多半能力強，所以唐代前期的國勢強盛，但其缺點是常有內爭。中期的帝位繼承改爲立長，其優點是可以弭止內爭。但非由競爭得來帝位的皇帝，其政策常趨於保守。唐代國勢，因之衰落。後期的帝位繼承權操於宦官之手，宦官爲干預朝政，營私舞弊，常利用皇帝的昏庸無能，誘導皇帝走上腐敗之路，因此縱有天資英明的皇帝，在宦官專權的情形下，也決不能有所作爲；所以後期的一切政治設施，更沒有振作的精神，而國家遂瀕臨危亡。

總之，唐代國勢前期強盛，中期衰落，後期由危而亡，原因固有多端，而帝位繼承之演變，確是其中重要原因之一。制度與國勢的盛衰息息相關，這是顯明的例子。

（本論文發表於中國歷史學會史學集刊第四期，六十一年五月）

唐代婦女的婚姻

一、婚姻的趨向和禁規

資治通鑑卷二百高宗顯慶四年（六五九）多十月載：

初，太宗疾山東士人自矜門地婚姻多責資財，命脩氏族志例降一等；王妃、主壻皆取勳臣家，不議山東之族。而魏徵、房玄齡、李勣家皆盛與爲婚，常左右之，由是舊望不減；或一姓之中，更分某房某眷，高下懸隔。李義府爲子求婚不獲，恨之，故以先帝之旨，勸上矯其弊。壬戌，詔後魏隴西李寶、太原王瓊、滎陽鄭溫、范陽盧子遷、盧渾、盧輔、清河崔宗伯、崔元孫、前燕博陵崔懿、晉趙郡李楷等子孫，不得自爲婚姻。仍定天下嫁女受財之數，毋得受陪門財。然族望爲時所尙，終不能禁，或載女竊送夫家，或女老不嫁，終不與異姓爲婚。其衰宗落譜，昭穆所不齒者，往往自稱禁婚家，益增厚價。

由以上記載，可以表現出來以下的重要意義：

一、唐太宗疾山東士人自矜門地，婚姻多責資財，而用政治力量以壓抑之；但魏徵、房玄齡、李勣等唐代名臣仍然甘願和他們爲婚。可見當時仰慕門第觀念之深。

二、自貞觀十二年（六三八）頒行氏族志，到高宗顯慶四年（六五九）已經二十餘年，「榮寵莫之能比」（舊書本傳）的李義府，爲其子求婚，尚且不獲；可見山東士人，在婚姻方面，仍然爲人們所景仰而願意高攀的。

三、經高宗下詔，令他們不得自爲婚姻，但是終不能禁，以至於或載女竊送夫家，或女老不嫁，終不與異姓爲婚。尤可見山東士人門第觀念之重，而且不肯跌落身價。

總之：婚姻以門第爲重。換句話說：門第是婚姻的重要條件。

隋唐嘉話：

薛中書元超謂所親曰：吾不才，富貴過分，然平生有三恨：始不以進士擢第、娶五姓女，不得修國史。

薛元超是高宗時宰相，甚得高宗倚重，但他提出的平生三恨，竟將不娶五姓女與不以進士擢第和不得修國史並列，可見他內心裏門第觀念的深重。同時也代表着當時一般人內心蘊藏的觀念。

舊唐書卷八十一李敬玄傳：

上元二年，引吏部尚書，仍舊兼太子左庶子監修國史，同中書門下三品。敬玄久居選部，人多附之。前後三娶，皆山東士族。又與趙郡李氏合譜，故台省要職，多是同族婚媾之家。

同書卷一百八十八李日知傳：

開元三年卒。初日知以官在權要，諸子弟年纔總角，皆結婚名族。

同書卷九十李懷遠傳附李彭年傳：

天寶初，又爲吏部侍郎，與右相李林甫善，慕山東著姓爲婚姻，引就清列以大其門。

李敬玄是高宗時宰相，前後三娶皆山東士族。李日知是武后至玄宗時人，睿宗景雲時，曾作宰相，他家的諸子弟皆結婚名族。李彭年是天寶時人，他仍然慕山東著姓爲婚姻。可見自高宗時以至玄宗天寶年間，這種仰慕名族結婚姻的門第觀念，一直在流行着。

總之，唐代婚姻最重視門第，門第是女子擇婚的第一個目標。

唐會要卷八十三嫁娶條：

（貞觀）十六年（六四二）詔：「婚姻之道，莫先於仁義……問名惟在於竊貲，結褵必歸于富室。乃有新官之輩，豐財之家，慕其祖宗，競結婚媾，多納財資，有如販鬻……積習成俗，迄今未已。……朕夙夜兢惕，憂勤政道，往代蠹害，咸已懲革，惟此敝風，未能盡變……其自今年六月，禁賣婚。」

由太宗這一詔令，知當時婚媾多納財資，有如販鬻。由太宗斷然的「禁賣婚」，知當時賣婚姻已達到風俗陵替的程度了。合而觀之，可以看出唐初的婚姻，很重視財貨。

通典卷五十八禮十八：

（顯慶）四年（六五九）詔後魏隴西李寶、太原王瓊……不得自爲婚姻。仍自今已後，天下嫁女受財，三品以上之家，不得過絹三百匹；四品五品，不得過二百匹；六品七品，不得過一百匹；八品以下，不得過五十四。皆充所嫁女資妝等用，其夫家不得受陪門之財。

另據胡三省通鑑註：「陪門財者，女家門望素高，而議婚之家非耦，令其納財以陪門望。」也就等於「賣婚」。賣婚的風俗，以至於引起高宗下詔限制價格，固然由李義府之奏所引起，但賣婚現象之嚴重，必是普遍的事實。

白香山詩長慶集二，秦中吟十首之一議婚：

………貧為時所棄，富為時所趨，紅樓富家女，金縷繡羅襦，見人不斂手，嬌癡二八初，母兄未開口，已嫁不須臾。綠窗貧家女，寂寞二十餘，荆釵不值錢，衣上無眞珠，幾迴人欲聘，臨日又踟躕。主人會良媒，置酒滿玉壺，四座且勿飲，聽我歌兩途。富家女易嫁，嫁早輕其夫，貧家女難嫁，嫁晚孝於姑。聞君欲娶婦，娶婦意何如。

這是白居易為富女易嫁貧女難嫁而發的牢騷。由他的這種牢騷可以看出當時婚嫁以貧富為準的現象。無論嫁女的索取資財，或貧女難嫁，都可表現出來資財是婚姻的重要條件。也是女子擇姻的第二個目標。

唐摭言卷三：

進士曲江大會，先牒教坊請奏，上御紫雲樓垂簾觀焉。公卿家率以是日擇婿，車馬塡塞。

唐代最重進士，稱中進士為登龍門。縱然過去並非貴族，而富貴即在眼前。也可以稱之為新貴。所以公卿之家，都以新登科的進士，為擇婿的好對象。

皇甫氏原化記有云：

一中朝子弟，性頗落拓，少孤，依於外家。……舅氏一女，甚有才色，此子求娶焉。舅曰：「汝且勵志求名。名成，吾不違汝。」此子遂發憤篤學，榮名京邑。

以甥舅之親，尚以「名成」爲議婚的先決條件。其他無甥舅之關係者，更是「不成名婚事免談」了。綜合以上所舉二事而觀察之，可以歸納出來一句話，就是具有功名的新貴，是女子擇婚的第三個目標。

以上女子擇婚的三個重要目標，無論是門第，資財或功名，分言之固可分而爲三，合言之，可融而爲一，就是極重視現實。盼着隨夫貴。這是很顯明的唐代婦女婚姻的趨向。

唐律疏議卷第十四戶婚下：

諸同姓爲婚者，各徒二年。緦麻以上，以姦論。

這就是同姓不婚。蓋中國古代「同姓結婚，其生不蕃。」之遺意。

同書同卷又曰：

諸監臨之官，娶所監臨女爲妾者，杖一百，若爲親屬娶者亦如之。

這是禁止地方官，不得娶住于其地的女子爲妾。

同書同卷又曰：

諸與奴娶良人女爲妻者，徒一年半。女家減一等（合徒一年）離之。

諸雜戶不得與良人爲婚，違者杖一百，官戶娶良人女者亦如之。良人娶官戶女者，加二等。

這是禁止奴婢、雜戶、官戶不得與良人爲婚。

以上三種禁律以外，另有一種加強的嚴格規定：

諸違律爲婚，雖有媒聘，而恐喝娶者加本罪一等，強娶者又加一等。

既爲法律所嚴禁，凡有法律常識者，當然要極力避免。所以唐代違犯以上禁律的事例，極鮮。

以上係就男子娶女而言的禁條，假若反過來改爲女嫁男而言的禁條，那便是：

一、不准嫁與同姓近親。

二、不准嫁與監臨之官和他的親屬。

三、不准嫁與奴隸和雜戶身分卑賤的人。

二、選婚的方法與婚姻年齡

詩云：「伐柯如何，非斧不克，娶妻如何，非媒不得。」孟子亦謂：「父母之命，媒妁之言。」可見我國自古以來，婚姻都需要媒人說合。唐律中曾提到：「諸違律爲婚，雖有媒聘……」（見前）等語，可見婚姻的結合，仍然以媒聘爲常規。縱然有時候不明記媒人或冰人字樣；但事之常經，盡在不言中。決不能以媒聘的例證不夠多，而妄斷唐代的婚姻不需要媒聘。

媒人介紹之外，尚有其他方法。第一種方法是公開徵考；其辦法是由女方主婚人規定一定標準條件，應徵的男子遇有能符合其標準者，即可允許嫁之。唐朝開國的唐高祖和竇皇后的婚姻，就是這種例證。舊唐書卷五十一后妃列傳上，高祖太穆皇后竇氏傳紀其事曰：

高祖太穆皇后竇氏，京兆始平人，隋定州總管神武公（竇）毅之女也。后母周武帝姊襄陽長公主。后生而髮垂過頸，三歲與身齊，周武帝特愛重之，養於宮中。時武帝納突厥女爲后，無寵，后尚幼，竊言於帝曰：「四邊未靜，突厥尚強，願舅抑情撫慰，以蒼生爲念。但須突厥之助，則江南關東，不能爲患矣。」武帝深納之。毅聞之，謂長公主曰：「此女才貌如此，不可妄以許人，當爲求賢夫。」乃於門屏畫二孔雀，諸公子有求婚者，輒與兩箭射之，潛約中目者許之。前後數十輩，莫能中。高祖後至，兩發各中一目，毅大悅，遂歸於我帝。

這就是現今「雀屏中選」一語的由來。此類選婚方法，在唐時行之者究有多少，無法推知。蓋此類選婚方法，必須女方才貌卓越，或女家主婚人具有特殊的文武才能而且極爲重視其才能者，始能採用。再反過來說：唐高祖爲唐開國皇帝，他的雀屏中選，當時和以後必定很普遍的傳爲佳話，一些公卿之家，由於景仰、崇拜、好奇，模仿心理而有效法採用者，亦在情理之中。

第二種方法是半由人選半聽天命。如開元天寶遺事牽紅絲娶婦條說：

郭元振少時，美風姿，有才藝，宰相張嘉貞欲納爲婿，元振曰：「知公門下有女五人，未知孰陋。事不可倉卒，更待忖之」。張曰：「吾女各有姿色，即不知誰是匹偶。以子風骨奇秀，非常人也，吾欲令五女各持一絲幔前，使子取便牽之，得者爲婿」。元振欣然從命，遂牽一紅絲線，得第三女，大有姿色，後果隨夫貴達。

張嘉貞這種安排，也並非完全的聽天由命，實是郭元振的美風姿有才藝，已早爲張嘉貞所選中，所以用牽紅絲者，只是爲解決五女間的互爭或互讓而採取聽候緣分的辦法罷了。

第三種方法是全聽緣分，如侍兒小名錄所記：

唐德宗時，奉恩院王才人養女鳳兒，嘗以紅葉題詩置御溝中流出，爲進士賈全虛所得。金吾奏其事，帝授全虛金吾衛兵曹，以鳳兒妻之。

以上所舉的女子選婿辦法，雖然有或半或全的聽天命（緣分）的成分在內，但是決定的和執行的，還是全在於人。又所謂「紅絲」「紅葉」選婚事，只是因其奇而傳爲佳話，但其數目，必不會太多。

唐律戶婚有云：

諸嫁娶違律，祖父母、父母主婚者，獨坐主婚。若期親尊長主婚者，主婚爲首，男女爲從。

可見通常主婚者，多係祖父母、父母，及期親尊長。

開元天寶遺事選婿窗條：

李林甫有女六人，各有姿色，雨露之家，求之不允。林甫廳事壁間，開一橫窗，飾以雜寶，縵以絳紗，常日使六女戲於窗下，每有貴族子弟入謁，林甫即使女於窗中自選可意者事之。

又可見有些父母會接受女兒的意見而讓她們有些自主。

至於女子婚嫁的年齡，大致沿北齊、北周以來早婚之俗。據有關記載可以查考者有：

舊唐書太宗文德順聖皇后長孫氏傳：

年十三，嬪於太宗。

通鑑卷一百九十五貞觀十一年載：

故荊州都督武士彠女年十四，上聞其美，召入後宮爲才人。

舊唐書卷一百九十三列女傳：

樊會仁母敬氏，年十五適樊氏，生會仁而夫喪。

同前書前卷，楚王靈龜妃上官氏傳：

上官年十八，歸於靈龜。

新唐書卷二百五烈女傳：

堅貞節婦李者，年十七，嫁爲鄭廉妻。

全唐文卷二百十六陳子昂：唐陳州宛邱縣令高府君夫人河南宇文氏墓誌：

十四適於高府君。

同書同卷陳子昂：館陶郭公姬薛氏墓誌銘：

姬人姓薛氏，本東明國王金氏之女也……少號仙子……年十五，大將軍薨，遂剪髮出家，將學金仙之道而見寶手菩薩，靜心六年，青蓮不至。……遂返初服，而歸我郭公」。

按薛氏十五歲出家，又靜心六年，嫁時應爲二十一歲。

全唐文卷一百九十六楊炯：彭城公夫人爾朱氏墓誌銘：

夫人年甫十八，遂歸於我。

同書同卷楊炯：伯母東平郡夫人李氏墓誌銘：

年初及笄（十五），甫歸於我。

同書卷二百三十二張說：滎陽夫人鄭氏墓誌銘：

夫人年十七歸於我氏。

同書二百七十九鄭萬鈞：代國長公主碑：

公主諱華，字花婉………降歸於鄭，時年一十有七。

同書卷三百十九李華：唐故東光縣主神道碑銘並序：

年十六受封邑王擇聞喜公以妻之。

同書卷三百二十一李華：李夫人傳：

年十三，歸於貴鄉丞范陽盧公。

同書卷三百三十一楊綰：汾陽王妻霍國夫人王氏神道碑：

年既及笄（十五），禮從納幣，言告師氏，歸於汾陽。

同書卷三百四十顏眞卿：晉紫盧元君領上眞司命南嶽夫人魏夫人仙壇碑銘：

夫人諱華存，字賢安……性樂神仙，味眞慕道……親戚往來一無闕見，常欲別居閒處，父母不許，年二十四強適太保掾南陽劉君幼彥。

同書卷三百四十六劉長卿：唐睦州司倉參軍盧公夫人鄭氏墓誌銘：

夫人卽新鄉府君第五女……難於擇對，年十九，以束帛墨車之禮遂歸於公。

同書卷三百九十一獨孤及：唐太府少卿兼萬州刺史賀若公故夫人河南郡君元氏墓誌銘：

夫人諱某，魏景穆皇帝九代孫也。……綜習文史，年十四，嫁河南賀若璿。

同書同卷：獨孤及：唐司直博陵崔公故夫人趙郡李氏墓誌銘：

夫人諱某，趙郡人也……年十六，歸於崔氏。

同書卷四百三十八竇從直：唐故河南府司錄盧夫人崔氏墓誌銘：

夫人卽敬公之季女也，年十有一，歸於范陽盧公。

同書卷四百四十鄭湶：唐故左武衞部將河南元府君夫人滎陽鄭氏墓誌銘：

夫人鄭氏滎陽人也，………世承官族，時謂盛門。年十八，適河南元鏡遠。

同書卷六百九十二李師聖：唐故許氏夫人墓誌：

夫人卽昇之長女也，年始及笄（十五），歸於許氏。

同書卷七百三十八：沈亞之：韋婦墓誌銘：

永貞初，歸夫人於京兆韋氏，夫人之歸，年始十四，已能成婦道。

同書同卷沈亞之：盧金蘭墓誌銘：

年自十五，歸於沈……從沈氏凡十一年，年二十六。

同書卷七百八十：李商隱：請盧尚書撰曾祖妣誌文狀：

夫人兵部第三女，年十七歸於安陽君。

同書卷七百八十五：穆員：嗣曹王故太妃鄭氏墓誌銘：

年十四歸於公族。

根據以上二十五條記載，可作一統計表如下：

唐代部分女子嫁時年齡統計表

年齡	人數
11 歲	1 人
12 歲	0
13 歲	2 人
14 歲	5 人
15 歲	5 人
16 歲	2 人
17 歲	4 人
18 歲	3 人
19 歲	1 人
20 歲	0
21 歲	1 人
22 歲	0
23 歲	0
24 歲	1 人

據此表看出來出嫁最早的十一歲，最遲的二十四歲。人數最多的是十四歲、十五歲的，各爲五人，各佔百分之二十，合佔百分之四十。其次多的是十七歲，佔百分之十六。再其次爲十八歲，佔百分之十二。十三歲以下，十九歲以上的則佔少數了。値得注意的是：表中十九歲、二十一歲、二十四歲的雖各一人，但都有特殊原因。盧夫人鄭氏年十九出嫁是因「難於擇對」，館陶郭公姬薛氏二十一歲始嫁，是因十五歲時「剪髮出家」，「靜心六年，青蓮不至」，遂蹉跎了青春的歲月。至於劉幼彥之妻魏氏二十四歲始婚，是因她「性樂神仙，味眞慕道」本不願結婚，經父母強迫後纔結婚的，更是特別的原因。總之十四歲、十五歲結婚的最多，十四歲到十八歲結婚的佔絕大多數。

史書與墓誌的記載，是確有其人，絕對可靠。詩的歌詠，可能眞有其人，也可能並無其人而是概括言之的。大致亦屬可信。有時其可信的程度並不亞於正史。李白長干行二首（李太白全集卷之四）：

十四爲君婦，羞顏未嘗開，低頭向暗壁，千喚不一迴。

白居易蜀路石婦（白香山詩集卷一）：

十五嫁邑人，十六夫征行……其婦執婦道，一一如禮經。

崔顥王家少婦（全唐詩第二函第九冊）：

十五嫁王昌，盈盈入畫堂，自憐年最小，復倚婿爲郎。

雖然不能相信眞有其人，但所云女子十四歲、十五歲出嫁，更可增加以上的結論（女子出嫁時的年齡十四歲、十五歲的最多）的可信性。

至於白居易貧家女（一名議婚，長慶集二）所云：

紅樓富家女……嬌癡二八初，已嫁不須臾。綠窗貧家女，寂寞二十餘。

無人願娶的貧家女以至於「寂寞二十餘。」這是白居易爲貧女難嫁而發的感嘆。但是人數也不會太多。

白居易贈友（白香山詩長慶集二）：

三十男有室，二十女有歸，近代多離亂，婚姻多過期，嫁娶既不早，生育常苦遲。

這說明了婚姻過期的原因，是多離亂了。如果不發生離亂，婚姻大致都不至於過期的。

唐會要卷八十三嫁娶：

貞觀元年二月四日詔曰：「……宜令有司，所在勸勉，其庶人男女無室家者，並仰州縣官人，以禮聘娶。皆任其同類相求，不得抑取。男子二十女子十五以上，及妻喪達制之後，孀居服紀已除，並須申以婚媾，令其好合。」

同書同卷又說：

開元二十二年二月勅：男年十五，女年十三以上，聽婚嫁。

貞觀元年詔令指示的婚姻年齡是男子二十女子十五以上，到開元二十二年勅令又改早爲男年十五女年十三以上。其中原因，雖未說明，據理推測，當係自貞觀至開元年間，男年十五女年十三以上常有結婚的，政府爲遷就事實而重訂法令的。

根據以上種種，前面所作女子嫁時年齡表，雖然只是部分的抽查，但其結論，當可代表全唐。

三、婚俗與婚儀

唐律戶婚條：

諸許嫁女，已報婚書及私約（約謂先知夫身老幼疾殘養庶之類）而輒悔者，杖六十。……若更許他人者，杖一百。

可見訂婚是有婚約的。已報婚書及私約後，是不得輒悔的。

唐會要卷八十三嫁娶條：

太極元年，左司郎唐紹上表曰：「士庶親迎之禮，備諸六禮。」

所指六禮，是納采、問名、納吉、請期、親迎五禮之外，在納吉之後，再加「納徵」一項。所謂納徵，就是使使者納幣以成婚禮。

六禮之中，以親迎爲最重要，也是完成婚禮的最後的一項。可是在此一項中，又分出許多節目儀式。茲就可得而考知的，將唐代的婚俗、婚儀，略述如下：

酉陽雜俎卷一：

婚禮納采，有合歡、嘉禾、阿膠、九子蒲、朱葦、雙石、棉絮、長命縷、乾漆九事。皆有詞：

膠漆取其固。棉絮取其調柔。蒲葦爲心可屈可伸也。嘉禾分福也。雙石意在兩固也。

男方對女方所納之禮，處處都取吉利，象徵夫婦愛情永固，歡樂幸福。

白居易知春深（全唐詩第七函第六册）：

何處春深好，春深嫁女家，紫排襦上雉，黃帖鬢邊花，轉燭初移障，鳴環欲上車，青衣傳氈褥，錦繡一條斜。

何處春深好，春深娶婦家，兩行籠裏燭，一樹扇間花，賓拜登華席，親迎障幰車，催妝詩未了，星斗漸傾斜。

略可道出嫁女家與娶婦家雙方的布置和婚禮之大概情況。

唐會要卷八十三嫁娶：

（貞觀）六年，御史大夫韋挺上表曰：「……今貴族豪富，婚姻之始，或奏管弦，以極歡宴，唯競奢侈，不顧禮經，……若不訓以義方，將恐此風愈扇。」

同上又說：

會昌元年十一月勅：婚娶家音樂，并公私局會花蠟，並宜禁斷。

又可知婚嫁奢侈風氣之盛。

全唐詩話：

雲安公主下嫁，百僚舉陸暢爲儐相詩，頃刻而成。詔作催妝五言曰：雲安公主貴，出嫁五侯家，天母親調粉，日兄憐賜花。催鋪百子帳，待障七香車，借問妝成未？東方欲曉霞。

南部新書：

李翺長女謂盧儲必為狀頭，來年果狀頭及第，纔過殿試，經赴佳姻，催妝詩曰：「昔年將去玉京游，第一仙人許狀頭，今日已成秦晉會，早教鸞鳳下妝樓。」

催妝是新郎親迎時，到女家首先要作的事。其儀式是新郎預先作好一首催妝詩，屆時朗誦（或託人代作由儐相代讀）。內容大致是催新娘早妝梳妥當，以便早些下樓上車。觀前面所引的兩首催妝詩裏所說：「借問妝成未？」，及「早教鸞鳳下妝樓。」可知。

唐會要卷三十一：

令非册拜及婚會，并不得用幰。

陳子良七夕看新婦（全唐詩第一函第八册）：

隔巷停車詩，隔巷遙停幰。

白居易知春深（全唐詩第七函第六册）：

賓拜登華堂，親迎障幰車。

可知新娘所乘的車，是障幰車。幰是繪製着圖畫的車幔。用幰障在車上，叫做障幰車。這是蔽風雨或避人觀看的設備。

在新婦上車之前，要把幔障加在車上，那時也要讀障車文，唐時的障車文傳至今日的有全唐文八百八卷所載司空圖障車文，文字頗長，其後段曰：

……二女則牙牙學語，五男則雁雁成行，自然繡畫，總解文章，叔手子已爲卿相，敲門來盡是承郎。榮連九族更千箱，見却你兒女婚嫁，特地顯慶高堂。兒郎偉，童童逐願，一一誇張。且看拋賞，必不尋常。簾下廣開繡闥，帷中踴上牙牀。珍纖煥爛，龍麝馨香，金銀器撤來兩點，綺羅堆高並坊牆。音樂嘈囋，燈燭熒煌，滿盤羅餡，大榼酒漿。兒郎偉，總擔將，歸去教你喜揚揚。更扣頭神佛，擁護門戶吉昌。要夫人娘子賢和會，事安存，取个國家可畏忠良。

看來也盡是一些吉祥祝福的話。

俞樾茶香室續鈔十四云：

……余謂催妝詩婚事爲之，障車文母氏爲之，味其義可見。

新娘之母未必都能作能讀，實際上障車文多是預先求人作成，及時由女母（或代表人）讀之而已。

酉陽雜俎卷一：

近代婚禮……婦上車，壻（婿俗字）騎而環車三匝，……女將上車，以蔽膝覆面。

這又是女上車前的儀式。

通典卷五八禮一八：

太極（睿宗年號）元年十一月，左司郎中唐紹上表曰：「士庶親迎之禮，備諸六禮，所以承宗廟，事舅姑，當須昏以爲期，詰朝謁見，往者下俚庸鄙，時有障車，邀其酒食，以爲戲樂。近日此風轉盛，上及王公，乃廣奏音樂，多集徒侶，遮擁道路，留滯淹時，邀致財物，動踰萬計。遂使障車禮貺，過於聘財，歌舞喧嘩，殊非助感。既虧名教，又蠹風猷。諸請一切禁斷。從之。

由此可知新郎新婦行至中途，時有被人遮擁道路，邀其酒食以致留滯淹時的風俗。這種風俗，雖經政府下令禁斷，但實行的程度，缺乏記載。以事理推之，怕亦難收實效。

酉陽雜俎云：

今士大夫家婚禮新婦乘馬鞍，悉北朝之餘風也。今娶婦家新婦入門跨馬鞍，此蓋其始也。

這說明了新婦入門跨馬鞍的風俗，並說明這是北朝的餘風。至於其意義，正如封演所說：

婚姻之禮坐女於馬鞍之側，或謂此北人尚乘鞍馬之義。夫鞍者安也，欲其安穩同載者也。（封氏見聞記）

酉陽雜俎說：

婦入門，舅姑以下，悉從便門出，更從門入，言當躪新婦跡。又婦入門，先拜猪樴及竈，夫婦併拜，或共結鏡紐。

由先拜猪樴一項，可知是注重畜牧之意，當係接近畜牧民族的地區所採用，未必是普遍通行的風俗。只是段成式所曾見或所曾聞罷了。

通俗編義節：

兩新人宅堂參拜，謂之拜堂，唐人有此言也。王建失釵怨：「雙杯行酒六親喜，我家新婦宜拜堂。」

案近世（清末民初）婚禮仍有拜堂一項，夫婦在堂中或堂前先拜天地神祇後再互相參拜，正是唐代婚禮中拜堂的遺風。

拜堂之後，仍有却扇禮。却扇禮起源於東晉時的溫嶠。原來溫嶠居於姑家。姑有一女甚慧，姑囑嶠爲女覓婚。嶠有自婚意，而佯答曰：「佳壻難得。」却後少日，報姑云：「已覓得壻。」因下玉鏡台一枚，姑大喜。既婚交禮，女以手披紗扇撫掌大笑曰：「我固疑是老奴，果如所卜。」其後演變成爲婚禮之一項。其儀式是：男女相見之前，先以扇障女，男先誦却扇詩，然後再將扇却去，令男女相見。

通鑑卷二百九睿宗景龍二年（七〇八）十二月載：

丁巳晦，敕中書門下與學士諸王駙馬入閣守歲，設庭燎置酒奏樂。酒酣，上謂御史大夫竇從一曰：「聞君久無伉儷，朕每憂之，今夕歲除，爲卿成禮。」從一但唯唯拜謝。俄而內侍引燭籠步障金縷羅扇自西廊而上。扇後有人衣禮衣花釵，令與從一對坐。上命從一誦却扇詩數首，扇却去花易服而出，徐視之，乃皇后老乳母王氏本蠻婢也。上與侍臣大笑，詔封莒國夫人，嫁爲從一妻。

這就是採用却扇儀禮的具體事實。

卻扇詩多求名人學士代作，卻扇禮多於牀前舉行，時間多在親迎日拜堂後的夕夜。全唐詩第八函第九册有李商隱代董秀才卻扇：

莫（一作羞）將畫扇出帷來，遮掩春山滯上才，若道團圓似明月，此中須放桂花開。

此詩略可道出卻扇時情景。又由竇從一的婚禮和李商隱的代作卻扇詩合看，可以表示出唐代早在睿宗，晚在宣宗時，卻扇禮一直在流行着。雖然在德宗時曾經由顏眞卿之奏請而下令停止，但並未見效。

卻扇之後，仍有坐牀撒帳之儀。其儀，據東京夢華錄說：

男女對拜畢，就牀，男向右，女向左坐，婦女以金錢綵菓散擲，謂之撒帳。

按東京夢華錄，爲宋人孟元老所著，所記撒帳之儀，雖未記明唐人早已行之。但另據宋洪邁著泉志說：

景龍中，中宗出降睿宗女荊山公主，特鑄此錢用以撒帳，敕近臣及修文館學士拾錢。

據此可確知唐人已實行撒帳之儀了。又清末民初，民間婚禮，仍有坐牀撒帳之儀，可知此儀爲唐宋以來所流傳下來的。

封氏見聞記：

近代婚嫁，有障車，下壻（婿），卻扇及觀花燭之事，及有卜地，安帳幷拜堂之禮，上自皇室，下至士庶，莫不皆然。

這是唐代婚姻大體上的儀式及程序。不過由於人、地、時的不同，難免或多或少的有些大同小異罷了。

通典卷五十八禮十八：

建中元年十一月，禮儀使顏眞卿等奏：郡縣主見舅姑，請於禮會院過事。明日早，舅姑坐堂，行執笲之禮，共觀華燭。

封氏見聞記亦曰：

見舅姑於堂上，薦棗栗段脩。

將以上兩條記載合觀，則知於舉行婚禮的次日早，新婦要到堂上見舅姑，薦棗栗段脩，共觀華燭。

王建新嫁娘詞（全唐詩第五函第五册）：

三日入厨下，洗手作羹湯，未諳姑食性，先遣小姑嘗。

新婦於婚後第三日，即開始下厨房，作些家事了。

四、改嫁與離婚

通典卷五九禮一九：

貞觀元年二月詔：「………及妻喪達制之後，孀居服紀已除，並須申以婚媾。令其好合。若守志貞潔，並任其情。」

由太宗的詔令，可以看出法令准許孀婦改嫁，但亦不干涉其守志貞潔的自由。

在此種法令之下，唐代公主再嫁的頗不乏人，甚至也有三嫁的。茲據新唐書卷八十三諸公主列傳作一唐代公主改嫁事蹟表如下：

高祖女

高密公主：下嫁長孫孝政，又嫁段綸。

長廣公主：下嫁趙慈景，更嫁楊師道。

房陵公主：下嫁竇奉節，又嫁賀蘭僧伽。

安定公主：下嫁溫挺，又嫁鄭敬玄。

太宗女

襄城公主：下嫁蕭銳，銳卒，更嫁姜簡。

南平公主：下嫁王敬直，以累斥嶺南，更嫁劉玄意。

遂安公主：下嫁竇逵，逵死，又嫁王大禮。

晉安公主：下嫁韋思安，又嫁楊仁輅。

城陽公主：下嫁杜荷，又嫁薛瓘。

新城公主：下嫁長孫銓，更嫁韋正矩。

高宗女

太平公主：初嫁薛紹，紹死，更嫁武承嗣，會承嗣少疾，罷婚，后殺武攸曁妻，以配主。（可謂三嫁）。

中宗女
安定公主：下嫁王同皎，又嫁韋濯，三嫁崔銑。（三嫁）
長寧公主：下嫁楊愼交，開元十六年，愼交死，主更嫁蘇彥伯。
安樂公主：下嫁武崇訓，又嫁武延秀。

睿宗女
涼國公主：下嫁薛伯陽，後嫁溫義（會要）。
薛國公主：下嫁王守一，更嫁裴巽（新傳）。
郎國公主：下嫁薛敬，又嫁鄭孝義。

玄宗女
常山公主：下嫁薛譚，又嫁竇澤。
平昌公主：下嫁溫西華，又嫁楊徽。
興信公主：下嫁張垍，又嫁裴潁，三嫁楊敷（三嫁）。
咸直公主：下嫁楊洄，又嫁崔嵩。
廣寧公主：下嫁程昌胤，又嫁蘇克貞。
萬春公主：下嫁楊朏，又嫁楊錡。
新平公主：下嫁裴玪，又嫁姜慶初。

建平公主：下嫁豆盧建，又嫁楊說。

貞陽公主：下嫁源清，又嫁蘇震。

肅宗女

蕭國公主：下嫁鄭巽，又嫁薛康衡。乾元元年，降回紇英武威遠可汗（三嫁）。

延光公主：下嫁裴徽，又嫁蕭升。

據上表，唐代公主改嫁的共計二十八人，內三嫁的四人。公主改嫁，還可以由於依勢驕縱；而韓愈的女兒，先適李氏，後嫁樊宗懿，可見讀書人家也不禁止再嫁的。

雖然再嫁之婦頗不乏人，但不是婦女界毫無貞節觀念。進一步看，貞節的婦女還是很多。兩唐書列女傳裏就有不少的記載，李德武妻裴氏，可爲其中代表。據舊唐書卷一百九十三列女傳「李德武妻裴氏傳」稱：

李德武妻裴氏，字淑英，戶部尚書安邑公矩之女也。性婉順，有容德，事父母以孝聞。適德武，經一年而德武坐從父金才事，徙嶺表。矩時爲黃門侍郎，奏請德武離婚，煬帝許之。德武將與裴別，謂曰：「燕婉始爾，便事分離，方遠投瘴癘，恐無還理，尊君奏留，必欲改嫁耳，於此卽事長訣矣。」裴泣而對曰：「婦人事夫，無再醮之禮，夫者天也，何可背乎？守之以死，必無他志。」……後十餘年間，與德武音信斷絕，矩欲奪其志，時有柳直求婚，許之，期有定日，乃以翦斷其髮，悲泣絕粒，矩不可奪，乃止。德武已於嶺表娶爾朱氏爲妻，及遇赦得還，至襄州，聞裴守節，乃出其後妻，重與裴合，生三男四女，貞觀中，德武終於鹿城令，裴歲餘亦卒。

孟郊去婦（全唐詩第六函第五册）：

君心匣中鏡，一破不復全，妾心藕中絲，雖斷猶牽連……一女事一夫，安可再移天……

同樣的都可以表示出來當時女子仍有「一女事一夫」的觀念。

白居易婦人苦（全唐詩第七函第三册）：

蟬鬢加意梳，蛾眉用心掃，幾度曉妝成，君看不言好。妾身重同穴，君意輕偕老，惆悵去年來，心知未能道。今朝一開口，語少意何深，願引他時事，移君此日心。人言夫婦親，義合如一身，及至生死際，何曾苦樂均。婦人一喪夫，終身守孤子，有如林中竹，忽被風吹折，一折不重生，枯身猶抱節。男兒若喪婦，能不暫傷情？應似門前柳，逢春易發榮，風吹一枝折，還有一枝生。爲君委曲言，願君再三聽，若知婦人苦，從此莫相輕。

這詩可以說明當時的習俗，仍是丈夫死後，婦人要守節的。這可能是婦女的天性，也可能是歷史上多年以來所遺留下來的習俗。

凡是女子改嫁的大致有下列條件，一、其夫早死或永訣，二、年齡不老而且無可依靠的子女，三、無「一婦事一夫」觀念，四、其他。否則便不至於改嫁。根據此種理由，雖然唐代女子不乏改嫁的記載，但是改嫁與不改嫁的比例，當然是後者佔壓倒性的多數。又自肅宗以後，公主無改嫁的記載，可能是唐代後期對改嫁觀念有所修正。

唐律戶婚下：

若夫妻不相安諧而和離婚者，不坐。

就是夫妻不能相安而雙方同意離婚者，可以離婚。

同上又云：

即妻妾擅去者，徒二年，因而改嫁者加二等。

疏議曰：

婦人從夫，無自專之道，雖見兄弟，送迎尚不踰閾。若有心乖唱和，意在分離，背夫擅行，有懷他志，妻妾合徒二年。因擅去即改嫁者，徒三年，故云加二等。室家之敬，亦爲難人，帷薄之內，能無忿爭，相嗔暫去，不同此罪。

婦女自專離夫而去，是法律所不許的。離去後因而改嫁更是法律所不容的。

雲溪友議：

顏眞卿爲撫州刺史，邑人有楊志堅者，嗜學而居貧，鄉人未之知也。其妻以資給不充，索書求離，志堅以詩送之曰：「當年立志早從師，今日翻成鬢有絲，落拓自知求事晚，蹉跎甘道出身遲。金釵任意撩新髮，鸞鏡從他別畫眉，此去便同行路客，相逢即是下山時。」其妻持詩詣州請公牒以求別適。眞卿判其牘曰：「楊志堅早親儒教，頗有詩名，心慕於高科，身未霑於寸祿。愚妻覩其未遇，曾不少留，靡追冀缺之妻，贊成好事；專學買臣之婦，厭棄良人。汚辱鄉閭，傷敗風教，若不懲戒，孰遏浮囂。妻可笞二十，任自改嫁。楊志堅秀才，餉以粟帛，仍署隨軍。」四方聞之，無不悅服，自是江表婦人，無敢棄其夫者。

近來頗有些著述據此故事，以爲顏眞卿不能判楊志堅夫婦復合，而斷定唐代婦女離婚絕對自由的。這判斷實際是錯誤的。判文內明明責備楊妻是「汚辱鄉閭，傷敗風教。」笞二十，正是給她「懲戒」。至於「任自改嫁」，與其認爲「不能判其復合」，無若釋爲顏眞卿認定「斯妻不可復留」而出之。至於「四方聞之，無不悅服」，正表示當時一般輿論，都認爲顏眞卿對楊妻的處罰，是大快人心。再進一步說：社會上縱有妻棄其夫者，但是人莫直之。

對於人莫直之，而且是法律所禁止的行爲，固然難免有些人有時會犯，但是絕對不會是多數。據此，女棄男者不會太多。

至於男的棄女的是否普遍？也不能不受法律的影響。唐律戶婚：

諸妻無七出及義絕之狀而出之者，徒一年半。雖犯七出，有三不去而出之者杖一百，追還合。

疏義曰：

伉儷之道，義期同穴，一與之齊，終身不改，故妻無七出及義絕之狀，不合出之。

按七出者，無子一也，淫泆二也，不事舅姑三也，口舌四也，竊盜五也，妬忌六也，惡疾七也。義絕即犯不赦之罪。至於三不去者，謂一經持舅姑之喪，二娶時賤後貴，三有所受無所歸。唐律既規定「有三不去而出之者，杖一百，追還合」可見出妻也不是隨隨便便輕而易舉之事。

女棄男，男出女都不容易，所以相信唐代夫婦離婚的，決不像現代歐美人離婚的多而普遍。

（本論文發表於師大學報第十八期，六十二年六月）

開元盛世之研究

一、時代鍛鍊玄宗——盛世的背景

開元盛世是唐代的光輝燦爛的時代，造成此一盛世的領導人是唐玄宗。他如何能達成這一盛世，自然是由他的不斷的奮鬥和努力。而他的所以努力奮鬥，又是根據他少年時期的時代環境加之於他的鍛鍊。因此，想瞭解開元盛世的由來，首先要明瞭那鍛鍊玄宗的時代。

唐玄宗於武后垂拱元年（六八五）秋八月，生在東都洛陽。他生的前一年，武后廢中宗皇帝爲廬陵王，徐敬業起兵揚州，匡復失敗而死，武后以通謀徐敬業的罪名，先後殺了宰相裴炎及大將程務挺。玄宗生前五個月，武后將中宗皇帝遷到房州去。他生前一個月，武后以僧懷義爲白馬寺主，犯法無忌，人莫敢言。這都表現着唐朝政治失去正常而走上崎途。玄宗四歲時，武后大殺唐宗室。玄宗六歲的時候，（武后天授元年—六九〇）武后竟自稱皇帝改國號爲周，唐朝一時中斷。

在武后稱帝以後，武家的子弟們成了新貴，唐宗室被殺殆盡，李氏都成了亡國遺庶。按理說，李氏對武氏自然要退避三舍，或低頭屈服了；但是舊唐書玄宗本紀說：「年始七歲，朔望，車騎至朝堂，金吾將軍武懿宗忌上（指玄宗）嚴整，訶排儀仗，因欲折之。上叱之曰：『吾家朝堂，于汝何事！

敢迫我騎從！』則天聞而特加寵異之。」這是史家描寫玄宗幼年的英明處。他這種遇到環境壓力時果決有力的應付，映射出來他將來有擔當重大責任的魄力。

從天授元年（六九〇）武后改號爲周，到神龍元年（七〇五）張柬之擁中宗復辟，復國號爲唐，中間的十有六年期間，玄宗由六歲到二十二歲，他由楚王改封臨淄王。他曾於十八歲時（大足元年—七〇一）從他的祖母武后駕到西京長安，他既得些新見新聞，依理推測，他一定會增加不少見識。

神龍元年（七〇五）武后政權被推翻，中宗復位，唐室重光。那年玄宗年二十二歲，任衞尉少卿。三年以後，兼潞州別駕。他對政府的關係遠較以前爲密，所任的職責也較前爲重，他對政治的觀察更爲清晰，所受到的感觸也更加深刻。

中宗復位以後，政治並沒有如人理想的澄清，張柬之等五人雖然表面上封爲王爵，而實際上並未得到中宗的信任。張柬之等五王不能接受薛季昶、劉幽求「二凶雖除，產祿猶在，去草不去根，終當復生」的建議，終使武三思的勢力依然存在。另外興起一個操縱政治的，就是曾和中宗共過患難的韋后。韋后和武三思結合起來，先後殺了張柬之等五王，政治上的黑暗更是每況愈下。

中宗神龍二年（七〇六）立衞王重俊爲太子，他不是韋后所生，得不到韋氏的寵愛和支持。韋后親生的安樂公主常凌侮太子，或呼他爲奴，使太子在精神上感到很大的壓迫。

自從玄武門事變以後，唐代的太子都極度不安，被廢的時有所聞。（如太宗時的太子承乾，高宗時的太子忠、太子賢等）駙馬武崇訓教安樂公主言於中宗，請廢太子立她爲皇太女，太子自然感到極度不安。景龍元年（七〇七）七月，太子與左羽林大將軍李多祚等起兵殺武三思武崇訓等；但到最後，太子亦兵敗而死。那年玄宗二十四歲，他對政變的淵源經過，已有不少見聞，他對政變的成敗因素，認識得更爲清楚而深刻。

政變以後，中宗和韋后均無恙。韋后和安樂公主母女們氣燄更爲高漲。朝廷政治，更是黑暗，黑暗的情形，據通鑑卷二百九，景龍二年載曰：

> 安樂，長寧公主，及皇后妹郕國夫人；上官婕妤，婕妤母沛國夫人鄭氏，尚宮柴氏，賀婁氏第五英兒，隴西夫人趙氏皆依勢用事，請謁求賕，雖屠沽臧獲用錢三十萬，則別降墨敕除官，斜封付中書，時人謂之斜封官。錢三萬則度爲僧尼，其員外同正試攝檢校判知官凡數千人，西京東都各置兩吏部侍郎爲四銓，選者歲數萬人。上官婕妤及後宮多立外第，出入無節。朝士往往從之遊處，以求進達。安樂公主尤驕橫，宰相以下多出其門，與長寧公主競起第舍，以侈麗相高，擬於宮掖而精巧過之。安樂公主請昆明池，上以百姓蒲魚所資不許，公主不悅，乃更奪民田作定昆池延袤數里，累石象華山，引水象天津，欲以勝昆明，故名定昆。安樂有織成裙直錢一億，花卉鳥獸，皆如粟粒，正視旁觀，日中影中各爲一色。上好擊毬，由是風俗相尚，駙馬武崇訓楊愼交灑油以築毬場。……上及皇后公主多營佛寺……時斜封官皆不由兩省而授，兩省莫敢執奏卽宣示所司，吏部員外郎李朝隱前後執破一千四百餘人，怨謗紛然。

那時，玄宗二十六歲，對於當時的權貴用事，貪汚腐敗，任官之濫，生活之奢等等情形，都感到有痛加改革的必要；所以他得到政權以後，都是針對着這種現象而施以改革的。韋后想走武后同樣的路線（先以太后地位專政，然後自稱皇帝）。武后看到高宗的病，已有盼其早死的傳說（據大唐新語卷之九諛佞條）中宗年齡較輕，而且沒有疾病的現象，韋后有些不耐等待。又加她的女兒安樂公主，因中宗不肯答應她作皇太女的請求對中宗不滿。她們母女倆就合議於景龍四年（七一〇）即睿宗景雲元年六月，將中宗毒死，立溫王重茂。重茂即位，就是少帝。

韋后以太后執政，但她並不以此爲滿足。她要想作武后第二。她的一切準備都是模仿武后稱帝以前的步驟。歷史的箭頭正指向着韋后稱帝的方向前進，但這箭頭竟被青年有爲的玄宗（當時是臨淄王李隆基）所扭轉。

那年玄宗二十七歲，先罷潞州別駕在京師，他密結才勇之士，以圖推翻韋后政權，便與太平公主和公主子衞尉卿薛崇簡等發動政變，以宮廷衞軍的兵力斬韋后及安樂公主等。擁立其父相王旦即帝位，是爲睿宗。

殺韋后而擁立睿宗，是玄宗後來即帝位的階梯；可是他這次的所以能成功，實在得了太平公主和她的兒子薛崇簡很大的力量。通鑑卷二百九說：

時少帝猶在御座，太平公主進曰：天下之心已歸相王，此非兒座。遂提下之，睿宗即位。

太平公主助成睿宗的即位。於茲可見。

正因爲推翻韋后是臨淄王隆基和太平公主雙方共同之功；所以帝位不能由任何一方獨得。睿宗是隆基之父，太平公主之兄，自然是適當的人物。是睿宗取得帝位的基本原因。

睿宗即位後，立隆基爲太子，他和太平公主都有實力，所以「每宰相奏事，上輒問嘗與太平議否？又問與三郎（即玄宗）議否？然後可之。」（通鑑卷二百九）。兩個勢力都欲取得政權，他們姑姪之爭是必不可避免的。

新唐書卷八十三太平公主傳說：

睿宗卽位，主權由此震天下，加實封至萬戶，三子封王，餘皆祭酒九卿。主每奏事，漏數徙乃得退，所言皆從，有所論薦，或自寒穴躐進至侍從，旋踵將相。朝廷大政，事非關決不下聞，不朝則宰相就第咨判，天子殆晝可而已。

太平公主權勢之大，由此可見。

舊唐書卷一百六王琚傳說：

及琚於吏部選補諸曁主簿，於東宮道謝，及殿而行徐視高，中官曰：「殿下在簾下。」琚曰：「在外只聞有太平公主，不聞有太子，太子有大功於社稷，大孝於君親，何得有此聲。」玄宗遽召見之，琚曰：「頃韋庶人智識淺短，親行弒逆，人心盡搖，思立李氏，殿下誅之爲易。今社稷已安，太平則天后之女，凶狡無比，專思立功，朝之大臣，多爲其用，主上以元妹之愛，能忍其過，賤臣淺識，爲殿下深憂。」

王琚所謂：「在外只聞太平公主，不聞有太子。」或爲辯士故作驚人之語，至於說太平公主「凶狡無比」及睿宗的「能忍其過」則都是事實。

睿宗的能忍太平公主之過，所謂元妹之愛，或爲少許原因，更切實際的解釋是：睿宗由太子和太平公主兩個支持而得帝位，必須他們兩個勢力平衡，睿宗的帝位才能安定，若失去平衡，睿宗的帝位便難以保持了。

玄宗在睿宗保持均衡政策而太平公主野心勃勃的情形下，奮鬥是極爲堅苦的。和以前除韋后時有太平公主相助的情形，便大不相同了。

可是當時有兩個暗流對玄宗是有利的。第一是：從武后韋后以來，全國大多數的人和朝中多數正直的臣僚們，對女主專政沒有好印象。他們都不願意再有第三個武后或第二個韋后出現。第二是：自玄武門事變以後，太子的地位常常不穩，並且每因太子的地位不穩而增加許多政治上的紛擾；因之許多有識的謀國之士，都希望着太子的地位早日安定下來，爲國爲私都是有利的。玄宗爲太子時，除了本身的英明能幹善於結納人才的優越條件外，以上所說兩個暗流的潛力，無形中又給他一些幫助。

舊唐書卷九十六姚崇傳說：

睿宗卽位，召拜兵部尙書同中書門下三品，尋遷中書令。時玄宗在東宮，太平公主干預朝政。宋王成器爲廐閑使，岐王範、薛王業皆掌禁兵，外議以爲不便。元之（姚崇另名）同侍中宋璟密奏，請令公主往東都，出成器等諸王爲刺史以息人心。

同書同卷宋璟傳說：

睿宗踐祚，遷吏部尙書，同中書門下三品。玄宗在春宮，又兼右庶子……時太平公主謀不利於玄宗，嘗於光範門乘輦，伺執政以諷之，衆皆失色。璟昌言曰：「東宮有大功於天下，眞宗廟社稷之主，安得有異議！」乃與姚崇同奏請令公主就東都。

姚崇、宋璟都是當時的宰相。他們的言論，可以代表一般輿論，所謂「外議以爲不便」，就是外面輿論的一斑。至於太平公主伺執政以諷之，又可見太平公主對玄宗攻擊的事實。大臣們愈看到太平公主對玄宗的攻擊，愈感到國家和太子（玄宗）的前途堪虞，愈是想着竭力維護太子消弭禍亂。

舊唐書卷九十七張說傳說：

是歲（景雲二年）二月，睿宗謂侍臣曰：「有術者上言：五日內有急兵入宮，卿等爲朕備之！」左右相顧莫能對。說進曰：「此是讒人設計，擬搖動東宮耳，陛下若使東宮監國，則君臣分定，自然窺覦路絕，災難不生。」睿宗大悅，卽日下制皇太子監國。

通鑑卷二百十，景雲二年載：

二月丙子朔，以宋王成器爲同州刺史，豳王守禮爲豳州刺史，左羽林大將軍薛王隆業爲右衞率，太平公主蒲州安置，丁丑（初二）命太子監國，六品以下除官及徒罪以下並取太子處分。

玄宗以皇太子監國，名義上已經較高了。岐王隆範爲左衞率，薛王隆業爲右衞率，玄宗在實力上也增加了。玄宗已邁上優勢的途徑，但是他還是小心翼翼，以退爲進。當姚崇、宋璟奏請公主往東都的事件發作後，玄宗的態度，據舊唐書卷九十六姚崇傳說：

睿宗以告公主，公主大怒，玄宗乃上書以元之（即姚崇）等離間兄弟，請加罪，乃貶元之爲申州刺史。

同書同卷宋璟傳說：

玄宗懼，抗表請加罪於璟等，乃貶璟爲楚州刺史。

玄宗懼，是因爲太平公主的勢力大，不能輕易開罪於她，而玄宗自動請加罪於極力幫助他的姚崇和宋璟，倒是得力於老子之道。

通鑑卷二百十景雲二年（七一一）載：

五月，太子請讓位於宋王成器，不許，請召太平公主還京都，許之。

又是玄宗以退爲進政治策略的運用。

在玄宗監國期間，睿宗感覺到帝位的不安定而懷讓位之意，但是未能如願。通鑑卷二百十，景雲二年夏四月載：

上召群臣三品以上謂曰：「朕素懷澹泊，不以萬乘爲貴，曩爲皇嗣，及爲太弟，皆辭不處，今欲傳位太子何如？」群臣莫對，太子使右庶子李景伯固辭，不許。殿中侍御史和逢堯附太平公主，言於上曰：「陛下春秋未高，方爲四海依仰，豈得遽爾。」上乃止。

睿宗雖不能辭去帝位，但是心裏很瞭解兩大勢的對立，而希望着和平相處。先天元年（七一二）一年之中，正月改元太極，五月，又改元爲延和，其寓意當是：國內的情形，好像太極圖的兩儀，但是却希望着延續的和平相處下去。

至於太平公主，勢力仍是很盛。新唐書卷八十三太平公主傳說：

主居外四月，太子表追還京師，時宰相七人，五出主門下，又左羽林大將軍常元楷，知羽林軍李慈皆私謁主。

通鑑卷二百十景雲二年五月載：

僧慧範恃太平公主勢逼奪民產，御史大夫薛謙光與殿中侍御史慕容珣奏彈之，公主訴於上，出謙光為岐州刺史。

又可見太平公主和她的黨羽們氣燄之高，而且太平公主的不懂得韜晦。

至於玄宗，雖然外面故示緩和退讓，而他內心裏無時無刻不在設法得到全部政權。舊唐書卷一百六王琚傳說：

玄宗命之同榻而坐，玄宗泣曰：「四哥仁孝同氣，唯有太平，言之恐有違犯，不言憂患轉深，為臣為子，計無所出。」琚曰：「天子之孝貴於安宗廟，定萬人。徵之於昔，蓋主漢帝之長姊，帝幼，蓋主共養帝於宮中，後與上官桀燕王謀害大司馬霍光，不議及君上，漢主恐危劉氏，以大義去之，況陛下功格天地，位尊儲貳，太平雖姑，臣妾也，何敢議之。今劉幽求張說郭元振，一二大臣，心輔殿下，太平之黨必有移奪安危之計，不可立談。」玄宗又曰：「公有何小藝可隱跡，與寡人遊處？」琚曰：「飛丹鍊藥，談諧嘲詠，堪與優人比肩。」玄宗益喜，與之友，恨相知晚，呼爲王十一。翌日，授詹事府司直內共奉，兼崇文學士，日與諸王及姜皎等侍奉焉，獨琚常預秘計。

以上的記載，雖爲玄宗未監國以前的事，但值得注意的有以下數事：

一、由玄宗之泣，表示他早已感到問題的嚴重，和急於尋求解決辦法。

二、王琚告玄宗說了蓋主故事和對太平公主的態度，玄宗並未認爲王琚是離間姑姪如對姚宋一樣，（因姚宋是公開的請將太平公主安置東都，而王琚爲對玄宗秘談）足證玄宗早有決心。

三、玄宗問王琚有何小藝可隱跡，和王琚常預秘計，知道玄宗隨時都在秘密的進行他的計劃。

通鑑卷二百十，先天元年七月載：

太平公主使術者言於上（指睿宗）曰：「彗所以除舊布新，又帝座及心前星皆有變，皇太子當爲天子。」上曰：「傳德避災，吾志決矣。」太平公主及其黨皆力諫以爲不可。……太子聞之馳入見……上曰：「……今帝座有災，故以授汝，轉禍爲福，汝何疑也？」……壬辰（二十五日）制傳位於太子。

睿宗前言「傳德避災」，後言「轉禍爲福」，完全根據天象嗎？實在是因爲大臣中有不少的房、杜，想着早擁玄宗即位，以求早日安定，睿宗早已感到不自安的緣故。

待玄宗即帝位，在名義上比以前更佔優勢，他感到臥榻之側，不能久容他人鼾睡，大臣們也多感到不可久緩。舊唐書卷九十七張說傳說：

皇太子卽帝位，俄而太平公主引蕭至忠崔湜等爲宰相，以說爲不附己，轉爲尙書左丞，罷知政事，仍令往東都留司。說既知太平等陰懷異計，乃因使獻佩刀於玄宗請事先討之，玄宗深嘉納焉。

玄宗既深嘉納張說之意，當然是準備採取行動了。

舊唐書卷九十九崔日用傳說：

歷婺汴二州刺史，兗州都督，荆州長史，因入奏事，言：「太平公主謀逆有期，陛下往在宮府，欲有討捕，猶是子道臣道，須用謀用力，今既光臨大寶，但須下一制，誰敢不從！忽（恐）姦究得志，則禍亂不小。」上曰：「誠如此，直恐驚動太上皇，卿宜更思之。」日用曰：「……伏請先定北軍，次收逆黨，卽不驚動太上皇。」

崔日用入奏的話，有兩要點，一、「今既光臨大寶，但須下一制，誰敢不從。」是指玄宗已卽帝位，在名義上占有絕對的優勢。二、「伏請先定北軍，次收逆黨。」就是先除太平公主爪牙的意思。

崔日用所說的北軍，就是指左羽林大將軍常元楷和知羽林軍李慈所帶的軍隊。新唐書卷八十三太平公主傳說：

左羽林將軍常元楷，知羽林軍李慈皆私謁主……先天二年，（主）與尙書左僕射竇懷貞，侍中岑羲、中書令蕭至忠……及元楷、慈、慧範等謀廢太子，使元楷、慈舉羽林兵入武德殿殺太子，懷貞、羲、至忠舉兵南衙爲應。

由以上可以知太平公主的陰謀，也可看出常元楷、李慈地位的重要。

按唐代已往多次政變，革命之成敗繫於北門衞兵之手的成例，倘若玄宗沒有準備，玄宗的政權是否能保持下去，大有疑問。但是因爲玄宗早知其謀，先發制人，首斬常元楷李慈於北闕，繼收其他逆黨，太平公主遂無能爲力了。及太平公主賜死於第，睿宗政權失去平衡，睿宗即退居百福殿，玄宗的政權遂完全統一。

玄宗統一政權時，他二十九歲，（和太宗即位時同樣年齡）正是青年有爲，當年即改元爲開元。唐玄宗經過很多的奮鬥才統一政權，他看到許多需要興革之處；所以在開元年間，他便發揮他的政治天才，向他理想的方向開始邁進。

二、政治的革新

開元時代以前韋后政治的黑暗，都是玄宗曾經親眼看到的；韋后被殺的政變，又是玄宗親自領導的。這種活的教訓是玄宗不可能忘記的。他體會到成功失敗的關鍵，就在能否自強；所以他即位以後，時時自己警惕，不敢稍有疏忽。他勵精圖治的情形，可於以後穆宗和崔植的談話中表現出來一個輪廓。舊唐書一百十九崔植傳說：

穆宗嘗謂侍臣曰：「國家貞觀中，文皇帝躬行帝道，治致昇平，及神龍景龍之間，繼有內難，玄宗平定，興復不易，而聲明（名）最盛，歷年長久，何道而然？」植對曰：「前代創業之君，多起自人（民）間，知百姓疾苦……玄宗守文繼體，嘗經天后艱危，開元初，得姚崇宋璟委之爲政。此二人者天生俊傑，動必推公，夙夜孜孜，致君於道。璟嘗手寫尚書無逸一篇爲圖以獻。玄宗置之內殿，出入觀省，咸記在心，每嘆古人至言後代莫及，故任賢戒慾，心歸沖漠……」穆宗善其對。

唐語林卷二文學條說：

元宗初卽位，銳意政理，好觀書，留心起居注，選當時名儒執筆，其稱職者雖十數年不去，則遷名曹郎兼之，自先天至天寶十二載多季，成七百卷，內起居注爲多。

這又是玄宗「好觀書，留心起居注」的記載。既是「好觀書，留心起居注」，當然他的行政處事，要以往事爲借鏡。

唐代前期政治清明的時代爲太宗貞觀年間，政治腐敗的爲高宗武后以後，尤以韋后竊政期爲最。玄宗是很瞭解的，所以他的行政，首先要恢復貞觀舊制。通鑑卷二百十一開元五年九月載：

貞觀之制，中書門下及三品官入奏事，必使諫官、史官隨之，有失則匡正，美惡必記之。諸司皆於正牙奏事，御史彈百官服豸冠對仗讀彈文，故大臣不得專君而小臣不得爲讒慝。及許敬宗、李義府用事，政多私僻，奏事官多俟仗下，於御座前屏左右密奏，監奏御史及待制官遠立以俟其退，諫官史官皆隨仗出，仗下後事不復預謀。武后以法制群下，諫官御史得以風聞言事，自御史大夫至監察得互相彈奏，率以險詖相傾覆。及宋璟爲相，欲復貞觀之政，戊申制：自今事非的須秘密者，皆令對仗奏聞，史官自依故事。

這就可以表示：玄宗的目標，要追踪貞觀，而避棄武韋。玄宗既以貞觀時期爲他追隨仿效的目標，而達成這任務的方法，首在用人；所以玄宗對於用人是極爲注意的。

唐會要卷一載：

（玄宗）宰相三十四人，劉幽求、韋安石、魏知古、崔湜、陸象先、竇懷貞、岑羲、蕭至忠、郭元振、張說、姚元之（崇）、盧懷愼、源乾曜、宋璟、蘇頲、張嘉貞、王晙、李元紘、杜暹、蕭嵩、宇文融、裴光庭、韓休、裴耀卿、張九齡、李林甫、牛仙客、李適之、陳希烈、楊國忠、韋見素、崔圓、房琯、崔渙。

除楊國忠等八人爲天寶時代的宰相外，開元時代實有宰相二十六人。此二十六人中，由科舉出身的十六人，佔半數以上。按其籍貫，除陸象先（吳縣）爲長江流域，張九齡（曲江）爲粵江流域外；其餘二十四人，均爲黃河流域人。這種現象並非玄宗用人有地區觀念，而是長江粵江兩流域的文化，那時尙未發達的緣故。按其履歷，只有劉幽求一人爲起兵誅韋后時的功臣，其餘非前朝舊臣，卽後來拔擢的新進。玄宗起兵誅韋后，是後日得有政權的基礎，而此次起兵的發動，劉幽求是最早與謀的人士。按常理說他應當久據相位了，但是事實上劉幽求只有開元初一度授尙書左丞相兼黃門監，未幾卽除太子少保罷知政事了。姚崇爲武后時的舊臣，玄宗誅韋后時，並未與謀，和玄宗的關係可謂疏遠；但前後任相多年，信任之專罕有其匹。可見玄宗任人，不避疏遠，唯才是視了。

柳氏舊聞有云：

元（玄）宗善八分書，凡命相皆先以御筆書其姓名置案上，會太子入侍，上擧金甌覆其名以告之曰：「此宰相名也，庸知其誰也？卽射中，賜爾巵酒。」肅宗拜而稱曰：「非崔琳、盧從願乎？」上曰：「然」。因舉甌以示之，乃賜巵酒。是時，琳與從願皆有宰相望，元宗將倚爲相者數矣，竟以宗族繁盛，慮附託者衆，卒不用。

開元天寶遺事說：

明皇召諸學士宴於便殿，因酒酣顧謂李白曰：「我朝與天后之朝如何？」白曰：「天后朝政出多門，國由姦倖，任人之道，如小兒市瓜，不擇香味，惟揀肥大者。我朝任人，如陶沙取金，剖石採玉，皆得其精粹。」明皇笑曰：「學士過有所飾。」

李德裕所記，不會沒有根據，李白的評論，也不是不切實際。玄宗用人前考慮的週到，選擇的愼重，可見一斑。

唐語林卷四說：

元（玄）宗既誅韋氏，擢用賢良，革中宗之政，依貞觀故事。有志者莫不想太平，中書令姚元崇，侍中宋璟，御史大夫畢構，河南尹李傑，皆一時之選，時人稱姚宋畢李焉。

玄宗擢用的賢良，當然不止姚、宋、畢、李，他們四人不過是尤爲著名罷了。

玄宗選人固極愼重，可是選定以後，信任旣專，又肯委以事權，俾便養成其責任心以發揮工作的效率。資治通鑑卷二百一十開元元年記玄宗任用姚崇的情形說：

姚元之（卽姚崇）嘗奏請序進郎吏，上（玄宗）仰視殿屋。元之再三言之，終不應。元之懼，趨出罷朝。高力士諫曰：「陛下新總萬機，宰相奏事，當面加可否，奈何一不省察？」上曰：

「朕任元之以庶政，大事當奏聞共議之，郎吏卑秩，乃一一煩朕耶？」會力士宣事至省中，爲元之道上語，元之乃喜。聞者皆服上識人君之體。

唐鑑卷八范祖禹論此事曰：

人君勞於求賢，逸於任人，古者疇咨僉諸，然後用之，苟得其人，則任而無疑，乃可以責成功。明皇既任姚崇而委任之如此，其能致開元之治，不亦宜乎？

宋孫甫唐史論斷卷中「相姚元崇」條，論曰：

天子任輔臣，非知其忠，推誠待之，何以責成功。輔臣荷天子之知，非蘊策畫，通達時務，盡節行之，何以稱大用。明皇之用相姚元崇之事，君臣得其道矣。初明皇以崇可相，將召之，張說輩讒言交結，一不能動，遂以大柄付之。崇荷其信任之意，力救時弊，行之不疑，數十年紛亂之政，旬日而變，紀綱法令，卓然振起，非君臣相得之誠至深至悉，何以及此。然爲姚崇則易，爲明皇則難。自中宗復位，承武后暴政之餘，且爲韋庶人所制，用姦貪，去忠臣，官職無敍，紀綱大亂，重以太平暴橫，不改其惡，中外人心思治甚切。崇有才智，固能觀時事之弊，知變之之術，一日當國政，順人心行之不難耳。明皇居藩邸，已憤時弊之甚，即位之時，銳意求治，任崇固宜。但張說有輔翊舊勳，素親倚任，方居左右，與崇不協，崇雖才過於說，適在疏遠，不任說而任崇，此所以爲難矣。嗚呼，人主知疏遠之臣可用，付之大柄，推誠待之，使盡其心以成開元治平之業。後之人主宜以此爲用賢之法也。

范祖禹和孫甫的評論，確實都是極有見地的。

冊府元龜卷一百帝王部聽納條說：

玄宗東巡，（宋）璟復為留守，帝臨發謂璟曰：「卿國之元老，為朕股肱耳目，今將巡雒邑，為別歷時，所有嘉猷，宜相告也。」璟因極言得失，特賜綵帛，乃降手制曰：「所進之言，書之座右，出入觀省，以戒終身。」

唐鑑卷八論優禮姚宋說：

開元之初，明皇勵精政治，優禮故老，姚宋是師。

新唐書卷一百二十六張九齡等齡傳贊說：

開元時厲精求治，元老魁舊，動所尊憚，故姚元崇宋璟言聽計行，力不難而功已成。

唐鑑卷八：

（開元）四年，姚崇薦廣州都督宋璟自代，十二月，帝將幸東都，以璟為刑部尚書西京留守，遣內侍將軍楊思勗迎之，璟在途竟不與思勗交言，思勗素貴幸，歸訴於帝，帝嗟嘆良久，益重璟。

祖禹曰：昔申棖以慾不得為剛，宋璟所以能剛，其唯無慾乎？明皇以此重之，可謂知賢矣。

由以上記載和言論，既可看到玄宗尊賢的事實，又可看到後人對玄宗知賢的讚許。

玄宗賓禮大臣的情形，據新唐書卷一百二十四姚崇傳說：

玄宗初立，賓禮大臣故老，雅尊遇崇，每見便殿，必為之興，去輒臨軒以送，它相莫如也。

開元天寶遺事步輦召學士條說：

明皇在便殿，甚思姚元崇論時務，七月十五日，苦雨不止，泥濘盈尺。上令侍御者擡步輦召學士來，時元崇爲翰林學士，中外榮之。自古急賢待士，帝王如此者未之有也。

唐會要卷五十三崇奬條說：

（開元）十年八月，有上書者以爲爲國之執政，同其休戚，若不稍加崇寵，何以責其盡心。至十一月二十八日勅曰：「侍中源乾曜、中書令張嘉貞、兵部尚書張說等忠誠輔弼，以致昇平，褒德賞功，先王制也。自今以後，中書門下宜供食，實封三百戶。自我禮賢，爲百代法，仍令所司即令支給。」

二十年十二月制，宰臣兼官者，並兩給俸祿。

玄宗對於大臣，精神上物質上都有賓禮，所以朝廷人才濟濟。范祖禹說：「其能致開元之治，不亦宜乎？」可謂公平之論。

玄宗對於搜求人才極爲重視，他除保持薦舉、徵聘、和蔭襲等法外，特別注意科舉，多方加以改進。既恐野有遺才，又不願讓不才者倖進。

舊唐書卷八玄宗本紀載：

（開元）十五年春正月戊寅制：草澤有文武高才，令詣闕自舉。

十八年六月庚申，命左右丞相尚書及中書門下五品已上官舉才堪邊任及刺史者。

既令人自舉，又令官吏薦舉，玄宗求才之切，由此可知了。

至於玄宗對科舉的重視，首先表現在他親自策試上，舊唐書卷八玄宗本紀載：

（開元）九年四月，甲戌，上親策試應制舉人於含元殿，謂曰：古有三道，今減二策，近無科甲，朕將存其上第，務收賢俊，用寧軍國，仍令有司設食。

冊府元龜卷六四三貢舉部考試一說：

（開元）十四年七月，癸巳，以御雒城南門樓，親試岳牧舉人。

（開元）十五年九月庚辰，帝御雒城南門，親試沉淪草澤詣闕自舉文武人等。

開元二十六年八月甲申，親試文詞雅麗舉人。

舊唐書卷九玄宗本紀下亦載：

開元二十九年九月壬申，御興慶門試明四子人姚子產、元載等。

唐玄宗親試的記載，較之其他各帝為多，他對科舉的重視，由此可見。

事文類聚說：

開元中，考功員外郎李昂主俊科，昂性剛急，集貢士曰：有請託當悉黜之。既而昂外舅薦李權於昂，昂怒召權庭數之，又斥權章句之疵。權曰：「鄙文不臧，已聞命矣。執事詩云：耳臨清渭洗，心向明雲間，今天子不揖遜於足下，而洗耳何哉！」昂訴執政，朝廷以郎官權輕，自是改用禮部侍郎。

通考卷二十九選擧二亦記曰：

開元二十四年，考功員外郎李昂爲擧人詆訶，帝以員外郎望輕，遂移貢擧於禮部，以侍郎主之。禮部選士自此始。

以上是玄宗對於主持科考機關的改革，自改由禮部侍郎主持考政後，未聞再有擧人詆訶主考人的情形。以後由禮部侍郎主考事，經宋、元、明、清諸朝沿襲不改。可見玄宗這改革是合乎需要了。

至於考試的內容和方法，玄宗時亦有一些改革。唐會要卷七十五，貢擧上帖經條例說：

（開元）十六年，國子祭酒楊瑒奏，今之擧明經者，主司不詳其述作之意，每至帖試，必取年頭月尾，孤經絕句，自今已後，考試者盡帖平文，以存大典。

通考卷二十九選擧二載：

又言：主司帖試明經不務求述作大旨，專取難知，………請自今並帖平文，從之。

考試時帖經盡帖平文，不專取難知，經楊瑒的建議，而玄宗已採納實行。這是玄宗對於不合理現象的改革。

唐會要卷七十五貢擧上帖經條例：

（開元）二十五年二月勅：今之明經進士，則古之孝廉秀才。近日以來殊乖本意，進士以聲律爲學，多昧古今，明經以帖誦爲功，罕窮旨趣，安得爲敦本復古，經明行修，以此登科，非選士取賢之道，其明經自今以後，每經宜帖十，取通五已上，免舊試一帖，乃按問十義十條，取通六已上，免試經策十條，令答時務策三道，取粗有文理者與及第。其進士宜停小經，准明經帖大經十帖，取通四已上，然後准例試雜文及第者，通與及第。

據以上勅觀察，可知考試內容的規定，比較以前更切實際而合理了。

舊唐書玄宗本紀開元二十一年正月載：

庚子朔制令士庶家藏老子一本，每年貢擧人，量減尚書論語兩條策，加老子策。

全唐文卷二十三，玄宗命貢擧加老子策制說：

量減尚書論語策一兩條，準數加老子策，俾尊崇道本，宏益化源。

量減論語，加老子策，一般看來，未必合理，但在玄宗尊崇道教的國策下，也是無可厚非的。

考試的或嚴或濫，可以於及第的人數考察出來。舊唐書卷一百王丘傳說：

開元初，累遷考功員外郎。先是考功擧人，請託大行，取士頗濫，每年至數百人。丘一切覈其實材，登科者僅滿百人。議者以爲自則天已後凡數十年無如丘者。其後席豫，嚴挺之爲其次焉。……再轉吏部侍郎，典選累年，甚稱平允。擢用山陰尉孫逖，桃源尉張鏡微，湖城尉張晉明，進士王冷然皆稱一時之秀。

同書卷二百九十中席豫傳說：

開元中，累官至考功員外郎，典擧得士，爲時所稱。……入爲吏部侍郎，玄宗稱之謂：卿以前爲考功職事，故有此授。

同書卷九十九嚴挺之傳說：

開元中爲考功員外郎，典擧二年，大稱平允，登科頓減二分之一。遷考功郎中，特勅又令知考功貢擧事。

據以上記載，可知在開元初和開元中，取士平允而且精進不濫，及第的人數確實在減少了。

唐登科記總目載有唐歷年登第人數。開元二十九年間的人數是：

開元元年進士七十一人，重奏六人。

二年進士十七人，諸科十二人。

三年進士二十一人。

四年進士十六人，上書及第一人。

五年進士二十五人。

六年進士三十二人。

七年進士二十五人，諸科八人。

九年進士三十八人。

十年進士三十三人。

十一年進士三十一人。

十二年進士二十一人。

十四年進士三十一人。

十五年進士十九人，諸科三人。
十六年進士二十人。
十七年進士二十六人，諸科一人。
十八年進士二十六人。
十九年進士二十三人諸科二人。
二十年進士二十四人。
二十一年進士二十五人，諸科一人。
二十二年進士二十九人，諸科一人。
二十三年進士二十七人，諸科五人。
二十四年進士二十人，諸科七人。
二十五年進士二十七人，諸科三人。
二十六年進士二十三人，諸科二十一人。
二十七年進士二十四人，諸科五人。
二十八年進士十五人，諸科五人。
二十九年進士十三人，諸科四人。

依上列表進士及第的人數，固然有時或升或降，大體看來，是逐漸減少的。茲再取最先三年，中間三年，和最末三年的人數作一比較如下：

開元元年到三年的三年裏共一百〇九人。

開元十四年到十六年的三年裏共七十人。

開元二十七年到二十九年的三年裏共五十二人。

玄宗錄取及第的人數，愈來愈少，就是愈後愈嚴。李白謂玄宗任人，如「陶沙取金，剖石採玉。」決非酒醉失言。

新唐書卷一百二十四姚崇傳，姚崇上十事疏中其十曰：

漢以祿莽閻梁亂天下國家爲甚，臣願推此鑒戒爲萬代法，可乎？

果然，玄宗爲消彌外戚專政，特別要壓抑曾經奪取李氏天下的武氏，並且要改革武氏所作的重要設施。例如：

一、舊唐書卷一百八十三武承嗣傳：

先天二年（即開元元年）制削（武）士彠帝號，依舊追贈太原王，妻楊氏亦削后號，依舊太原王妃。

二、舊唐書卷八玄宗本紀上：

開元二年，正月丙寅，紫微令姚崇上言請檢責天下僧尼以僞濫還俗者二萬餘人。

三、新唐書卷七十六武后傳：

開元四年，追號則天皇后，太常卿姜皎建言：則天皇后配高宗廟主題天后聖帝，非是，請易題爲則天皇后武氏，制可。

四、文獻通考七十四郊社考七明堂：

玄宗開元五年幸東都，將行大享之禮，以武太后所造明堂有乖典制，遂圻，依舊造乾元殿。每臨御，依正殿禮。

五、舊唐書卷八玄宗本紀上：

開元六年六月乙酉制：以故侍中桓彥範、敬暉、故中書令兼吏部尚書張柬之，故特進崔玄暐、故中書令袁恕已配享中宗廟庭。

原來貞觀十一年，太宗曾頒「令道士在僧前詔」，武后革唐命，曾於天授二年四月，「令釋教在道法之上，僧尼處道士女冠之前」（舊唐書則天皇后本紀），玄宗即位後，對於宗教的信仰，也和他在政治方面是一樣的，近反武后而上追太宗，在宗教上是壓抑佛教而尊崇道教。玄宗壓抑佛教的行動如：

舊唐書卷八玄宗本紀上：

開元二年正月丙寅，紫微令姚崇上言請檢責天下僧尼以僞濫還俗者二萬餘人。

唐會要卷四十九雜錄：

開元二年七月十三日勅：自今以後，百官家不得輒容僧尼等至家……自今以後，村坊街市等不得輒更鑄佛寫經爲業。

玄宗尊崇道敎的事實有：

舊唐書卷八玄宗本紀上：

開元十九年……壬戌，五嶽各置老君廟。

開元二十一年春正月庚子朔，制令士庶家藏老子一本，每年貢舉人量減尙書論語兩條策，加老子策。

同書卷九玄宗本紀下：

開元二十五年春正月癸卯，道士尹愔爲諫議大夫集賢學士兼知史館事。

開元二十九年春正月丁丑制：兩京諸州各置玄元皇帝廟，幷崇玄學，置生徒令習老子莊子列子文中子每年准明經例考試。

新唐書百官志：

開元二十四年，道士女冠隸宗正寺。

開元二十五年，置玄學於元元皇帝廟。

節儉是正風俗的美德，也是老子的敎條，玄宗卽位以後，卽極力提倡節儉。舊唐書卷三十九五行志說：

開元初，姚宋執政，屢以奢靡爲諫，玄宗悉命官中出奇服焚之於殿廷，不許士庶服錦繡珠翠之服，自是採捕漸息，風教日淳。

新唐書卷五玄宗本紀載：

開元二年二月壬辰，避正殿減膳徹樂。

四月辛未，停諸陵供奉鷹犬。

資治通鑑卷二百十一開元二年載：

上以風俗奢靡，秋七月乙未制：乘輿服御金銀器玩宜令有司銷毀以供軍國之用，其珠玉錦繡焚於殿前。后妃以下皆毋得服珠玉錦繡。戊戌敕百官所服帶及酒器馬銜鐙，三品以上聽飾以玉，四品以金，五品以銀，自餘皆禁之。婦女服飾從其夫子，其舊成錦繡聽染爲皂。自今天下，更毋得採珠玉織錦繡等物，違者杖一百，工人減一等。罷兩京織造坊。

新唐書卷五玄宗本紀：

（開元二年）八月壬戌，禁女樂。

舊唐書玄宗本紀開元二年九月載：

甲寅制曰：自古帝王皆以厚葬爲戒，近代以來共行奢靡，遞相倣傚，浸成風俗，既竭家產，多至凋弊。……今乃別造田園名爲下帳，又冥器等物，皆競驕侈，失禮違令，殊非所宜。……宜令所司據品令高下明爲節制，冥器等物，仍定色數及長短大小，園宅下帳並宜禁絕，墳墓塋域，務遵簡儉。凡諸送終之具，並不得以金銀爲飾，如有違者，先決杖一百。州縣長官不能舉察，並貶授遠官。

在玄宗提倡節儉風氣下，大臣中造成節儉風氣。「儉可養廉」，清廉者大有其人。茲舉一二節儉清廉的大臣以爲代表：

舊唐書卷九十八李元紘傳：

元紘在政事累年，不改第宅，僕馬弊劣，未曾改飾，所得封物皆散之親族。右丞相宋璟嘗嘉歎之，每謂人曰：李侍郎引宋遙之美才，黜劉晃之貪冒，貴爲國相，家無儲積，雖季文子之德，何以加也。

同書同卷盧懷愼傳：

懷愼清儉不營產業，器用服飾無金玉綺文之麗，所得祿俸，皆隨時分散，而家無餘蓄，妻子匱乏。

同書同卷杜暹傳：

蕃人賚金以遺暹，固辭不受。左右曰：公遠使絕域，不可失蕃人情。暹不得已受之，埋幕下，既去出境，乃移牒令收取之。蕃人大驚，度磧追之，不及而止。……（暹）以公清勤儉爲己任，時亦矯情爲之，弱冠便自誓不受親友贈遺，以終其身。

通鑑卷二百十一，開元二年正月載：

薛王業之舅王仙童侵暴百姓，御史彈奏，業爲之請。敕紫微黃門覆按，姚崇盧懷愼等奏仙童罪狀明白，御史所言無所枉，不可縱。上從之。由是貴戚束手。

同書同年二月又載：

丙子，申王成義請以其府錄事閻楚珪爲其府參軍，上許之。姚崇盧懷愼上言：先嘗得旨云：王公駙馬有所奏請，非墨敕皆勿行，臣竊以量材授官，當歸有司，若緣親故之恩，得以官爵爲惠，踵習近事，實紊紀綱。事遂寢，由是請謁不行。

貴族束手，請謁不行，就是是非分明，紀綱不紊了。

舊唐書卷八玄宗本紀上載：

（開元）四年正月癸未，尚衣奉御長孫昕恃以皇后妹婿，與其妹夫楊仙玉毆擊御史大夫李傑。上令朝堂斬昕以謝百官，以陽和之月不可行刑，累表陳情，乃命杖殺之。

以皇后妹夫之貴戚關係，犯了法令，同樣的不能免死，玄宗執法之嚴明，由此一事，可以盡情表露出來。

舊唐書卷一百李朝隱傳說：

尋遷河南尹，政甚清嚴，豪右屛跡。時（約爲開元五、六年）太子舅趙常奴，恃勢侵害平人。朝隱曰：「此而不繩，何以爲政！」執而杖之。上聞，又降勑書慰勉之。

玄宗極力支持執法嚴明的官史，這又可以看出玄宗執法無私的態度。至於對風氣的影響，史書雖沒有具體的記載，但依理推測，必不爲小。

玄宗最痛惡而想剷除的是酷吏和貪污，所以對他們要予以重重的懲罰。唐會要卷四十一酷吏條說：

開元二年二月一日勅：周利貞、裴談、張福貞、張思敬……公孫琰、鍾思廉等十三人皆爲酷吏，比周興、來俊臣、侯思立等，事跡稍輕，並宜放歸草澤，終身勿齒。至十三年三月十一勅：周酷吏來子珣等，身在者宜長流嶺南，身沒，子孫亦不許仕，陳嘉言、魚承煜、皇甫文備、傅遊藝、宜配嶺南，身沒，子孫亦不許仕。

舊唐書玄宗本紀載：

（開元）十年三月戊申，詔自今內外官有犯贓至解免以上，縱逢赦免，並終身勿齒。

（開元）二十年六月庚寅，幽州長史趙含章坐盜用庫物，監門員外將軍楊元方受含章饋餉，並於朝堂決杖，流瀼州，皆賜死於路。

二十二年冬十月甲辰試司農卿陳思問以贓私流瀼州。

二十七年六月甲戌，內常侍牛仙童坐贓決殺之。幽州節度使御史大夫張守珪以賄貶爲括州刺史。太子太師徐公蕭嵩以嘗賂仙童，左授青州刺史。

唐玄宗懲罰貪污的事例，固然不只以上所擧，但由此已可見一斑了。

唐自武后以後，輕外官重京官的風氣愈來愈盛，一般官吏無不以京官爲榮。通鑑卷二百十一開元四年載：

二月辛未，以尚書右丞倪若水爲汴州刺史兼河南采訪使。上雖欲重都督刺史選京官才望者爲之。然當時士大夫猶輕外任。揚州采訪使班景倩入爲大理少卿，過大梁。若水餞之行，立望其行塵，久之乃返，謂官屬曰：班先此行何異登仙。

據此記載，可知在開元四年時，玄宗已「欲重都督刺史選京官才望者爲之」；但是「士大夫猶輕外任」的觀念，仍然是很盛。

唐會要卷六十八刺史上：

開元八年六月二十八日勅：「自今以後，諸司清望官闕，先於牧守內精擇，都督刺史等要人，兼向京官簡授，其臺郎下除改，亦於上佐縣令中通取，即宜銓擇以副朕懷。」

這就是玄宗爲糾正重京官輕外任的弊病，而採取內外互調的行動。

唐會要卷五十三雜錄說：

開元九年四月，侍中源乾曜上疏曰：「臣竊見勢要之家，併求京職，俊乂之士多任外官，王道均平，不合如此。臣三男俱是京官，望出二人與外官以叶均平之道。」上從之。

可見玄宗的京官外調政策，已得到一部分大臣的響應。

册府元龜卷三百十五，宰輔部公忠條，載玄宗下制以後情形說：

因令文武百僚父子兄弟三人併任京司者，任通融，各依資處分，繇是公卿子弟京官出外者百餘人。

從此以後，京官外調的，時有所聞。册府元龜卷六百七十一，牧守部選任條說：

王丘開元十二年以黃門侍郎爲懷州刺史，崔沔以中書侍郎爲魏州刺史，王易縱以吏部侍郎爲揚州大都督府長史，韓休以禮部侍郎爲虢州刺史，張景昇以大理少卿爲滑州刺史，王昱以京兆少尹爲當州刺史。

制曰：「昔皐繇與禹言乃曰在知人在安民，此皆念在邦本光于帝載，朝乾夕惕無忘厥旨，而長史不稱，蒼生靡寧，深思循良以矯過弊，仍重諸侯之選，故自朝廷之始，王丘等行爲時宗才稱人秀，實有懿德著于衣冠，加之善政布在台閣，咸以脩身之府載深經國之圖，朕乃明知躬自推擇，是有煩卿之寄用彰恤下之心，俾牧人宣條無愧於明哲，而變風致難，可輯於遺黎，爾其克沃朕心，式欽往命。」因勑宰臣曰：「朕欲妙擇牧宰以崇風化，亦欲重其資望以勵衣冠，自今以後，三省侍郎有缺先求曾任刺史者，郎官缺先求曾任縣令者。」

由以上記載可知玄宗繼續推行着京官外調的辦法，而且還向宰臣諄諄的宣布這一既定的政策。

册府元龜卷六百七十一牧守部選任條：

源光裕開元十三年以大理卿爲鄭州刺史，楊承令以尚書左承爲汾州刺史，許景先以吏部侍郎爲虢州刺史，寇泚以兵部侍郎爲宋州刺史，鄭溫琦以禮部侍郎爲邠州刺史，李昇以宗正卿爲邢州刺史，袁仁敬以大理少卿爲杭州刺史，崔志廉以鴻臚少卿爲襄州刺史，蔣挺以國子司業爲湖州刺史，裴觀以左威衞將軍爲滄州刺史，崔誠以左司禦率府副率爲遂州刺史。初帝謂宰臣曰：「

刺史之任必在得人，卿卽於諸司中選有實望長官奏來，朕自選擇。」乃有玆授。

由以上記載，既可看出玄宗的把大批京官外放，更可以看出他對刺史選擇的注意。

通鑑卷二百十二開元十三年三月載：

汾州刺史楊承令不欲外補意怏怏，自言吾出守有由。上聞之怒，壬寅，貶睦州別駕。

玄宗對不欲外補的官吏加以處罰，尤可見他執行這種政策的堅決態度。

玄宗既堅決執行京官外調的政策，想不至於短期內便趨鬆懈。能以長期內執行，則刺史縣令等地方官的品質，自然可以提高。刺史縣令的品質水準提高，則地方政治的效率，必然會比較以前加強了。

至於開元十二年玄宗勑宰臣所說：「三省侍郎有缺先求曾任刺史者，郎官缺先求曾任縣令者。」亦具有深刻的意義。第一：刺史縣令比較接近民衆，可以深知民隱，及調任侍郎或郎官後，比較久居京師不知民生疾苦者爲優；第二：刺史縣令有升任侍郎或郎官的優先權，也可以鼓勵刺史縣令們對地方政治推行的努力。

以上的兩種措施，無形中增強政治效能不少。

三、理財與整軍

欲明瞭玄宗在財政上的設施，須先瞭解開元初年的經濟狀況：

從高祖開國到玄宗開元元年，已經是九十五年了。在這九十五年裏，高祖太宗時期，經濟還算寬裕，高宗武后以後，開支顯然加大了。加大開支的處所，一是兵制改變，二是官吏加多。

唐初的府兵制，本來是寓兵於農，自給自足的，新唐書卷五十兵志說：

凡火具、烏布、幕鐵、馬盂、布槽、插、钁、碓、筐、斧、鉗、鋸、……人具弓一矢三十，胡祿、橫刀、礪石、大觿、氈帽、氈裝、行縢皆一，麥九斗米二斗皆自備。

所以兵縱然多，而國家沒有負擔。及高宗武后之世，府兵制度漸漸破壞，募兵漸漸加多。

通鑑卷二百，龍朔元年（六六一）春正月載：

乙卯，募河南北，淮南六十七州兵，得四萬四千餘人，詣平壤鏤方行營。

同書卷二百二永隆元年（六八〇）秋七月載：

吐蕃寇河源，左武衞將軍黑齒常之擊却之，擢常之爲河源軍經略大使，常之以河源衝要，欲加兵戍之。……先是劍南募兵於茂州西南築安戎城以斷吐蕃通蠻之路。………

同書卷二百六聖歷元年（六九八）九月載：

甲戌命太子（卽中宗）爲河北道元帥以討突厥。先是募兵月餘，不滿千人，及聞太子爲帥，應募者雲集，未幾數盈五萬。

由以上記載，知道在高宗武后之時，在東北、西北、西南都已有募兵存在着，募兵制已在逐漸的代替着府兵制。由於募兵的加多，國家對軍費的負擔，自然加多。

新唐書卷五十三食貨志第四十三說：

開元後邊土，西舉高昌、龜茲、焉耆、小勃律、北抵薛延陀故地，緣邊數十州戍重兵，營田及地租不足以供軍。

這說明了供軍是財用不足的原因之一了。

至於邊鎭兵數有多少？舊唐書卷九十七張說傳說：

其年（開元九年）拜兵部尙書同中書門下三品……明年又勅說爲朔方軍節度大使，往巡五城處置兵馬。……先是緣邊鎭兵常六十萬，說以時無強寇，不假師衆，奏罷二十餘萬勒還營農。……

由上文既可知開元十年以前的幾年，緣邊鎭兵常六十萬。更由「奏罷二十餘萬勒還營農，」一語推知：必是緣邊駐軍已感糧食的不足用了。

新唐書卷六十四百官志說：

太宗省內外官，定制七百三十員。

新唐書卷一八一曹確傳：

確曰：太宗著令文武官六百四十三。

舊唐書卷八十一劉祥道傳載顯慶二年上疏說：

今內外文武官一品以下九品以上一萬三千六百四十五員。

無論太宗時官數，確爲多少，由太宗至高宗時，官數在增加，是無可否認的事實。

隋唐嘉話云：

武后初稱周，恐天下心不安，乃令人自擧供奉，官正員外，多置裏行、拾遺、御補闕、御史等，至有車載斗量之詠。

可知武后時官吏更爲加多。

通典卷十九職官一：

神龍（中宗復位後年號）初，官復舊號。二年三月，又置員外官二千餘人。於是遂有員外、檢校、試攝、判知之官。逮乎景龍，官紀大紊。復有斜封。無坐處之誦興焉。

據此可知在中宗復位以後，這種官吏加多的趨勢，還是有增無減的。

舊唐書卷九十八盧懷愼傳：

神龍中，遷右御史台中丞，上疏以陳時政得失：「……臣竊見京諸司員外官所在委積，多者數餘十倍，近古以來未之有也。官不必備，此則有餘，人代天工，多不釐務，廣有除拜，無所裨益。俸祿之費，歲巨億萬，空竭府藏而已，豈致理之基哉。……增官廣費，豈曰其時。」

官吏的俸祿，已經是國家很大的負擔了。

同書同卷裴耀卿傳：

明年（開元二十一年）秋，霖雨害稼，京城穀貴。上將幸東都，獨召耀卿問救人之術。耀卿對曰：「……往者貞觀永徽之際，祿廩數少，每年轉運不過一二十萬石，所用便足。……今國用漸廣，漕運數倍於前，支猶不給。」

可見開元時代國用不給的原因之一，便是官吏的祿廩加多。府兵制的破壞，和官吏的加多，唐帝國的負擔加重了。爲補充這經濟上的需要，玄宗勢必要設法籌措。

理財的基本原則，積極的是增加生產，消極的是減少開支。在農業爲主的社會裏，增加生產的方法，當然以獎勵農桑爲首要。

新唐書卷五玄宗本紀上：

開元元年正月辛巳，皇后親蠶。

十九年正月丙子，耕於興慶宮。

舊唐書卷八玄宗本紀上：

開元二十二年夏，上自於宛中種麥，率皇太子以下躬自收穫。

二十三年春正月己亥，親耕籍田，上加至九推而止，卿以下終其畝。

皇后親蠶，皇帝親耕，對實際生產固無大補，但親身作則的意義是在提倡，以身作表率。

通鑑卷二百十二載：

（開元）十二年六月壬辰制：聽逃戶自首，闢所在閒田……毋得差科。征役租庸，一皆蠲免。仍以兵部員外郎兼侍御史宇文融爲勸農使，巡行州縣。

冊府元龜卷七十帝王部務農條：

（開元）十六年十月，勑曰：諸州客戶有願屬邊緣利者，至彼給良沃田安置，仍給永年優復。

十七年正月丁酉，詔曰：甿庶方就農桑，其力役不急之務，並停。

二十一年正月詔：其聚衆興役，妨時害功，特宜禁止，以助春事。

二十九年制曰：委刺史縣令加意勸課。

這都是玄宗注意農桑以增加生產的實際行動。

通考卷六田賦六：

開元九年京兆少尹李元紘奏疏，三輔諸渠，王公之家緣渠立磑以害水利田，一切毀之，百姓蒙利。

舊唐書卷一百八十五下姜師度傳：

（開元六年以後）再遷同州刺史，又於朝邑河西二縣界，就古通靈陂擇地，引雒水及堰黃河灌之，以種稻田，凡二千餘頃，內置屯十餘所，收獲萬計。特加金紫光祿大夫。

同書同卷宋慶禮傳：

（開元五或六年）拜慶禮御史中丞兼檢校營州都督，開屯田八十餘所，追拔幽州及漁陽淄青等戶，幷招輯商胡，爲立店肆，數年間，營州倉廩頗實，居人漸殷。

新唐書食貨志：

開元二十五年，詔屯官敍功，以歲豐凶爲上下，鎭戍地可耕者，人給十畝以供糧，方春令，屯官巡行，謫作不時者，天下屯田收穀百九十餘萬斛。

以上又是水利和屯田的成績。

因爲政府的注意農事和社會的安定，所以諸書常有「稍熟」「普熟」和「歲稔」的記載。例如：

舊唐書食貨志說：

開元二年九月，勅：天下諸州，今年稍熟，穀價全賤，或恐傷農。……

册府元龜卷五〇二，邦計部常平條：

（開元）十六年十月勅：自今歲普熟，穀價至賤，必恐傷農。……

通鑑卷二一四載：

開元二十五年七月戊子敕：以歲稔穀賤傷農，命增時價什二三和糴東西畿粟各數百萬斛。

因爲歲熟，所以人民和國家都表現出富庶來。據元結次山文集卷七問集士說：

開元天寶之中，耕者益力，四海之內，高山絕壑，耒耜亦滿，人家糧儲，皆及數歲，太倉委積，陳腐不可校量。

玄宗對於可以減少收入的弊端，極力設法彌補。因爲消弭減少收入的弊端，也是變相的增加收入。舊唐書卷一百五宇文融傳說：

開元初，累轉富平主簿……俄拜監察御史。時天下戶口逃士免役多僞濫，朝廷深以爲患。融乃陳便宜，奏請檢察僞濫，搜括逃戶。玄宗納其言，因令融充使推勾，無幾，獲僞濫及諸免役甚衆。………融於是奏置勸農判官十人，並攝御史，分往天下，所在檢括田疇，招携戶口。其新附客戶，則免其六年賦調，但輕稅入官。………上方委任融，侍中源乾曜及中書舍人陸堅皆贊成其事。………於是括得客戶凡八十餘萬，田亦稱是。………歲終，徵得客戶錢數百萬。

這種檢察僞濫，搜括逃戶的措施，使政府增加收入不少。

玄宗減少開支的方法，是提倡節儉，養成大臣和一般臣民的節儉風氣。他們節儉的情形，已於前節述及，但他們節省的數目，實無法估計，依理推測，必不在小數。

和增加生產同時推行的，還有幣制的整理。因爲貨幣的紊亂，可以影響到物價和民生的。舊唐書卷四十八食貨志上說：

則天長安中，………自是盜鑄蜂起，濫惡益衆，江淮之南盜鑄者，或就陂湖巨海深山之中，波濤險峻，人跡罕到，州縣莫能禁約，以至神龍先天之際，兩京用錢尤濫，其郴衡私鑄小錢，纔有輪郭及鐵錫五銖之屬，亦堪行用，乃有買錫鎔銷以錢模夾之，斯須則盈千百，便賫用之。

以上是玄宗即位以前，錢幣惡濫的情形。先天元年，諫議大夫楊虛受請以好錢爲用，未果行。

舊唐書卷八玄宗本紀載：

開元六年春正月，辛酉，禁斷天下諸州惡錢，行二銖四分已上好錢，不堪用者，並即銷破覆鑄。

這樣一來，好錢有了標準，不過惡錢不會馬上就都銷破，還要把惡錢先後收回銷毀。

唐會要卷八十九泉貨條：

（開元）七年二月詔：天下惡錢，並令禁斷，錢令初下，或恐艱辛，宜量出米十萬石，令府縣及太府寺選交易穩便處所分置，依時價糶與百姓，收取惡錢，送少府監揁碎。

冊府元龜卷五〇一邦計部錢幣三：

開元八年，詔以好錢及布絹雜物，博取惡錢。

由以上記載，可以推知惡錢逐漸被銷毀，好錢逐漸的普遍使用了。

通鑑卷二百十三載：

開元十七年八月辛巳，敕以人間多盜鑄錢，始禁私賣銅鉛錫及以銅爲器皿，其采銅鉛錫者，官爲市取。

盜鑄之風戢止的成果，雖未明白記載，但由於禁私賣銅之事，可知必有效果。

新唐書卷五十四食貨志：

（開元）二十年，千錢以重六斤四兩爲率。

既定千錢以重六斤四兩爲率，想必是惡錢大部業已毀掉了。錢幣的品質既高，其價值和信譽，是必然增高的。

冊府元龜卷五〇一邦計部錢幣三：

開元十七年（通典作十一年）八月，詔曰：「……今天下泉貨益少，幣泉頗輕。……」

又可知當時錢幣的數量很少。數量少而且品質高，當然錢幣的價值高。相對的，正是因爲錢幣的價值高，物價的降低是必然的現象。

因爲西北邊緣經常駐兵數十萬，和長安城住的大小文武官員以及其眷屬都需要糧食的供給，玄宗勢必要把東南一帶長江流域所產的米，運輸到長安或西北來。而東南所產的米運到長安，路遠而艱難，運到洛陽，路近而容易。高宗的屢次駕幸東都洛陽，以及武后的建洛陽爲神都，即是爲此。玄宗開元初年屢幸洛陽，理由亦復如此。

如果單以經濟條件着眼，玄宗似當建都在洛陽的。但是爲邊防關係，西北邊經常屯駐重兵；按節制邊疆軍事，建都於長安，又遠優於洛陽。比較輕重，只得都於長安。但長安城的大批官吏和西北邊疆的大批軍隊所需要的食糧問題必須設法解決，也就是西北的政治軍事重心必須和東南的經濟重心聯在一氣。換句話說，如何把東南的財富順利的運到西北來使用，是玄宗解決當時財政問題的急務。玄宗要把東南的物資運到西北應用，第一是如何使運輸暢通；第二是如何能有可以供給源源運輸的物資。

舊唐書卷四十九食貨志下：

開元十八年，宣州刺史裴耀卿上便宜事條曰：江南戶口稍廣，倉庫所資，惟出租庸，更無征防，緣水陸遙遠，轉運艱辛，功力雖勞，倉儲不益。竊見每州所送租及庸調等，本州正二月上道，至揚州入斗門卽逢水淺，已有阻礙，須留一月已上，至四月已後始渡淮入汴，多屬汴河乾淺，及般運停留至六、七月始至河口，卽逢黃河水漲，不得入河，又須停一兩月。待河水小，始得上河，入洛卽漕路乾淺，船艘隘鬧，般載停滯，備極艱辛。計從江南至東都，停滯日多，得行日少，糧食既皆不足，欠折因此而生。又江南百姓，不習河水，皆轉雇河師水手更爲損費。

這是裴耀卿所說洛陽以東過去漕運浪費的情形，至於洛陽以西的困難情形，據新唐書卷五十三食貨志說：

江淮漕租米至東都，輸含嘉倉，以車或馱陸運至陝，而水行來遠，多風波覆溺之患，其失常七八，故其率一斛得八斗爲成勞。而陸運至陝，纔三百里，率兩斛計庸錢千。民送租者皆有水陸之直，而河有三門底柱之險。顯慶元年，苑西監褚朗議鑿三門山爲梁可通陸運，乃發卒六千鑿之，功不成。其後將作大將楊務廉又鑿爲機以輓漕舟，輓夫繫二鈲於胷而繩多絕，輓夫輒墜死，則以逃亡報，因繫其父母妻子，人以爲苦。

開元二十一年，裴耀卿作京兆尹，京師雨水害稼，穀價踊貴，玄宗問耀卿，耀卿提出辦法。據舊唐書卷四十九食貨志記曰：

今國用漸廣，漕運數倍猶不能支，……臣望於河口置一倉納江東租米便於船歸，從河口卽分入河洛，官自雇船載運，三門之東置一倉，三門既水險，卽於河岸開山，車運十數里，三門之西又置一倉，每運至倉，卽般下貯納，水通卽運，水細便止。自太原倉泝河更無停留，所省鉅萬。

開元二十二年八月，玄宗接受了裴耀卿這種分段運輸的辦法，就實行：

置河陰縣及河陰倉，河西柏崖倉，三門東集津倉，三門西鹽倉。開三門山十八里以通湍險。自江淮而泝鴻溝，悉納河陰倉。自河陰送納含嘉倉，又送納太原倉，謂之北運。自太原倉浮於渭以實關中。

當時玄宗對人事的安排是：

以耀卿爲黃門侍郎同中書門下平章事充江淮河南轉運都使。以鄭州刺史崔希逸河南少尹蕭靈爲副。

裴耀卿運輸的成績，據舊唐書卷四十九食貨志下說：

凡三年運七百萬石，省陸運之傭四十萬貫。

舊唐書卷九十八裴耀卿傳則稱：

凡三年運七百萬石，省脚錢三十萬貫。

運輸量每年平均一百六十至七十萬石，比起貞觀永徽之際每歲轉運不過二十萬石，增加到八倍以上。

新唐書五十三食貨志：

（開元）二十五年，……崔希逸爲河南陝運使，歲運百八十萬石。其後以太倉積粟有餘，歲減漕數十萬石。

册府元龜卷四九八邦計部漕運條：

（開元）二十五年六月詔曰：「河東陝運兩使，每年嘗運一百八十萬石米送京，近已減八十萬石，迄今據太倉米數，支計有舒，務在息人，不欲勞弊，其今年運一百萬石，亦宜停。

所謂「太倉積粟有餘」，所謂「太倉米數，支計有舒」，漕運的米當然可以由減少而停運，玄宗皇帝從此更用不着就食東都了。

唐代自高祖時起賦稅法的規定，據新唐書食貨志說：

凡授田者丁歲輸粟二斛，稻三斛，謂之租。丁隨鄉所出，歲輸絹二匹，綾絁二丈，布加五分之一，綿三兩，麻三斤。非蠶鄉則輸銀十四兩，謂之調。用人之力歲二十日，潤加二日，不役者日爲絹三尺謂之庸。

但是國家未必經常須人勞役，有時勢必將庸折爲租、調。各地出產不一，輸於國家的很難一致；所以國家既可准許調、租、庸間的互相折合，尤以按地方出產而定其對國家輸貢的物品。

通考田賦考三說：

開元十六年詔每三歲以九等定籍：

先是揚州租調以錢，嶺南以米，安南以絲，益州以羅紬綾絹供春綵，因詔江南以布代租。凡庸、調、租資課皆任土所宜，以江淮轉輸有河洛之艱，而關中蠶桑少，菽麥常賤，乃命庸、調資課皆以米，凶年樂輸布絹者從之。河南北不通運，州租皆以絹代關中庸課，詔度支減轉運。

舊唐書卷四十八食貨上載開元二十五年勅曰：

自今已後，關內諸州庸調資課，並宜準時價變粟取米送至京逐要支用，其路遠處不可運送者，宜所在收貯，便充隨近軍糧。其河南河北有不通水利，宜折租造絹以代關中調課，所司仍明爲條件，稱朕意焉。

以上所謂「以布代租」或「折租造絹」，說法固有不同，意思都是「折合」。「以布代租」，就是用布代替了租。反過來說，就是把租折合爲布。所謂「折租造絹」就是「折租爲絹」和「以絹代租」是一樣的意思。無論絹折爲租或租折爲絹，或米折爲粟，粟折爲米，都是由一種物資變爲他種物資，在當時總名爲「變造」，亦叫「回造」，或「回轉變造」。

冊府元龜卷四九八邦計部漕運門：

（武德）二年閏二月，太府少卿李襲譽運劍南之米，以實京師。

八月揚州都督李靖運江淮之米，以實雒陽。

貞觀二十二年七月，開斜谷水路，運米以至京師。

據此可知唐開國之初武德、貞觀年間，各地運京洛的爲米而非粟。

冊府元龜邦計部賦稅門載：

武德二年制曰：「……正租正調外，不得橫有調斂。」

據此可以推知李襲譽、李靖所運的米，便是正租所徵收的粟去糠而成的米。

舊唐書食貨志說：

若嶺南諸州則稅米，上戶一石二斗，次戶八斗，下戶六斗。」

租粟本來規定二石，何故嶺南諸州稅米每戶不足二石呢？其中固有遠因運費關係，另一原因必是粟去糠爲米，二石粟去糠後當然得不到二石米了。

裴耀卿於三年之內運米七百萬石，原來所收的租粟必更多於此數，可能八百萬或九百萬石，甚至超出千萬石的大關。以三年平均分配，每年必須收到三百萬石。江南每年租粟是否有此鉅大數目？這巨大數量的米又何所來呢？

原來高祖武德年間，卽曾設置社倉，唐會要八十八倉及常平倉條載曰：

貞觀二年尚書左丞戴冑上言有曰：「每歲納租，未實倉廩，隨時出給，纔供常年，若有凶災，將何賑恤？………今請自王公已下，爰及衆庶，計所墾田，稼穡頃畝。每至秋熟，準其見苗，以理勸課，盡令出粟，麥稻之鄉，亦同此稅，各納所在，立爲義倉。……」……戶部尚書韓仲良奏：「王公已下，墾田畝納二升，其粟麥粳稻之屬，各依土地，貯之州縣，以備凶年。」制可之。

這是唐朝設義倉的開始，以後幾經滄桑，自中宗神龍之後，天下義倉，費用尚盡。因均不在本文研討之列，不多贅。

舊唐書卷四十九食貨下載：

開元四年五月二十一日詔曰：

諸州縣義倉本備飢年賑給，近年已來，每三年一度以百姓義倉糙米（册府元龜邦計部賦稅門作「造米」）遠赴京納，仍勒百姓私出脚錢。自今已後，更不得義倉變造。

玄宗下詔令「更不得義倉變造」，「義倉變造」自那時起當是停止了。

舊唐書食貨志載：（開元）十八年，宣州刺史裴耀卿上便宜事條曰：

「江南船至河口卽却還本州，更得其船充運，并取所減脚錢，更運江淮變造義倉。每年剩得一二百萬石，卽望數年之外，倉廩轉加。其江淮義倉下濕，不堪久貯。若無船可運，三兩年色變，卽給貸費散，公私無益。」疏奏不省。

據以上的記載，可以看出數事：

一、依裴耀卿計劃，按他的運法，每年可剩得一二百萬石。

二、以所減脚錢更運的物品是：江淮變造義倉。

三、裴耀卿以「若無船可運，三兩年色變」的利害關係，想打動玄宗的心，結果玄宗還沒有接受他的意見。

舊唐書九十八裴耀卿傳說：

其多（開元二十年多）遷京兆尹，明年（二十一年）秋，霖雨害稼，京城米貴，上將幸東都，獨召耀卿問救人之術，耀卿對曰：「……」上深然其言，尋拜黃門侍郎同中書門下平章事，充轉運使。

開元十八年裴耀卿獻轉運之策，玄宗不納。及開元二十一年，玄宗因京城米貴將幸東都之時，深然裴耀卿之言，而且任他充轉運使。當然接受了裴耀卿的計劃和辦法。裴耀卿是主張更運江淮變造義倉的，自然是玄宗接受了更運江淮變造義倉的。

自開元四年，玄宗已詔令停止義倉變造了，到玄宗接受了裴耀卿計劃時，已有十七年。這樣長久的積貯，定必豐盈。裴耀卿在三年之內造出運七百萬石的優異成績，也正是正賦之外，又加上多年義倉積貯的粟，變造成米也加入轉運了。這是開元二十五年時，太倉積粟有餘的一大原因。

高力士外傳：

高公頓首曰：「……且林甫用變造之謀，仙客建和糴之策，足堪救弊，未可長行。恐變正倉盡即義倉盡，正義俱盡。國無旬月之蓄，人懷饑饉之憂。……」

義倉本為儲積粟米以備凶年的，力士所說：「國無旬月之蓄，人懷饑饉之憂。」正是將義倉之粟變造為米也加入轉運之證。這適足以解明裴耀卿運米之多的原因，也可以看出玄宗為救一時之弊而採「竭澤而漁」的手段。

通考卷二十一市糴二：

貞觀開元後，邊土西舉，高昌、龜茲、焉耆、小勃律、北抵薛延陀故地，緣邊數十州戍重兵。營田及地租不足供軍。於是初有和糴。牛仙客為相，有彭果獻策，廣關輔之糴，京師糧廩益羨。

通鑑綱目：

開元二十五年秋七月，行和糴法：

先是西北多宿重兵，地租營田皆不能贍，始用和糴之法。有彭果者獻策請推之關中。勅以穀賤傷農，命增時價十二三，和糴東西畿粟各數百萬斛；停今年江淮運租。自是關中蓄積漸溢。

冊府元龜卷五〇二邦計部平糴：

開元二十六年三月丙申勅曰：如聞寧慶兩州，小麥甚賤，百姓出糶，又無人糴。衣服之間，或慮難得。宜令所司與本道支使計會，每斛加於時價一兩錢，糴取二萬石，變造麥飯，貯於朔方軍城。

同書同卷同部又載：

開元二十七年九月敕曰………今歲物已秋成，農郊大稔。豈但京抵之積，有同火水之饒。宜因豐穰預為收貯，濟人救乏，孰先於茲。宜令所司速計料天下諸州倉有不充三年者，宜量取今年稅錢，各委所縣長官，及時每斗加於該時價一兩錢收糴。

由以上諸記載，可知開元二十五年、二十六年、二十七年連年和糴，和糴的區域有東西畿、寧、慶州等地。和糴之數至少數百萬石。這是「京師糧廩益羨」的又一原因。

高力士外傳載力士之語說：

仙客建和糴之策，足堪救弊，未可長行。………和糴不停，即四方之利，不出公門，天下之人，盡無私蓄。棄本逐末，其遠乎哉。

又可見和糴是一種竭盡私人之蓄以益公門的辦法，也是足堪救弊，未可長行的措施，對與不對？是另一問題，而玄宗採用此法後，造成「關中蓄積漸溢」的現象，則是事實。

舊唐書卷八玄宗本紀上載：

開元元年十一月（應為十月）癸卯，講武於驪山。兵部尚書代國公郭元振坐虧失軍容，配流新州，給事中攝太常少卿唐紹以軍禮有失，斬於纛下。

通鑑卷二百十，開元元年冬十月載：

癸卯，講武於驪山之下。徵兵二十萬，旌旗連亘五十餘里，以軍容不整，坐兵部尚書郭元振於纛下。將斬之，劉幽求張說跪於馬前諫曰：元振有大功於社稷，不可殺。乃流新州。斬給事中知禮儀事唐紹。以其制軍禮不肅也。

玄宗那時二十九歲，剛除太平公主統一政權數月，郭元振是屢立軍功的老臣，而且因侍衛睿宗之功，剛封代國公不久。若不是劉幽求張說的跪諫，玄宗幾乎把郭元振斬決。玄宗想着立威和整軍的決心，由此可以充分表現。

玄宗的整軍，首在軍制的改革。原來唐代開國之初，仍繼北周、楊隋的舊法行府兵制度。府兵的優點，據新唐書兵志說：

初府兵之置，居無事時耕於野，其番上者宿衛京師而已。若四方有事，則命將以出，事解輒罷，兵散於府，將歸於朝。故士不失業而將帥無握兵之重，所以防微漸絕禍亂之萌也。

可是這種制度，日久弊生。例如由軍器自備而發生軍器朽舊的現象，由番上太勞而發生逃亡的現象等等；所以新唐書兵志又說：

自高宗武后時，天下久不用兵，府兵之法寖壞。番役更代多不以時，衞士稍稍亡匿。

及玄宗卽位後，府兵的弱點，更是處處暴露了。開元二年玄宗本預備親征吐蕃，及是年十月薛訥克吐蕃，帝遂停親征。册府元龜載玄宗停征詔曰：

比來緣邊鎭軍，每年更代，兵不識將，將不識兵，豈有緣路疲人，蓋是以卒與敵。

據此可知開元二年時緣邊鎭軍，已有「兵不識將，將不識兵」的現象。唐初所得到「將帥無握兵之重」良好效果的府兵制度，反而又發生流弊了。高宗以後對吐蕃的未能制服，這點未必不是重要原因之一。

舊唐書卷一百九十六上吐蕃傳：

開元二年秋，吐蕃大將坌達焉乞力徐等率衆十餘萬寇臨洮軍，又進寇蘭渭等州，掠監牧羊馬而去。楊矩悔懼，飲藥而死。玄宗令攝左羽林將軍薛訥及太僕少卿王晙率兵邀擊之。仍下詔將大舉親征，召募將士，克期進發，俄而晙等與賊相遇於渭源之武階驛，前軍王海賓力戰死之，晙等率兵而進，大破吐蕃之衆，殺數萬人，盡收所掠羊馬。賊餘黨奔北，相枕藉而死，洮水爲之不流，上遂罷親征。……自是連年犯邊，郭知運王君㚟相次爲河西節度使以捍之。

由上面的一段記載，可以注意到幾件事：

第一：玄宗曾下詔親征，可知吐蕃寇邊的嚴重。

第二：唐雖一時戰勝，還不能免以後吐蕃的連年犯邊。

第三：由玄宗下詔親征時的「召募將士」，不云徵調或徵發而云召募。可知那時的「府兵」，業已不能用了。

新唐書兵志說：

開元六年，始詔折衝府兵每六歲一簡。

可見玄宗已明白知道府兵的不能用，連每歲一簡閱也覺着無此浪費精神的必要了。對府兵不加整頓而示寬緩。這是玄宗已決心放棄府兵，代以募兵的表示。也是後來一切募士的前奏。

通鑑卷二百十二，開元十年八月載：

初諸衞府兵自成丁從軍，六十而免，其家又不免雜徭。浸以貧弱，逃亡略盡，百姓苦之。張說建議請召募壯士充宿衞。不問色役，優爲之制。逋逃者必爭出應募，上從之。旬日得精兵十三萬，分隸諸衞，更番上下。兵農之分自此始矣。

新唐書兵志：

宰相張說乃請一切募士宿衞。（開元）十一年，取京兆、蒲、同、岐、華府兵及白丁而益以潞州長從兵共十二萬，號長從宿衞。歲二番，命尚書左丞蕭嵩與州吏共選之。明年（十二年）更號曰彍騎。………自是諸府士益多不補，折衝將又積歲不得遷，士人皆恥爲之。十三年，始以彍騎分隸十二衞，總十二萬爲六番，每衞萬人。

於是府兵制遂變爲彍騎。

彍騎與府兵制不同之處是：府兵遍及全國，彍騎只在京師，府兵兼負征戍，彍騎專供宿衞。正因彍騎專供宿衞，原來府兵的兩種責任（征戍和宿衞）的另一責任（征戍），自然的便落於「方鎭」的肩上。所謂「方鎭」，就是邊疆上的節度使，這種節度使專負征戍之責的制度，也是經玄宗之手確立的。也是玄宗整軍的第二辦法。

新唐書兵志：

自高宗永徽以後，都督帶使持節者，始謂之節度使；然猶未以名官。景雲二年（七一一）以賀拔延嗣爲涼州都督，河西節度使。而後接乎開元，朔方、隴右、河東、河西諸鎭皆置節度使。

唐會要卷七十八節度使條：

景雲二年四月，賀拔延嗣除涼州都督，充河西節度使，此始有節度之號。

據以上，可知賀拔延嗣於景雲二年四月充河西節度使是唐代正式有節度使的開始。

通鑑卷二百十，景雲二年二月載：

丁丑，命太子（卽玄宗）監國。

可知唐代的正式開始有節度使，是玄宗以太子身份監國時期的事。

那時的兵部尚書是郭元振，是鎮守西北邊境多年熟悉邊務的老將。睿宗凡事必諮問三郎（玄宗），這設置節度使的事，必定是玄宗和郭元振籌商，爲適應西北的需要而確定的。

舊唐書卷三十八地理志一：

河西節度使，斷隔羌胡。

舊唐書職官志，節度使下注曰：

受命之日賜之旌節，謂之節度使，得以專制軍事，行則建節符樹六纛，外任之重無比焉。

據此可以看出，玄宗之設置河西節度使，是感到涼州地位的重要而加重鎮將職責的。

舊唐書卷三十八地理志一：

范陽節度使臨制奚、契丹。

范陽節度使理幽州，是東北邊防重鎮。玄宗於先天元年（七一二）秋八月卽帝位。次年（先天二年卽開元元年）二月，卽設置范陽節度使。可知玄宗的設置節度使，是適應當時邊防的需要的。繼此以後，玄宗相度地形，酌量情勢，依次設置節度使。茲依據唐會要，將各節度使設置的時間及首任節度使的將領列表於下：

河西節度使	景雲二年四月	賀拔延嗣
范陽節度使	先天二年二月	甄道一
隴右節度使	開元元年十二月	陽矩

劍南節度使	開元五年二月	齊景冑
安西節度使	開元六年三月	楊嘉惠
平盧節度使	開元七年七月	張敬忠
朔方節度使	開元九年	王晙
河東節度使	開元十八年十二月	

依上表看，只有河東節度使所治的太原是在內地，其餘都在邊疆。可知玄宗最先原爲因邊防的需要而設置節度使，嗣後感到這種制度在軍政效率上，頗爲圓滿；所以便逐步推廣，以至推廣到內地的。節度使的逐次設置，形成了一個個的軍團，擔任着偏重邊疆的征戍責任。於是原來府兵所擔任的征戍責任歸節度使，宿衞責任歸於彍騎。

唐的邊患在西、北兩方，所以軍隊的佈置也注重西、北兩方。那時軍事上所最需要的是馬；所以玄宗對於馬的牧養，亦極爲努力。

通鑑卷二百十二，開元十三年載：

初隋末國馬皆爲盜賊及戎狄所掠。唐初纔得牝牡三千匹於赤岸澤。徙之隴右，命太僕張萬歲掌之。萬歲善於其職，自貞觀至麟德，馬蕃息及七十萬匹，分爲八坊四十八監，各置使以領之。是時天下以一縑易一馬。垂拱以後，馬潛耗太半。上（指玄宗）初即位，牧馬有二十四萬匹，以太僕卿王毛仲爲內外閑廄使，少卿張景順副之。至是有馬四十三萬匹，牛羊稱是。上之東封，以牧馬數萬匹從。色別為群，望之如雲錦。

玄宗即位至開元十三年的十四年裏，馬由二十四萬匹增至四十三萬匹，差不多增加一倍了。

通考卷一百五十九兵十一：

至（開元）十三年，乃四十三萬（匹）。其後突厥款塞，元（玄）宗厚撫之。歲許朔方軍西受降城為互市，以金帛市馬於河東朔方左右牧之。既雜胡種，馬乃益壯。………議者謂秦漢以來，唐馬最盛。天子又銳志武事，遂弱西北蕃。

可知馬雜以胡種，就是馬益強壯的原因。也是玄宗改良馬種，有計劃的而且有成效的行動。

唐開元禮，仲春禮馬祖儀：

大祝持版進於神座之右，東面跪。讀祝文曰：維某年歲次月朔日，天子謹遣具官臣姓名昭告於馬祖天駟之神。

祭馬神固然有些迷信，但是天子謹遣官臣致祭，可見對馬的重視。

范祖禹唐鑑論王毛仲養馬說：

唐之國馬惟得一能臣而掌之，不數十年而其多過於二百倍，由其任職之專也。傳曰：冀之北土，馬之所生。夫馬必生於邊隅而養於苦寒之地，稍遷之中國，則莫能壯也。三代諸侯之國，雖皆有馬，以春秋之時考之，未有若晉之強也。鄭之小駟出于河南，故不可乘也。（僖十五年）唐養馬於隴右，非獨就其水草之美，蓋置之西戎之地以求其健也。凡欲制事，得其人而善其法，豈有不勝者乎？

范祖禹的意思，一是用得其人；二是養馬得其地。這種評論是很正當的。玄宗可以當之無愧。對於開元時代唐國的軍力確是增加不少。

四、國富民殷與聲威遠播

經玄宗和他的群臣的努力，造成開元時代的輝煌政績，成爲中國史上最有名的「開元盛世」。當時隆盛的情況，據唐語林卷三夙慧說：

開元初，上留心理道，革去弊訛。不六七年間，天下大理，河清海晏，物殷俗阜。

柳芳食貨論亦說：

初，元宗以雄武之才，再開唐統。賢臣左右，威自在己。姚崇宋璟蘇頲等，皆以骨鯁大臣鎮以清靜。朝有著定，下無覬覦。四裔來寇，驅之而已。百姓富饒，稅之而已。繼以張嘉貞、張說守而勿失。

當時國內的富庶與安定的情況如：

杜少陵集卷十三憶昔詩云：

憶昔開元全盛日，小邑猶藏萬家室。稻米流脂粟米白，公私倉廩俱豐實。九州道路無豺虎，遠行不勞吉日出。齊紈魯縞車班班，男耕女桑不相失。

舊唐書玄宗本紀後史臣贊曰：

……貞觀之風，一朝復振，于斯時也，烽燧不驚，華戎同軌。與民休息，比屋可封。於時，垂髫之倪，皆知禮讓。戴白之老，不識兵戈。虜不敢乘月犯邊，士不敢彎弓報怨。康哉之頌，溢于八紘。所謂世而後仁，見於開元矣。

唐語林卷三夙慧說：

入河湟之賦稅，滿右藏。東納河北諸道租庸，充滿左藏。財寶山積，不可勝計。四方豐稔，百姓樂業，戶計一千餘萬，米每斗三錢。丁壯之夫，不識兵器，路不拾遺，行不齎糧，奇瑞疊委，重譯麕出，人物欣然，咸思登岱告成。上猶惕厲不已，撝（麾）讓數四。

因爲社會的安定，物價降的極低，與貞觀年間相似。

通典食貨七：

至（開元）十三年，封泰山，米斗至十三文，青齊穀斗至五文，自後天下無貴物，兩京米斗不至二十文，麵三十二文，絹一疋二百一十文。

舊唐書玄宗本紀說：

開元二十八年。其時頻歲豐稔，京師米斛不滿二百，天下乂安，雖行萬里，不持兵刃。

唐語林卷三說：

天下大理……物殷俗阜……米每斗三錢。

當時人民生活的情形據

通典食貨七說：

東至汴宋，西至岐州，夾路列店肆待客，酒饌豐溢。每店皆有驢賃客乘，倏忽數十里，謂之驛驢。南詣荊襄，北至太原范陽，西至蜀川涼府，皆有店肆以供商旅，遠適數千里，不持寸刃。

竇苹酒譜亦說：

開元中，天下康樂。自招應縣至都門，官道之左右，當路市酒，量錢數飲之。亦有施者爲行人解乏，故路人號爲歇馬杯。亦古人衢尊之義也。

管子說：「倉廩實則知禮節，衣食足則知榮辱。」那時，人民生活既然優裕，所以也就知禮明義而犯罪者少。據舊唐書玄宗本紀後史臣曰：

垂髫之童，皆知禮讓。戴白之老，不識兵戈。

册府元龜卷五十八帝王部致治條說：

開元十九年二月，侍中裴光庭中書令蕭嵩奏曰：「臣等伏見所司奏天下應死囚總二十四人……請宣付史官，克昭盛烈。」從之。

舊唐書玄宗本紀載：

開元二十五年七月己卯，大理少卿徐岾奏天下今歲斷死刑五十人，幾致刑措，鳥巢寺之獄上，特推功元輔。

册府元龜卷四百六十一台省部寵異條說：

鄭少徵爲刑部侍郎，開元二十五年，玄宗因聽政問京師囚徒，有司奏有五十人，怡然有喜，下詔曰：「……其鄭少徵等一十七人各賜一中上考，仍兼賜少物，以存勸賞。」

因爲國內的富庶安定，民生安樂，人口自然隨時增加。

舊唐書卷八十八蘇瓌傳說：

神龍初（七〇五）……是歲再遷戶部尚書，奏計帳所管戶時有六百一十五萬六千一百四十一。

舊唐書卷八玄宗本紀上說：

（開元）十四年（七二六）五月癸卯，戶部進計帳今年管戶七百六萬九千五百六十五，管口四千一百四十一萬九千七百一十二。

計以上所引，由神龍初到開元十四年間的二十一年，增加戶約八十一萬（零數未計）。以年數計算，這二十一年的前七年，不屬於開元時代。自開元元年到開元十四年的十四年，約佔二十一年的三分之二。事實上開元年間人口增加的速度可能比以前爲大（因開元時代比以前社會較安定）。即令作同樣速度計算，則開元元年到開元十四年，人口增加大約是五十四萬戶之譜，若以每戶五口計，大約增加二百七十萬口。

舊唐書玄宗本紀開元二十一年（七三三）載：

其年戶部計戶七百八十六萬一千二百三十六，口四千五百四十三萬一千二百六十五。

據此與開元十四年之數相較，則知從開元十四年到二十一年的短短七年之內，增加戶約近八十萬，增加口約近四百九十二萬。較開元十四年以前增加的速率，約近三倍。

通鑑卷二百十四，開元二十八年（七四〇）載：

是歲天下……戶八百四十一萬二千八百七十一，口四千八百一十四萬三千六百九。

據此與開元二十一年之數相較，知從開元二十一年到二十八年的七年裏，增加戶約近五十五萬，增加口約近二百七十一萬。戶口數目雖遠較以前爲高，但增加的速率，反不及開元十四年到二十一年時候了。

因爲國家社會的安定，以及當政者對於文物的注意，保存的書籍大有可觀。唐會要卷三十五經籍條：

開元十九年多，車駕發京師。集賢院四庫書總八萬九千卷。經庫一萬三千七百五十二卷，史書二萬六千八百二十卷，子庫二萬一千五百四十八卷，集庫一萬七千九百六十卷。其中雜有梁、陳、齊、周及隋代古書，貞觀、永徽、麟德、乾封、總章、咸亨年奉詔繕寫。

書籍數目，以現在眼光看固不爲多，但那時是早在八世紀的時候，而且還在沒有發明印刷術以前；書籍全由人繕寫，那樣數目，實在不算少了。

因爲國家的富強，所以四裔無不款服。舊唐書玄宗本紀後史臣曰：

西蕃君長，越繩橋而競款玉關，北狄酋渠，捐毳幕而爭趨鴈塞。象郡炎州之玩。鷄林鯷海之珍……莫不結轍於象胥，駢羅於典屬，膜拜丹墀之下，夷歌立仗之前。可謂冠帶百蠻，車書萬里。
………

唐語林卷三：

安西諸國悉平爲郡縣。置開遠門，亘地萬餘里。

新唐書卷二百二十一下西域傳贊曰：

西方之戎，古未嘗通中國，……唐興，以次修貢蓋百餘。皆萬里而至。亦已勤矣。

單西域諸國修貢的就有百餘。總計四裔各國來唐朝貢的更是不計其數。茲據兩唐書及唐會要所記，擇其在開元年間接受唐之封號的國，略述如下：（重複者略去）

舊唐書卷一百九十七：

牂牁蠻：開元十年閏五月，大酋長謝元齊死，詔立其嫡孫嘉藝襲其官封。

南詔蠻：開元初……盛邏皮死，子皮邏閣立，二十六年，詔授特進，封越國公，賜名曰歸義。

同書卷一百九十八：

疏勒國：開元十六年，玄宗遣使册立其王裴安定爲疏勒王。

于闐國：開元十六年，復册立尉遲伏師爲于闐王。

康　國：開元十九年，其王烏勒上表請封其子咄曷爲曹國王，默啜爲米國王；許之。二十七年，烏勒卒，遣使册咄曷襲父位。

罽賓國：開元二十七年，其王烏散特勒灑以年老上表請以子拂菻罽婆嗣位，許之，仍降使册命。

同書卷一百九十九上：

新羅國：開元二十五年，興光卒，詔贈太子太保，仍遣左贊善大夫邢璹攝鴻臚少卿往新羅弔祭，幷册立其子承慶襲父開府儀同三司新羅王。

新唐書卷二百二十一下：

寧遠：開元二十七年，王阿悉爛達干助平吐火仙，册拜奉化王。

大勃律……萬歲通天逮開元時，三遣使，故册其君蘇弗金利支離泥爲王。

謝䫻：開元八年，天子册萬達羅支頡利發誓屈爾爲王。

識匿：開元十二年，授王布遮波資金吾衞大將軍。

箇失蜜：開元初，遣使者朝。八年詔册其王眞陀羅秘利爲王。

唐會要卷九十六：

契丹：開元二年，李盡忠從父失活請歸欵，復封失活爲松漠都督，授左金吾衞大將軍。……六年，失活卒……贈特進，册立其從父弟娑固爲松漠郡王。

奚：開元五年，（李）大酺入朝，爲饒樂郡王，仍授左金吾衞員外大將軍。（同上）

同書卷九十九：

石國：開元初，其蕃王莫賀咄吐屯有功，封爲石國王，加特進，尋又册爲順義王。

吐火羅：開元十七年，册其首領骨咄祿頓達爲葉護。

史國　：開元二十七年，其延屯卒，册立其子阿忽鉢爲王。

同書卷一百：

烏萇國：開元八年四月，遣使册立其王。

南天竺國：開元八年十一月，遣使册利那羅僧伽寶多爲南天竺國王。

例子不勝其擧。以受封國家的位置看，唐帝國的領導權已普遍達於東亞、中亞、和南亞了。其中的康國王烏勒上表請封其子咄曷爲曹國王，默啜爲米國王，罽賓國王烏散特勒灑以年老上表請以子拂菻罽婆嗣位，尤可表現出來册封他們的國王，都是他們甘心情願的。人情無不愛其子，老王請册封其子爲王，正是想借唐的聲望威力以安定其子的地位。反過來說：如果得不到唐的册封，國王的地位便未必鞏固。

舊唐書突厥傳內毗伽可汗傳說：

（開元）十三年，……乃遣中書直省袁振攝鴻臚卿往突厥以告其意（徵其大臣扈從），小殺（毗伽可汗蕃號）與其妻及闕特勒暾欲谷等環坐帳中，設宴。謂（袁）振曰：「吐蕃狗種，唐國與之爲婚。奚及契丹，舊是突厥之奴，亦尚唐家公主。突厥前後請結和親，獨不蒙許何也？」袁振曰：「可汗既與皇帝爲子，父子豈合爲婚姻。」小殺等曰：「兩蕃亦蒙賜姓，猶得尚主。但依此例，有何不可？且聞入蕃公主，皆非天子之女，今之所求，豈問眞假。頻請不得，實亦羞見諸蕃！」振許爲奏請。小殺乃遣其大臣阿史德頡利發入朝貢獻，因扈從東巡。

小殺所說的話，正可以代表許多外夷的心理。所謂：「頻請不得，羞見諸蕃」，一方面固有面子問題，而骨子裏還是要借唐以自重。唐在東亞的領導地位，由此事更爲顯著。

通鑑卷二百一十二唐紀二十八開元七年載：

春二月，俱密王那羅延，康王烏勒伽、安王篤薩波提皆上表言，爲大食所侵掠，乞兵救援。

册府元龜卷九百九十九載開元七年康王請唐派兵援救表，有云：

臣烏勒伽言：臣是天主普天皇帝下百萬里馬蹄下草土類奴。臣種族及諸胡國，舊來赤心向大國，不曾反叛。………被大食元率……領衆軍兵來此，共臣等鬥戰……爲大食兵馬極多，臣等力不敵……乃被大食圍城……伏乞天恩知委，送多少漢兵來此，救助臣苦難！……如有漢兵來此，臣等必是破得大食。

由此可知大食侵掠諸國時，諸國向唐求援之迫切情況。這固然是因爲自唐太宗被西北諸蕃共尊爲天可汗以後，唐帝國有救援被侵掠國的義務；但更重要的還是當時諸國國王的心目中，認爲唐帝國具有能以救援的軍力。換句話說：開元時代唐國勢的強盛，是諸國所公認的。

舊唐書卷一百九十八，天竺國傳：

其年（開元八年）南天竺國王尸利那羅僧伽請以戰象及兵討大食及吐蕃等，仍求有及名其軍。玄宗甚嘉之，名軍爲懷德軍。九月南天竺王尸利那羅僧伽寶多枝摩爲國造寺，上表乞寺額，勅以歸化爲名賜之。

南天竺王請討大食及吐蕃等，又上表乞寺額，這不只是仰望唐的國威，更表示景仰唐國（或唐文化）的心情。

舊唐書卷一百九十九上新羅國傳：

開元十六年（國王興光）遣使來獻方物。又上表請令人就中國學問經教。上許之。二十一年，渤海靺鞨越海入寇登洲。時興光族人金思蘭先因入朝留京師，拜爲太僕員外卿，至是遣歸國發兵以討靺鞨，仍加授興光爲開府儀同三司寧海軍使。二十五年，興光卒。詔贈太子太保。仍遣左贊善大夫邢璹攝鴻臚少卿往新羅弔祭。並册立其子承慶襲父開府儀同三司新羅國王。將進發……上謂璹曰：「新羅號爲君子之國，……有類中華，……到彼，宜闡揚經典，使知大國儒教之盛。」

新唐書卷二百二十，日本傳：

開元初，粟田復朝，請從諸儒授經，詔四門助教趙玄默卽鴻臚寺爲師，獻大幅布爲贄，悉賞物貿書以歸。其副朝臣仲滿慕華不肯去，易姓名曰朝衡，歷左補闕。

通鑑卷二百十三，開元十九年正月載：

吐蕃使者稱公主求毛詩、春秋、禮記正字，……事下中書門下議之。裴光庭等奏：吐蕃聾昧頑囂，久叛新服，因其有請，賜以詩書，庶使之漸陶聲教，化流無外……上曰善，遂與之。

以上諸例，很明顯的可以看出東亞各國對唐國文化的景仰；同時亦可以看出唐帝國的文化隨着唐的聲威而向外傳播於各國。

（本論文發表於國立台灣師範大學歷史學報第六期，六十七年五月）

天寶之亂的本源及其影響

一、陷溺玄宗身心的環境

唐代政治組織的核心是中書、門下、尚書三省。門下省的侍中，對於中書令所擬的法令，雖然有封駁權，但只是促成中書令的再考慮，對於皇帝的既定策略，是不容易更改的。開元時代，中書令的職權更爲提高，皇帝更能控制宰相會議。所有的官吏都要對皇帝負責，皇帝的行動可以不受限制，因此政治的好壞，繫於皇帝一身，天下的治亂也隨着皇帝轉變。基於此理，研究天寶之亂的本源，首先要從玄宗本身去探討。

玄宗之生，正當武后以周易唐之際（武后垂拱元年——六八五——八月），他六歲時候唐代中斷。那時武氏成爲新貴，李氏却變爲亡國遺庶。後來唐室雖復，但政局並未安定。玄宗二十三歲的那一年（景龍元年），正逢太子重俊起兵誅武三思等，兵潰而死。他二十六歲的那一年（景雲元年），皇后韋氏弑了中宗，立了溫王重茂。韋后想着效法武后，李唐不再中斷者，其間幾不容髮。玄宗見國家之危，結合智勇之士，以宮廷衞軍誅韋后，擁其父睿宗即位。以後，玄宗雖被立爲太子，但是接着又是太平公主的專權把持，玄宗的太子地位不被廢者，亦相差無幾。他又經過許多波折和奮鬪，先以太子名義監國，後又接受睿宗禪讓，即了帝位，然後又平定了太平公主之亂，纔得統一政權，成爲名實相符的皇帝。

玄宗未得政權以前，常親冒白刃，出生入死。既取得政權，又因正值韋后亂政之後，政治的百病齊生，諸待整理。更因經濟的困難，屢次駕幸東都，僕僕風塵，不得稍安。正因爲那種種困難給玄宗的刺激，遂促成他的勇敢奮鬪，勵精圖治。「開元之治」就是在那樣環境造成的。

開元之治比美貞觀，是史家共同承認的事實，但是後來天寶之亂如何釀成呢？亦必定有其本源。唐鑑卷九：開元二十五年四月，殺監察御史周子諒。對於此事，范祖禹評曰：

古之殺諫臣者，必亡其國，明皇親爲之，其大亂之兆乎？開元之初，諫者受賞，及其末也而殺之。非獨於此而異也。始誅韋氏，抑外戚、禁珠玉錦繡，詆神仙，禁言祥瑞，豈不正哉。其終也，惑女寵，極奢侈，求長生，悅禨祥，以一人之身而前後相反如此，由有所陷溺其心故也。可不戒哉！

玄宗一人之身，而前後相反如此之甚，必定是因爲他的身心有所陷溺無疑。

玄宗固然能支配政治，但是他的心理和行動的變化，却還不能脫離環境的支配。而當時環境對他發生影響最大的：一是家庭；二是朝臣；三是國家。玆將玄宗在這三方面的環境，檢討於後。

第一　玄宗的家庭，使他常感到痛苦的地方頗多。當先天元年（七一二）玄宗初即位時，立王同皎之女爲后，是爲王后。王后本爲玄宗作臨淄王時之妃，將淸內亂時頗預大計，撫下也很有恩惠；但是天不作美，她沒有生兒子，所以玄宗卽位後停了四年，沒有立皇太子。到開元三年正月，因爲太子不可久曠，遂立了趙麗妃所生的郢王嗣謙（卽廢太子瑛）爲皇太子。趙麗妃本伎人，有才貌，善歌舞，玄宗在潞州時得幸；但不久以後，其愛亦弛。這時，皇太子的母親不是皇后，王皇后沒有兒子，而玄宗的愛，確又放在武攸止的女兒惠妃身上，成爲皇后、太子、愛情三點分離而不能協調的現象。後來玄宗的家庭常發生問題，使他常感到痛苦的，就基於這種現象。

武惠妃雖得玄宗的寵愛，但是那時正在朝廷上下一致反武的高潮下，連妃的名義都沒有。（開元十二年始賜號惠妃）她所生的夏悼王一（玄宗第九子）和懷哀王敏（玄宗第十五子），雖然都是美秀極得玄宗寵愛，但都是在襁褓時於開元五年和八年分別死去。其後又生上仙公主，仍是早死。及生壽王瑁（玄宗第十八子）之後，玄宗恐怕他再早死，不敢留在宮中養育，而讓寧王憲的妃子收養在寧邸，名爲己子；也不敢封他爲王。當時玄宗的腦海裏常常爲此子的壽夭而擔心，略可推知。後來封瑁爲壽王者，就含有希望他長壽（不要夭折）的寓意。

王皇后因武惠妃有寵和陰懷傾奪而感不平，對玄宗時有不遜語。玄宗愈感不悅，因之便密與秘書監姜皎謀廢后。姜皎洩其語於外，被杖流欽州，卒於道。但因王皇后無顯明罪狀，玄宗猶豫於廢后事者數年之久（自開元十年到十二年）。到開元十二年七月，后兄王守一使胡僧爲王后求子，祭南北斗剖霹靂木書天地字及玄宗名合而配之，祝曰：佩此有子當如則天皇后。事發，玄宗下制廢后。當年十月廢王皇后卽死去。

王皇后死後，玄宗所寵的武惠妃似乎可以繼爲皇后了，但是事實還是不能如玄宗的意。通鑑卷二百十三，開元十四年載：

上欲以武惠妃爲皇后，或上言武氏乃不戴天之讎，豈可以爲國母，人間盛言張說欲取立后之功，更圖入相之計，且太子非惠妃所生，惠妃復自有子，若登宸極，太子必危。上乃止，然宮中禮秩一如皇后。

以上「或上言」事，舊唐書貞順皇后武氏傳未載，新唐書貞順武皇后傳謂爲御史潘好禮上疏曰：「禮，父母讎不共天，春秋子不復讎，不子也。陛下欲以武氏爲后，何以見天下士？……」唐會要謂：「蘇冕駁曰：此表非潘好禮所作。」是否爲潘好禮所作，暫不深論，縱然此表爲後人僞託，但所提的各種理由，確可代表當時一般人的觀點和輿論。

假設玄宗不顧一切而立武惠妃爲后，大臣們是阻止不了的。不過當時在政治上反武潮流極盛，玄宗爲顧忌當時的環境和輿論，不得不中止立武惠妃爲后，同時又待武惠妃的禮秩一如皇后。他對於皇后與愛情不能統一於一點，其內心的矛盾可知，何況皇后、太子、愛情三點分離，他的家庭悲劇，勢必繼續發展下去。

玄宗對於皇后、愛情、太子三點的不統一，心裏常想着統一起來。王皇后死後，武惠妃終不能得到皇后的名義，玄宗始終不能滿意。而待武惠妃的禮秩一如皇后，玄宗心裏可以稍感安慰。對於太子的問題，仍想繼續去求解決。

自趙麗妃失寵，太子瑛（原名郢王嗣謙）當然隨之失寵。同樣情形，皇甫德儀所生的鄂王瑤，劉才人所生的光王琚，也因其母愛弛而失寵。三人同病相憐，眼看着武惠妃所生的壽王瑁寵冠諸子，且有要奪太子之勢，自然就結合起來，同出怨言。再經小人的挑撥，武惠妃勢必向玄宗告御狀。玄宗早就想着三點統一，聞太子瑛等出怨言，便想借機會廢太子了。

通鑑卷二百十四，開元二十四年載：

武惠妃泣訴於上曰：太子陰結黨與，將害妾母子，亦指斥至尊。上大怒以語宰相，欲皆廢之。（張）九齡曰：「陛下踐祚垂三十年，太子諸王不離深宮，日受聖訓，天下之人皆慶陛下享國久長，子孫蕃昌。今三子皆已成人，不聞大過，陛下奈何一旦以無根之語，喜怒之際，盡廢之乎？且太子天下本，不可輕搖。昔晉獻公聽驪姬之讒殺申生，三世大亂；漢武帝聽江充之誣罪戾太子，京城流血。晉惠帝用賈后之譖，廢愍懷太子，中原塗炭；隋文帝納獨孤之言，黜太子勇立煬帝，遂失天下；由此觀之，不可不慎。陛下必欲爲此，臣不敢奉詔。」上不悅。

舊唐書卷一百七廢太子瑛傳：

（惠）妃泣訴於玄宗，以太子結黨，將害於妾母子，亦指斥至尊。玄宗惑其言震怒，謀於宰相，意將廢黜。中書令張九齡奏曰……玄宗默然，事且寢……，李林甫代張九齡爲中書令，希惠妃之旨，託意於中貴人，揚壽王瑁之美，惠妃深聽之。（開元）二十五年四月，楊洄又搆於惠妃，言瑛兄弟三人與太子妃兄駙馬薛鏽常搆異謀，玄宗遽召宰相籌之。林甫曰：此蓋陛下家事，臣不合參知。玄宗意乃決矣。使中官宣詔於宮中，並廢爲庶人，鏽配流，俄賜死於城東驛。

根據以上記載，自開元二十四年，玄宗卽有意要廢太子，到二十五年聽李林甫之言，纔決定廢。觀「玄宗默然」和「上不悅」等語，知道在那一年的時間裏，玄宗內心必有猶豫和苦痛。玄宗對張九齡之言和歷史上廢太子的往例，不是不懂得，對於高宗欲廢王后而立武后時，李勣所答：「此陛下家事」的話，以及所引起的後果，也不會不知道；但是在外不能明辨李林甫的阿諛，在內耐不住武惠妃的泣訴，原先知道是不可試作的錯事，最後反倒不免走上錯誤的路。他的心理必定是經過本性與情慾、正義與邪僻的劇烈搏鬪，是毫無疑問的。

通鑑卷二百十四，開元二十六年載：

太子瑛既死，李林甫數勸上立壽王瑁，上以忠王璵（卽肅宗）年長（時二十八歲），且仁孝恭謹，又好學，意欲立之，猶豫歲餘不決。自念春秋浸高，（時年五十四歲）三子同日誅死，繼嗣未定，常忽忽不樂，寢膳爲之減。

從太子瑛死後，玄宗就開始爲立太子事而煩心，他既愛武惠妃，爲什麼不立她生的兒子壽王瑁呢？那就是在客觀環境上，確實有困難的條件存在。當開元二十四年時，壽王瑁不過十五、六歲，忠王年已二十六歲，而且已有相當的功勳和勢力，據新唐書卷六肅宗本紀說：

肅宗文明武德大聖大宣孝皇帝，諱亨，玄宗第三子也。母曰元獻皇后楊氏，初名嗣昇，封陜王，開元四年爲安西大都護，性仁孝好學，玄宗尤愛之。遣賀知章、潘肅、呂向、皇甫彬、邢璹等侍讀左右。十五年，更名浚，徙封忠王，爲朔方節度大使單于大都護。十八年，奚、契丹寇邊，乃以肅宗爲河北道行軍元帥，遣御史大夫李朝隱等八總管兵十萬以伐之。居二歲，朝隱等敗奚、契丹於范陽北，肅宗以統帥功遷司徒。

玄宗對於太宗的殺建成，自己的起兵誅韋后和平定太平公主之亂，都不會忘記的。他知道忠王璵不會甘居壽王瑁以下的，縱然立壽王爲太子，可能更增加他的不安全；所以於開元二十六年，因高力士的建議而決定立忠王璵爲太子。

在武惠妃的理想中，太子瑛死後不久卽當立壽王瑁爲太子的，結果遲遲不能實現，因於開元二十五年十二月薨（太子瑛死後半年）。當時玄宗下制有曰：

奄至淪歿，載深感悼，遂使玉衣之慶，不及於生前，象服之榮，徒增於身後，可贈貞順皇后。

（舊唐書玄宗貞順皇后武氏傳）

由此可見玄宗哀悼之情，和內心的矛盾。

開元十二年王皇后之廢，開元十七年楊皇后（後追封）之死，玄宗都已受到相當的刺激，及武惠妃死時，玄宗已是五十三歲，思念往事，考慮當時（惠妃死時，尚未立肅宗爲太子）心裏的苦痛，當然不免「常忽忽不樂，寢膳爲之減」了。

舊唐書卷五十一楊貴妃傳：

惠妃薨，帝悼惜久之，後庭數千無可意者。

白香山詩長慶集十二長恨歌附長恨歌傳：

先是元獻皇后武淑妃皆有寵，相次即世，宮中雖良家子千數，無可悅目者，上心忽忽不樂，時每歲十月，駕幸華清宮，內外命婦，熠燿景從，浴日餘波，賜以湯沐，春風靈液，澹蕩其間，上心油然，若有顧遇，左右前後，粉色如土。

這不僅是姿色觀點，也夾着感情成分，也不純是對一人的感情，而是多年來玄宗家庭悲劇疊積的結果。

大凡一個人的心理，常常潛藏着一種補償思想，也是物理學所講的物極必反，居危則思安，常勞動則思安靜，常感到痛苦則必思安樂，這是一定的道理。玄宗在他的家庭悲劇疊積的情形下，他焉能不尋求痲醉？及至尋到「資質豐艷，善歌舞通音律，智算過人，每倩盼承迎，動移上意」（舊唐書楊貴妃傳）的楊貴妃，他焉能不沉湎於酒色以求補償。

第二關於朝廷大臣方面：在開元前期，玄宗所用名相，姚崇尚通，宋璟尚法，張嘉貞尚吏，張說尚文，李元紘、杜暹尚儉，韓休、張九齡尚直，各有所長，而最爲玄宗所尊信者，莫過於姚、宋。姚崇於開元九年九月卒，宋璟於開元二十一年以老（七十一歲）致仕，其他名臣，或卒或罷。待開元二十一年以後，朝廷正臣起初尚有張九齡，但終爲小人李林甫排擠以去。這又是什麼緣故呢？

多數皇帝喜歡順從己見而憎惡違反其意者，喜歡幫助他的人，而厭惡阻撓他的人。這是人情之常，不只玄宗爲然。唐太宗是中國最有名的能納諫的皇帝，但是據隋唐嘉話說：

太宗罷朝，怒曰：會須殺此田舍翁，文德后問誰觸忤陛下？帝曰：魏徵每廷事辱我，使我常不自得！

可見容納面析廷爭的大臣，是太宗皇帝所難能的事。玄宗的英明和識人的能力，不能超過太宗，而他在位的時間，長於太宗，年齡也高於太宗，他縱然一時能壓抑自己的情感而接受諫諍，時間久了，便不能不露出喜順惡逆的天性來。

通鑑二百十四，開元二十四年載：

張守珪使平盧討擊使左驍衞將軍安祿山討奚、契丹叛者。祿山恃勇輕進，爲虜所敗。夏四月辛亥，守珪奏請斬之。祿山臨刑呼曰：「大夫不欲滅奚、契丹耶？奈何殺祿山！」守珪亦惜其驍勇，欲活之，乃更執送京師。張九齡批曰：「昔穰苴誅莊賈，孫武斬宮嬪，守珪軍令若行，祿山不宜免死。」上惜其才，敕令免官，以白衣將領。九齡固爭曰：「祿山失律喪師，於法不可不誅，且臣觀其貌有反相，不殺必爲後患。」上曰：「卿勿以王夷甫識石勒，枉害忠良。」竟赦之。

舊唐書卷一百六李林甫傳說：

太子瑛、鄂王瑤、光王琚皆以母失愛而有怨言……玄宗怒，謀於宰臣，將罪之。九齡曰：「陛下三箇成人兒不可得，太子國本，長在宮中，受陛下義方，人不見過，陛下奈何以喜怒間忍欲廢之？臣不敢奉詔。」玄宗不悅。

又說：

時朔方節度使牛仙客在鎮有政能。玄宗加實封。九齡又奏曰：「邊將訓兵秣馬，儲積軍實，常務耳。陛下賞之可也，欲賜實賦，恐未得宜，惟聖慮思之。」帝默然。……仙客翌日見上，泣讓官爵。玄宗欲行實封之，命兼爲尚書。九齡執奏如初。帝變色曰：「事總由卿。」九齡頓首曰：「陛下使臣待罪宰相，事有未允，臣合盡言，違忤聖情，合當萬死。」玄宗曰：「卿以仙客無門籍耶？卿有何門閥？」九齡對曰：「臣荒徼微賤，仙客中華之士，然陛下擢臣踐臺閣，掌綸誥，仙客本河湟一使典，目不識文字，若大任之，臣恐非宜……」玄宗滋不悅。

通鑑卷二百十四載：

初上欲以李林甫爲相，問於中書令張九齡，九齡對曰：「宰相繫國安危，陛下相林甫，臣恐異日爲廟社之憂。」上不從……是時上在位歲久，漸肆奢欲，怠於政事，而九齡遇事無細大皆力爭，林甫巧伺上意，日思所以中傷之。

李林甫的作事，無處不順從玄宗，迎合玄宗，例如玄宗欲用牛仙客時，舊唐書李林甫傳說：

九齡對曰：「……仙客本河湟一使典，目不識文字，若大任之，臣恐非宜。」林甫退而言曰：「但有材識，何必辭學，天子用人，何有不可。」

關於玄宗欲廢太子事，張九齡諫阻，玄宗不悅時，通鑑記曰：

林甫初無言，退而私謂宦官之貴幸者曰：「此主上家事，何必問外人。」

李林甫不只凡事順從玄宗的意思，有時還代玄宗解決一些困難，新唐書李林甫傳說：

（開元）二十四年，帝在東都，欲還長安，裴耀卿等建言：農人場圃未畢，須冬可還。林甫陽蹇獨在後，帝問故，對曰：「臣非疾也，願奏事。二都本帝王東西宮，車駕往幸，何所待時，假令妨農，獨赦所過租賦可也。」帝大悅。

李林甫不只代玄宗解決困難，還更對玄宗表示處處愛護，舊唐書李適之傳說：

林甫嘗謂適之曰：「華山有金礦，採之可以富國，上未之知。」適之心善其言。他日從容奏之。玄宗大悅，顧問林甫。對曰：「臣知之久矣，然華山陛下本命，王氣所在，不可穿鑿，臣故不敢上言。」帝以爲愛己，薄適之言。

張九齡誠爲忠臣，但他遇事力爭，時忤帝意。李林甫誠爲姦臣，但每事逢迎，使玄宗感到能以幫助他愛護他。大忠似姦，大姦似忠，日積月累，玄宗就會誤認李林甫爲忠於己，而誤認張九齡爲政令的阻力，所以到開元二十四年四月，玄宗怒殺監察御史周子諒時，李林甫言周子諒爲張九齡所薦，玄宗便貶九齡爲荊州長史了。

皇帝的明昏，視所用大臣而轉移，臣忠則君明，臣姦則君昏。在開元二十四年以後，朝廷無直諫之臣，（宋璟致仕，張九齡被貶。）得志的盡是奸佞之輩（如李林甫牛仙客等）他們探聽玄宗的行動，揣摩玄宗的心理，避其所惡而投其所好，怎能不被他們包圍？既被他們包圍，也就是范祖禹所說：「有所陷溺其心」了。玄宗焉得而不昏？

第三關於國家的經濟方面：舊唐書食貨志說：

開元中，有御史宇文融獻策括籍外剩田色役僞濫及逃戶許歸首，免五年征賦，每丁量稅一千五百錢，置攝御史分路檢括隱審，得戶八十餘萬，田亦稱是，得錢數百萬貫，玄宗以爲能。……又楊崇禮爲太府卿，清嚴善勾剝，分寸錙銖，躬親不厭，轉輸納欠，折估漬損，必令徵天下州縣徵財帛，四時不止。……又有韋堅……請於江淮轉運租米，取州縣義倉粟，轉市輕貨，差富戶押船，若遲留損壞，皆徵船戶，關中漕渠鑿廣運潭，以挽山東之粟，歲四百萬石，帝以爲能。……又王鉷進計奮身自爲口戶色役使，徵剝財貨，每歲進錢百億，寶貨稱是，云非正額租庸，便入百寶大盈庫以供人主宴私賞賜之用。

由上面記載，既可知玄宗寵信聚斂之臣，並因聚斂之臣們的獻媚營私，玄宗宴私賞賜之用，可以無虞了。

通鑑卷二百十四，開元二十二年載：

上（指玄宗）以裴耀卿爲江淮河南轉運使，於河口置輸場。八月壬寅，於輸場東置河陰倉，西置柏崖倉，三門東置集津倉西置鹽倉，鑿漕渠十八里以避三門之險。先是舟運江淮之米至東都含嘉倉，僦車陸運三百里至陝，率兩斛用十錢，耀卿令江淮舟運悉輸河陰倉，更用河舟運至含嘉倉及太原倉，自太原倉入渭輸關中，凡三歲，運米七百萬斛，省僦車錢三十萬緡。……悉奏以爲市糴錢。

裴耀卿運輸的數量，每年平均達一百六十至七十萬石，比起貞觀永徽之際每年轉運二十萬石的數目，已增加到八倍以上。所以從開元二十四年。不只皇帝和重要官吏停止了遷到洛陽辦公，而且西北邊境駐防軍的食糧問題，亦可因之完全解決。

舊唐書卷一百五韋堅傳說：

天寶元年三月，擢爲陝郡太守水陸轉運使，……奏請於咸陽擁渭水作興成堰，截灞滻水傍渭東注，至關西永豐倉下與渭合，於長安城東九里長樂坡下，滻水之上架苑墻，東面有望春樓，樓下穿廣運潭以通舟楫，二年而成。堅預於東京汴宋取小斛底船三二百隻，置於潭側，其船皆署牌表之，若廣陵郡船，即於袱背上堆積廣陵所出錦鏡銅器海味，丹陽郡船即京口綾衫段，晉陵郡船即折造官端綾繡，會稽郡船即銅器羅吳綾絳紗，南海郡船即瑇瑁眞珠象牙沉香，豫章郡船即名瓷酒器茶釜茶鐺茶椀，宣城郡船即空青石紙筆黃連，始安郡船即蕉葛蚺蛇膽翡翠，船中皆有米，吳郡即三破糯米方丈綾，凡數十郡，駕船人皆大笠子寬袖衫芒屨，如吳楚之制。

據此可知東南各郡的名產，樣樣都運集到關中，以供應皇帝了。這時關中物資的豐富，幾乎可以說是「取之不盡，用之不竭」了。

唐語林卷三夙慧：

入河湟之賦稅滿右藏，納河北諸道租庸充滿左藏，財寶山積，不可勝計，四方豐稔，百姓樂業。

杜少陵集卷十二憶昔詩說：

憶昔開元全盛日，小邑猶藏萬家室，稻米流脂粟米白，公私倉廩俱豐實。

通典食貨七：

至（開元）十三年，封泰山，米斗至十三文，青齊穀斗至五文，自後天下無貴物，兩京米斗不至二十文。

又說：

東至汴宋，西至岐州，夾路列店肆待客，酒饌豐溢。

開元時代物資豐富，國計民生全無問題，由上面的記載可知。至於國內安定的情形，正如舊唐書玄宗本紀後史臣之語：

于斯時也，熢燧不驚，華戎同軌，……與民休息，比屋可封，於時，垂髫之倪，皆知禮讓，戴白之老，不識兵戈。

至於和四裔的關係，如舊唐書玄宗本紀所說：

西蕃君長，越繩橋而競欵玉關，北狄酋渠，捐毳幕而爭趨雁塞，象郡炎州之玩，雞林鯷海之珍，莫不結轍於象胥，駢羅於典屬，膜拜丹墀之下，夷歌立仗之前。

可以說是極其安定了

開元時代，既富庶而且安定，富則容易生驕氣，容易奢侈，漢代疏廣所說：「賢而多財則損其志，愚而多財則益其過。」就是這個道理，册府元龜卷一八帝王部帝德條說：

玄宗生而聰明睿哲，及長寬仁孝友，識度弘遠，英武果斷，不拘小節。

不拘小節的唐玄宗，處在開元時代那樣富庶的環境裏，那裏能不驕奢？

通鑑卷二百十六，天寶八載：

春二月戊申，引百官觀左藏，賜帛有差。是時，州縣殷富，倉庫積粟帛，動以萬計，楊釗奏請所在糶變爲輕貨，及徵丁租地稅皆變布帛輸京師；屢奏帑藏充牣，古今罕儔，故上帥羣臣觀之，賜釗紫衣金魚以賞之。上以國用豐衍，故視金帛如糞壤，賞賜貴寵之家，無有限極。

以上就是玄宗因富裕而驕奢的具體說明。

左傳載敬姜論勞逸說：「勞者思，思則善心生，逸則淫，淫則忘善，忘善則惡心生。」也是自然之理。唐語林卷一：

元（玄）宗御勤政樓，大酺，縱士庶觀看百戲，人物嗔咽，金吾衞士指遏不得，上謂（高）力士曰：「吾以海內豐稔，四方無事，故盛爲宴樂，與萬姓同歡，不謂衆人喧鬧若此，汝有何計止之？」力士曰：「臣不能止也，請召嚴安之處分打場。」

玄宗所說「與萬姓同歡」，或爲自解之詞，但他的「盛爲宴樂」，確是建在「海內豐稔，四方無事」的背景上的。

玄宗卽位的初年，本是勵行節儉，戒奢華的；後來變爲奢侈豪華。當時富庶和安定的環境，實爲其促成的力量。

二、從君臣的生活及政治上析亂源

玄宗的身心既有所陷溺，他的生活亦隨着心理而轉變。因爲家庭的種種煩惱而思解除，因誤信朝臣的獻媚逢迎而思悠閒，因國家經濟豐裕而無所顧忌，所以他的生活要奢逸享受，求神仙以希圖長生。將政治委之於林甫而不問，費用浩繁而不惜。因爲生活奢逸享受不問政事，所委的又是小人李林甫，所以政治日趨腐敗，積弊叢生。發生變亂當然是無法避免的事。

玄宗生活上的享樂，諸書記載的太多了，不勝枚擧，茲將舊唐書玄宗本紀，略摘數條於後：

（開元）十七年八月五日爲千秋節，王公已下獻鏡及承露囊，天下諸州咸令讌樂休假三日，仍編爲令，從之。

開元十八年，是春，命侍臣及百寮，每旬暇日尋勝地讌樂，仍賜錢，令所司供帳造食。

四月丁卯，侍臣已下讌于春明門外寧王憲之園池，上御花蕚樓，邀其廻騎便令坐飲，遞起爲舞，頒賜有差。

六月辛卯，禮部奏請千秋節休假三日，及村閭社會並就千秋節先賽白帝報田租，然後坐飲，散之。

八月丁亥，上御花蕚樓，以千秋節百官獻賀，賜四品已上金鏡珠囊縑綵，賜五品已下束帛有差，上賦八韻詩，又制秋景詩。

二十年夏四月乙亥，讌百寮於上陽東州，醉者賜以牀褥肩輿而歸，相屬于路。

其月（六月）遣范安及於長安廣花蕚樓，築夾城至芙蓉園。

以上所舉，並不足以代表玄宗的行樂，所能表現出來的是：第一，開元十七、十八年時，玄宗行樂情形已經開始。第二，從十七年到二十年，玄宗享樂生活的情形，愈來愈盛，而且參加的人愈來愈多。

唐會要卷三十四，勑官吏行樂條：

天寶十載九月二日勑五品已上正員清官，諸道節度使及太守等，並聽富家畜絲竹以展歡娛，行樂盛時，覃及中外。

據此可知在天寶年間，行樂風氣，由中央普遍及於各地方了。

通鑑卷二百十六天寶九載：

時諸貴戚競以進食相尚，上命宦官姚思藝爲檢校進食使，水陸珍羞數千盤，一盤費中人十家之產。中書舍人竇華嘗退朝，值公主進食列於中衢，傳呼按轡出其間，宮苑小兒數百奮挺於前，華僅以身免。

唐語林卷五：

天寶中，天下無事，選六宮風流艷態者，名花鳥使主飲宴。

進食設使，飲宴亦設使，可見進食飲宴事的多而繁了。

明皇雜錄說：

元宗在東洛，大酺於五鳳樓下，命三百里內縣令刺史率其聲樂來赴闕者，或謂令較其勝負而賞罰焉，時河南郡守命樂工數百人於車上，皆衣以錦繡，伏廂之牛蒙以虎皮及爲犀象形狀，觀者駭目。……每賜宴設酺會，則上御勤政殿，金吾及四軍兵士，未明，陳仗盛列旗幟，皆披黃金甲，衣短後繡袍，太常陳樂，衞尉張幕。後諸蕃酋長就食府縣，教坊大陳山車旱船，尋撞走索，丸劍角抵，戲馬鬪雞。又令宮女數百，飾以珠翠，衣以錦繡，自帷中出，擊雷鼓爲破陣樂、太平樂、上元樂。又引大象犀牛入場，或拜舞，動中音律。每正月望夜，又御勤政樓觀作樂，貴臣戚里官設看樓，夜闌，即遣宮女於樓前歌舞以娛之。

同書又說：

元宗御勤政樓，大張樂，羅列百妓。時教坊有王大娘者，喜戴百尺竿，竿上施木山，狀瀛洲方丈，令小兒持絳節出入其間，歌舞不輟。……元宗與貴妃及諸嬪御歡笑移時，聲聞於外。

以上所載玄宗的享樂生活，已和開元初年禁女樂，焚珠玉，抑奢佚，倡節儉的玄宗，好像不是一個人了。所謂「性相近，習相遠」於玆可爲明證。

通鑑卷二百十六天寶九載：

冬十月庚申，上幸華清宮。太白山人王玄翼上言見玄元皇帝，言寶仙洞有妙寶眞符。命刑部尚書張均等往求，得之。時上尊道教，慕長生，故所在爭言符瑞，羣臣表賀無虛月。李林甫等皆請捨宅爲觀以祝聖壽，上悅。

舊唐書卷一百九十一張果傳：

張果……則天時隱於中條山……時人傳其有長年秘術，自云數百歲矣。……開元二十一年，恒州刺史韋濟以狀奏聞，玄宗令通事舍人裴晤往迎之。果對使絕氣如死，良久漸蘇，晤不敢逼，馳還奏狀，又遣中書舍人徐嶠齎璽書以邀迎之。果乃隨嶠至東都，肩輿入東宮中。玄宗初卽位，親訪理道及神仙方藥之事……後懇辭歸山。因下制曰：「可銀青光祿大夫，號曰通玄先生。」……（果）乃入恒山，不知所之。玄宗爲造棲霞觀於隱所在。

唐語林卷五載：

羅公遠多秘異之術，最善隱形。玄宗樂隱形之術，就公遠勤求而學。公遠雖傳，不盡其妙。上每與公遠爲之，則隱沒，人莫能測，若自爲之，則或遺衣帶，或露頭巾脚，宮人每知上之所在也。百萬錫賚，或臨之以死，公遠終不盡傳其術。上怒，命力士裹以油幞，置於榨下壓殺而埋棄之。………

由以上諸記載，可知玄宗在開元二十年以後，已極好神仙渴望長生了。

樂府雜錄羯鼓條：

明皇好此伎，有汝陽王花奴尤善擊鼓。

同書俳優條：

開元中，有李仙鶴善此戲，明皇特授韶州同正參軍。

舊唐書卷二十八音樂志說：

玄宗又於聽政之暇，教太常樂工子弟三百人爲絲竹之戲，音響齊發，有一聲誤，玄宗必覺而正之，號爲皇帝弟子，又云梨園弟子，以置院近於禁苑之梨園。太常又有別教院，教供奉新曲，太常每陵晨，鼓笛亂發，於太樂別署教院，廩食常千人，宮中居宜春院。玄宗又製新曲四十餘，又新製樂譜。每初年望夜，又御勤政樓觀燈作樂，貴臣戚里，借看樓觀望，夜闌，太常樂府縣散樂畢，卽遣宮女於樓前縛架出眺歌舞以娛之。若繩戲、竿木、詭異巧妙，固無其比。

根據以上，玄宗的喜好，不只一種而是多方面的。教院廩食常千人，經常耗費之大可想而知。玄宗的這種生活，一方面減低他對於政治的關注，一方面影響到社會的風氣。「上好焉，下必有甚焉者，」是古今不易之理。玄宗臣下的奢侈風氣，自然遂之大盛。

明皇雜錄說：

開元中，樂工李龜年、彭年、鶴年兄弟三人，皆有才學盛名。彭年善舞，鶴年、龜年善歌，尤妙製渭川，特承顧遇，於東都大起第宅，僭侈之制，踰於公侯，宅在東都通遠里，中堂制度，甲於都中。

新唐書卷二百二十三上李林甫傳：

凡御府所貢遠方珍鮮，使者傳賜相望。帝食有所甘美必賜之。嘗詔百僚閱歲貢於尚書省，既而舉貢物悉賜林甫，輦致其家。從幸華清宮，給御馬武士百人，女樂二部，薛王別墅，勝麗甲京師，以賜林甫。宅邸第田園水磑皆便好上腴，車馬衣服侈靡。尤好聲伎，侍姬盈房，男女五十人。故事宰相皆元功盛德，不務權威，出入騎從簡寡，士庶不甚引避。林甫自見結怨者衆，憂刺客竊發，其出入廣騶騎，先驅百步，傳呼呵衞，金吾爲清道，公卿辟易趨走。所居重關複壁，絡版甃石。一夕再徙，家人莫知也。

李林甫這種奢侈生活，若和開元時的宰相，如：「在政累年，不改第宅，僕馬弊劣，未曾改飾，」（舊唐書李元紘傳）的李元紘，與「以公淸儉爲己任……弱冠便自誓不受親友贈遺以終其身。」（同書杜暹傳）的杜暹等相比，簡直不是一個時代了。到天寶末年，權相楊國忠一族的奢侈，更是變本加厲。舊唐書卷五十一楊貴妃傳說：

韓虢秦三夫人，歲給錢千貫，爲脂粉之資。銛授三品上柱國，私第立戟，姊妹昆仲五家，甲第洞開，僭擬宮掖，車馬僕御，照耀京邑，遞相夸尙。每構一堂，費踰千萬計，見制度宏壯於己者，卽徹而復造，土木之工，不捨晝夜。玄宗頒賜及四方獻遺，五家如一，中使不絕。開元已來，豪貴雄盛，無如楊氏之比也。……玄宗每年十月，幸華淸宮，國忠姊妹五家扈從，每家爲一隊，著一色衣，五家合隊，照映如百花之煥發，而遺鈿墜舄，瑟瑟珠翠，璨瓓芳馥於路。

由上可知從開元中到開元末，奢侈之風，日甚一日，及天寶年間，楊氏五家達到極峯，不只唐代其他時期所罕見，卽與其他朝代相比，怕也是毫無遜色的。

奢侈既已成了風氣，勢必同時產生獻賄納賄的現象。因爲權勢之家，不納賄不能維持收支平衡，有求於人的人，不納賄不能達到目的。所以貪汚、賄賂的現象，一定隨着奢侈的風氣而產生滋長。

通鑑卷二百十四，開元二十七年載：

幽州將趙堪、白眞陁羅矯節度使張守珪之命，使平盧軍使烏知義擊叛奚餘黨於橫水之北。知義不從，白眞陁羅稱制指以迫之。知義不得已，出師與虜遇，先勝後敗。守珪隱其敗狀，以克獲聞。事頗泄，上令內謁者監牛仙童往察之。守珪重賂仙童，歸罪於白眞陁羅，逼令自縊死。……太子太師蕭嵩嘗賂仙童以城南良田數頃。……

舊唐書卷二百上安祿山傳說：

授營州都督，平盧軍使，厚賂往來者，乞爲好言，玄宗益信嚮之。……三載，代裴寬爲范陽節度，河北採訪，平盧軍等使如故。採訪使張利貞嘗受其賂……楊國忠屢奏祿山必反，十二載，玄宗使中官輔璆琳覘之，得其賄賂，盛言其忠。

通鑑卷二百十五，天寶元年載：

林甫常厚以金帛賂上左右，上擧動，必知之。

同書同卷天寶三載：

戶部尙書裴寬素爲上所重，李林甫恐其入相忌之。刑部尙書裴敦復擊海賊還，受請託廣序軍功，寬微奏其事，林甫以告敦復……敦復乃以五百金賂女官楊太眞之姊，使言於上。甲午，寬坐貶睢陽太守。

舊唐書卷一百六楊國忠傳說：

皆責成胥吏，賄賂公行。

由以上所舉五例，可見賄賂的現象，存在於邊疆的鎮將，朝廷的大臣，以至於宮廷之間。固然不可以一斑而該括全體，但是行賄受賄都是秘密的，說不定有其事而未被揭露未見於記載的，還有很多呢。行賄的當然有所要求，受賄的便難辭對人的義務（實爲不義之務）。混亂黑白，顚倒是非的事情，固然有些不由於賄賂，但因賄賂而產生的事情，却沒有不是顚倒是非的。這是開元末及天寶年間，政治風氣敗壞的一大原因。

冊府元龜卷一百八十帝王部失政載：

憲宗元和末，謂宰臣曰：「朕讀玄宗實錄，見開元初銳意求理，至十六年已後，稍似懈倦，開元末又不及中年，何也？」

通鑑卷二百十三，開元十七年載：

宇文融性精敏，應對辯結，以治財賦得幸於上，始廣置諸使，競爲聚斂，由是百官浸失其職，而上心益侈，百姓皆怨苦之。

由以上兩項記載，和前面所引玄宗的宴樂等事對照，知道玄宗於開元十六、十七年以後，由「稍似懈倦」，進而至於「上心益侈」了。

及開元二十一年，宋璟致仕歸東都，裴耀卿張九齡相，開元二十二年，李林甫爲禮部尚書同中書門下三品（始爲相），以裴耀卿爲江淮河南轉運使。宋璟致仕，代表着重臣的退。裴耀卿相，代表着玄宗重視聚斂。李林甫相，代表着小人得志，玄宗的心已昏。只有張九齡相，尚代表着忠良還在奮鬪着。及開元二十四年，以中書令張九齡爲右丞相罷政事，以李林甫繼爲中書令，兼兵部尚書，又代表着君子道衰小人道長。及開元二十五年貶張九齡爲荆州長史，李林甫任職如故。又代表着朝廷無君子立足之地，而小人浸浸得勢矣。

唐鑑卷十八載崔羣答憲宗之問說：

人皆以天寶十四年安祿山反爲亂之始，臣獨以爲開元二十四年罷張九齡相，專任李林甫，此理亂之所分也。

范祖禹評曰：

天下治亂，係於用人，明皇之政，昭焉可睹矣。崔羣以退張九齡任李林甫爲治亂之所分，豈徒有激而云哉！其可謂至言矣。聖人復起，不可易也。

崔羣和范祖禹的話，確是至理名言。

開元二十五年這一年，玄宗的政治，完全轉入黑暗，無一線光明。張九齡的被貶於荆州，宋璟卒於東都，朝廷從此沒有正直敢諫之士。武惠妃卒，玄宗衷心哀悼，種下以後度楊玉環爲女道士以及册爲貴妃之根基。更重要的，還有兩件事表現出玄宗的處理事務，已達到是非顚倒，傷天害理的程度。

這兩件事是：

一、四月乙丑廢皇太子瑛，及鄂王瑤、光王琚爲庶人，皆殺之（新唐書玄宗本紀）

二、七月己卯，大理少卿徐岵奏令歲斷死刑五十八，幾致刑措，………上特推功元輔，庚申封

李林甫爲晉國公，牛仙客爲豳國公。（舊唐書玄宗本紀）

關於前事，清漢川秦篤輝於他所著的讀史賸言卷二評曰：

玄宗欲廢太子殺二王，召宰相謀之，李林甫對曰：「此陛下家事，非臣等所宜預。」上意乃決。夫徐勣以家事一言致釀武氏之禍，殷鑒不遠，使明皇善聽，即林甫之言而思之，未有不悚然懼翩然反者。蓋是時其禍將作，其心已昏，遂不復有瞻前顧後之慮矣。

范祖禹於唐鑑卷九總評二事曰：

明皇一日殺三子，而林甫以刑措受賞，讒諂得志，天理滅矣！安得久而不亂乎。

劉昫等著舊唐書，將玄宗本紀分爲兩卷，上卷止於開元二十四年，下卷自開元二十五年起。雖未說明理由，按之史事，察其情理，當是自開元二十五年，政治上已完全變爲黑暗的原故吧。

李林甫自開元二十二年（七三四年）始相後，起初官職，尚時有變化，（有時兼禮部尚書或兵部尚書。）後來就固定了。根據新唐書宰相表和萬斯同撰唐將相大臣年表，知道李林甫自開元二十四年即開始任中書令，自天寶三載，改官制後，改稱右相（右相職權同中書令）。直至天寶十一載死時止，李林甫前後任宰相十九年之久（開元二十二年至天寶三年）。在唐代宰相中，很少有那樣長久的。和李林甫同時任相的，多是很短的時間，只有陳希烈自天寶六載任左相，至十三載罷，前後有七年之久。但只有五年的時間和李林甫同事。自天寶元年到天寶五載的時年間，任左相的是李適之。李適

之爲李林甫所愚弄的事，前已提及，他的智力和權力都是不能阻擋李林甫作壞事的。至於陳希烈的態度，據通鑑卷二百一十五，天寶五載四月載稱：

李林甫以（陳）希烈爲上所愛，且柔佞易制，故引以爲相，凡政事一決於林甫，希烈但給唯諾。故事宰相午後六刻乃出，林甫奏今太平無事，巳時卽還第，軍國機務，皆決於私家，主書抱成案，詣希烈書名而已。

另外有一位自開元二十四年到天寶元年的八年任侍中的牛仙客，他的態度，正如册府元龜卷三三五宰輔部不稱條所說：

牛仙客開元中爲工部尚書同中書門下三品知門下事，仙客旣居相位，獨善其身，唯諾而已，所有錫賚，皆緘封不啓，百司有所諮決，仙客但依令式可也，不敢措手裁決。

可見當時的諸大臣之中，無一位可與林甫爭權的。

玄宗對林甫的態度，舊唐書李林甫傳說：

上在位多載，倦於萬機，恒以大臣接對拘檢，難徇私欲，自得林甫，一以委成。

通鑑卷二百十六載：

上晚年自恃承平，以爲天下無復可憂，遂深居禁中，專以聲色自娛，悉委政事於林甫。

玄宗既悉委政事於林甫，林甫遂得以專權跋扈。

林甫得權以後，除專權外，他的最大目的在於保持權位，對於政治上應有的努力，反倒視爲末節。他保持政權的方法，第一要使玄宗盡聲色之娛，無暇過問政治。據新唐書李林甫傳說：

林甫善養君欲，自是，帝深居燕適，沈蠱衽席，主德衰矣。

舊唐書李林甫傳說：

（上）自得林甫，一以委成，故杜絕逆耳之言，恣其宴樂，衽席無別，不以爲恥，由林甫之贊成也。

據作者考證，楊貴妃的由爲壽王妃，度爲女道士，再納入宮册爲貴妃，這些事情都是李林甫所導演成的。但不在本文討論之列，容另撰專文考證。

李林甫保持政權所採取的第二個方法，就是固蔽玄宗的耳目，使他不能明瞭眞象。新唐書李林甫傳說：

林甫居相位凡十九年、固寵市權，蔽欺天子耳目，諫官皆持祿養資，無敢正言者。補闕杜璡再上書言政事，斥爲下邽令。因以語動其餘曰：「明主在上，羣臣將順不暇，亦何所論，君等獨不見立仗馬乎？終日無聲而飫三品芻豆，一鳴則黜之矣，後雖欲不鳴，得乎？」由是諫爭路絕。

這就是當時諫路斷絕的由來。

通鑑卷二百十七，天寶十三年載：

是歲，天下無敢言災者，高力士侍側，上曰：「淫雨不已，卿可盡言，」對曰：「自陛下以權假宰相，賞罰無章，陰陽失度，臣何敢言！」上默然。

天寶十三載，李林甫已死了二年，天下還無敢言災者。這是李林甫不讓諫官發言的後果。高力士是玄宗所寵信的宦官，尚且說出：「臣何敢言」的話，不爲玄宗所寵的諫官，可想而知。也無怪乎「上默然」了。

通鑑卷二百十八，至德元載載，安祿山反後，玄宗奔蜀路經咸陽時之情形曰：

衆皆哭，上亦掩泣。有老父郭從謹進言曰：「祿山包藏禍心，固非一日，亦有詣闕告其謀者，陛下往往誅之，使得逞其姦逆，致陛下播越。是以先王務延訪忠良以廣聰明，蓋爲此也。臣猶記宋璟爲相，數進直言，天下賴以安平，自頃以來，在廷之臣，以言爲諱，惟阿諛取容，是以闕門之外，陛下皆不得而知，草野之臣必知有今日久矣。但九重嚴邃，區區之心，無路上達，事不至此，臣何由得睹陛下之面而訴之乎？」上曰：「此朕之不明，悔無所及。」慰諭而遣之。

老父郭從謹之言，說明了天寶之亂的本源，也說明了李林甫固蔽玄宗耳目的後果。

李林甫保持政權的第三方法是妬賢忌才，已爲相而有賢才的，必妬之以去而後甘，未入相而有入相可能的，則忌之而杜絕其入相之路。已爲相的張九齡、李適之，都爲李林甫排擠以去，前已提及，茲不再贅。有入相可能被李林甫嫉忌而杜絕入相之路的，又大有人在，舉其重要者，例如：

通鑑卷二百十五，天寶三載十二月載：

戶部尚書裴寬，素爲上所重，李林甫恐其入相，忌之。刑部尚書裴敦復擊海賊還，受請託廣序軍功，寬微奏其事，林甫以告敦復，敦復言寬亦嘗以親故屬敦復。林甫曰：「君速奏之，勿後於人。」敦復乃以五百金賂女官楊太眞之姊，使言於上。甲午寬坐貶睢陽太守。

同書同卷天寶四載九月載：

癸未，以陝郡太守江淮租庸轉運使韋堅爲刑部尙書，罷其諸使，以御使中丞楊愼矜代之。堅妻姜氏，皎之女，林甫之舅子也。故林甫昵之。及堅以通漕有寵於上，遂有入相之志，又與李適之善，林甫由是惡之。故遷以美官，實奪之權也。

舊唐書卷九十九嚴挺之傳說：

（張）九齡嘗欲引挺之同居相位，……以此爲林甫所嫉。及挺之囑蔚州刺史王元琰，林甫使人詰於禁中，以此九齡罷相，挺之出爲洺州刺史。（開元）二十九年，移絳郡太守。天寶元年，玄宗嘗謂林甫曰：「嚴挺之何在？此人亦堪進用。」林甫乃召其弟損之至門敍故云：「當授子員外郎。」因謂之曰：「聖人視賢兄極深，要須作一計入城對見，當有大用。」令損之取絳郡一狀云：「有少風氣，請入京就醫。」林甫將狀奏云：「挺之年高，近患風，且須授閑官就醫。」玄宗歎吒久之。林甫奏授員外詹事，便令東京養疾。

通鑑天寶六載載：

李林甫以王忠嗣功名日盛，恐其入相，忌之。安祿山潛蓄異志，託以禦寇築雄武城，大貯兵器，請忠嗣助役，因欲留其兵。忠嗣先期而往，不見祿山而還，數上言祿山必反，林甫益惡之。

同書天寶元年載：

夏四月忠嗣固辭兼河東朔方節度使，許之。

李林甫爲相，凡才望功業出己右及爲上所厚，勢位將逼己者，必百計去之。尤忌文學之士，或陽與之善，啗以甘言而陰陷之。世謂李林甫口有蜜腹有劍。上嘗陳樂於勤政樓下，垂簾觀之。兵部侍郎盧絢謂上已起，垂鞭按轡，橫過樓下，絢風標清粹，上目送之，深歎其蘊籍。林甫常厚以金帛賂上左右，上舉動必知之。乃召絢子弟謂曰：「尊君素望清崇，今交、廣籍才，聖上欲以尊君爲之，可乎？若憚遠行，則當左遷，不然，則以賓、詹分務東洛，亦優賢之命也，何如？」絢懼，以賓、詹爲請。林甫恐乖衆望，乃除華州刺史。

其餘的雖不是入相之才，只要不利於林甫，林甫必極力陷害，被貶或被殺的，不計其數，茲略舉數則於下：

舊唐書玄宗本紀：

（天寶）五載秋七月丙子，韋堅爲李林甫所構，配流臨封郡，賜死。………太子少保李適之貶宜春太守，到任飲藥死。………十二月辛未，贊善大夫杜有鄰，著作郎王曾，左驍衞兵曹柳勣等，爲李林甫所構，並下獄死。

六載正月辛巳朔，北海太守李邕，淄川太守裴敦復，並以事連王曾、柳勣，遣使就殺之。十一月乙亥，戶部侍郎愼矜及兄少府監愼餘與弟洛陽令愼名，並爲李林甫及御史中丞王鉷所構，下獄死。

八載，夏四月，咸寧太守趙奉璋決杖而死，著作郎韋子春貶瑞溪尉，李林甫陷之也。

李林甫所陷害誣殺的官吏，包括各種工作性質，或大或小的官吏，眞可謂順之者生，逆之者死了。

在上面玄宗沉於逸樂，政治一切委之林甫，在下面一些官吏都不敢違反林甫的意旨。官吏不出其門的不能存在，出其門的不得不顧及自己前途而順從林甫。林甫不讓大家有所諫諍，那個還肯（或敢）多事。於是諫諍的絕少絕少，幾乎等於沒有。錯了就按錯處走，政治焉得不壞！

前面曾經引過，李林甫以太平無事，奏請宰相巳時還第，三伏內更提前到辰時還宅（故事午後六刻乃出），宰相辦公時間縮短，其餘官吏辦公時間，縱然不縮短，其效率也可以推知。

上自皇帝，下至臣僚，大家享樂而不辦事，下情不能上達，政治那有不糟的道理？

天寶十一載十一月，李林甫雖然死了，但是繼任右相的，却是楊國忠，他的權勢，不亞於林甫，舊唐書楊國忠傳說：

國忠，自侍御史以至宰相凡領四十餘使，又專判度支吏部三銓，事務鞅掌，但署一字，猶不能盡，皆責成胥吏，賄賂公行。

楊國忠主持下的政治，沒有比李林甫時候的政治，有任何刷新，但他的促成變亂却又超過林甫。舊唐書楊國忠傳說：

國忠本性疎躁強力，有口辯，既以便佞得宰相，剖決幾務，居之不疑，立朝之際，或攘袂扼腕，自公卿已下，皆頤指氣使，無不讋憚。

楊貴妃正得寵，楊國忠仗恃楊貴妃的勢力，便毫無顧忌。舊唐書安祿山傳說：

李林甫爲相，朝臣莫敢抗禮，祿山承恩深，入謁不甚罄折。林甫命王鉷，鉷趨拜謹甚，祿山悚息腰漸曲，每與語皆揣知其情而先言之，祿山以爲神明，每見林甫，雖盛冬亦汗洽。林甫接以溫言，中書廳引坐，以己披袍覆之，祿山欣荷無所隱，呼爲十郎。駱谷奏事，先問十郎何言，有好言則喜躍，若但言大夫須好檢校，則反手據牀曰：「阿與我死也。」

據以上記載，假設李林甫不死，天寶十四載的變亂，大有後延的可能。

舊唐書楊國忠傳說：

時祿山恩寵特深，總握兵柄，國忠知其跋扈終不出其下，將圖之，屢於上前言其悖逆之狀，上不之信。是時祿山已專制河北，聚幽幷勁騎，陰圖逆節，動未有名，伺上千秋萬歲之後，方圖叛換，及見國忠用事，慮不利於己，祿山遙領內外閑廐使，遂以兵部侍郎吉溫知留後兼御史中丞京畿採訪使，內伺朝廷動靜。國忠使門客蹇昂何盈求祿山陰事，圍捕其宅，得李超安岱等，使侍御史鄭昂縊殺於御史臺，又奏貶吉溫於合浦以激怒祿山，幸其搖動，內以取信於上。上竟不之悟。由是祿山惶懼，遂擧兵以誅國忠爲名。

通鑑卷二百十七，天寶十四載載：

安祿山專制三道，陰蓄異志殆將十年，以上待之厚，欲俟上晏駕然後作亂。會楊國忠與祿山不相悅，屢言祿山且反。上不聽，國忠數以事激之，欲其速反以取信於上。祿山由是決意遽反。

楊國忠和安祿山的磨擦，實爲祿山反的近因，至少可說：天寶變亂的基因，雖已具備，但其導火線的燃起者，却是楊國忠。

三、從軍事上析亂源

歷觀中外史實，權集於中央則各地聽命，權分於下則尾大不掉，移於奸臣則篡竊，移於將帥則叛亂，此自然之理也。天寶之亂的造成，在軍事上就是由權移於將帥的緣故。

唐代開國之初，仍繼承北周、楊隋以來的府兵制，絕無將帥跋扈的現象，據新唐書兵志說：

初府兵之置，居無事時耕於野，其番上者宿衞京師而已。若四方有事，則命將以出，事解輒罷，兵散於府，將歸於朝，故士不失業而將帥無握兵之重，所以防微漸絕禍亂之萌也。

唐初將帥無握兵之重是事實，唐初的將帥當然也沒有「跋扈將軍」，更不會有叛變的。到天寶年間，唐初現象已不復見，變的和唐初恰恰相反，而成爲太阿倒握之勢。這固然是由於玄宗的改府兵爲彍騎，和沿邊設置節度使等措置所造成，但追本溯源，確是勢之所趨，環境使然的。

府兵的優點，除將不專兵外，還有「無事耕於野」，可以自給自足，新唐書兵志（以下簡稱兵志）說：

凡火具、烏布，幕、鐵、馬盂……筐、斧、鉗、鋸……人具弓一矢三十……麥九斗米三斗皆自備。

府兵自給自足，固然可以使國家沒有負擔，但是正因爲武器和馬匹自備的原因，後來就發生武器窳劣，和馬匹缺少的現象，戰鬪力量當然會削減的。

府兵的責任，一是征戍，二是宿衞，兵志載先天二年（卽開元元年）詔曰：

軍多憚勞以規避匿，……屢征鎮者十年免之。

册府元龜卷一百三十五載開元五年詔曰：

壯齡應募，華首未歸。

可見征戍久而不歸是常有的現象。至於宿衞，兵志說：

凡當宿衞者番上，兵部以遠近給番，五百里爲五番，千里七番，一千五百里八番，二千里十番，外爲十二番，皆一月上，若簡留直衞者，五百里爲七番，千里八番，二千里十番，外爲十二番，亦月上。

又可見番上的太繁。

因爲以上情形，府兵制度就發生了毛病，兵志說：

自高宗武后時，天下久不用兵，府兵之法寖壞，番役更代，多不以時，衞士稍稍亡匿，至是（開元六年）以後，益耗散，宿衞不能給。

到開元十一年，兵部尚書張說遂提出來改革辦法，舊唐書卷九十七張說傳說：

時（開元十一年）當番衞士寖以貧弱，逃亡略盡。說又建策請一切召募強壯，令其宿衞，不簡色役，優爲條例，逋逃者必爭來應募。上從之。旬日得精兵一十三萬人，分繫諸衞，更番上下以實京師，其後彍騎是也。

兵志說：

宰相張說乃請一切幕士宿衞，（開元）十一年，取京兆、蒲、同、岐、華府兵及白丁而益以潞州長從兵十二萬，號長從宿衞，歲二番，命尚書左丞蕭嵩與州吏共選之，明年（開元十二年）更號曰彍騎，……自是諸府士益多不補，折衝將又積歲不得遷，士人皆恥爲之。十三年始於彍騎分隸十二衞，總十二萬爲六番，每衞萬人。

從此府兵制變爲彍騎，也就是徵兵制變爲募兵制。

彍騎和府兵制不同之處，除彍騎爲募兵，府兵爲徵兵外，彍騎只駐京師，府兵遍及全國，彍騎專供宿衞，府兵兼負征戍。自彍騎興，宿衞和征戍的兩種職責遂分。彍騎任宿衞。征戍的職責，遂落於鎭將的肩上。

原先，唐代初年，戍守在邊疆的軍區，大的叫「軍」，小的叫「守捉」，「城」和「鎭」而一律爲「道」所統轄。「軍」「守捉」「城」「鎭」皆有使，而「道」有大將，叫作「大總管」。後來更名爲「大都督」（太宗時規定，在本道鎭守叫大都督，行軍征討叫大總管），自高宗永徽以後，都督帶使持節者，始謂之節度使，然猶未以名官。

自高宗時代起，西方吐蕃漸盛，不時犯邊，政府爲集中事權，常於西邊設置較「大都督」職權尤重的大使，例如：

一、儀鳳二年（六七七），以吐蕃入寇，命（劉）仁軌爲洮河道行軍鎮守大使。（舊唐書卷八十四劉仁軌傳）

二、神功元年（六九七）拜納言，累封譙縣子，尋詔師德充隴右諸軍大使。（舊唐書卷九十三婁師德傳）

三、聖歷中（約六九九）爲司衞卿，兼涼州都督右肅政御史大夫持節隴右諸軍州大使（舊唐書卷九十三唐休璟傳）

四、大足元年（七〇一）遷涼州都督隴右諸軍州大使（舊唐書卷九十七郭元振傳）

以上所舉統轄諸軍州大使的不斷設置，至少可以說明在西面邊境上，早已感覺到有此必要了。

通鑑卷二百十睿宗景雲元年（七一〇）冬十月載：

丁酉，以幽州鎮守經略節度大使薛訥爲左武衞大將軍兼幽州都督，節度使之名自訥始。

新唐書兵志說：

景雲二年（七一一）以賀拔延嗣爲涼州都督河西節度使，自此而後，接乎開元，朔方、隴右、河東、河西諸鎮皆置節度使。

近人治史者，有據通鑑而主張節度使始於景雲元年者，又有據兵志主張始於景雲二年者，蓋前者從廣義而言，後者更爲具體，因當時薛訥是幽州鎮守經略節度大使，而非簡明的幽州節度使也。

舊唐書卷三十八地理志一說：

范陽節度使臨制奚、契丹。

河西節度使，斷隔羌胡。

河西、范陽兩地，是唐代西北兩方的邊防重鎮，所以設置節度使的時間也最早。

景雲元年的兵部尙書是姚元之（崇），二年的兵部尙書是郭元振。他們兩個都是唐代名臣，懂得政治，也懂得軍事。在他們兩個的兵部尙書任內，確定了節度使的名稱和制度，想必是他們考慮到，在客觀事實上有此需要。

依據唐會要，各地設置節度使的時間和首任節度使的姓名，列表於下：

河西節度使	景雲二年四月	賀拔延嗣
范陽節度使	先天二年二月	甄道一
隴右節度使	開元元年十二月	陽矩
劍南節度使	開元五年二月	齊景胄
安西節度使	開元六年三月	楊嘉惠
平盧節度使	開元七年七月	張敬忠
朔方節度使	開元九年	王晙
河東節度使	開元十八年十二月	

玄宗於景雲二年二月，開始以太子名義監國，河西節度使於同年四月設置，以後各節度使之設，都是

經玄宗手辦理的。設立的地位，由西邊北邊、而達西南邊，最後及於內地。可知玄宗是感到這種制度，在一個地方試驗有成效，再推到他地，在邊疆試驗有成效，又推行到內地的。

自開元以來，國內極端安定，軍的征戰防守，都在邊疆，張說的改府兵爲彍騎，原因就在府兵不能擔當宿衞之責。邊疆上更需要精壯，府兵更不能勝任，所以不得不召募丁壯長充邊軍。通鑑卷二百十四開元二十五年五月載：

癸末，敕以方隅底定，令中書門下與諸道節度使，量軍鎭閑劇利害，審計兵防定額，於諸色征人及客戶中，召募丁壯，長充邊軍，增給田宅，務加優恤。

這樣以來，中央召募的充宿衞，節度使召募的充邊軍，而且長充邊軍；中央與節度使，在精神上，似有分頭發展的趨勢了。

玉海卷一三八引鄴侯家傳：

開元末，李林甫爲相，又請諸軍召募長征健兒以息山東兵士，於是師不土著，無家族之顧，將帥脅一時之命，而偏裨殺將自擅之兆生矣。

可見自召募長征健兒起，將帥已蒙尾大不掉之漸了。

通鑑卷二百一十五天寶元年載：

是時天下聲敎所被之州三百三十一，羈縻之州八百，置十節度經略使以備邊：安西節度撫寧西域統龜茲、焉耆、于闐、疏勒四鎭，治龜茲城，兵二萬四千。北庭節度防制突騎施、堅昆，統瀚海、天山、伊吾三軍，屯伊、西二州之境，治北庭都護府，兵二萬人。河西節度斷隔吐蕃、突厥，統赤水、大斗、建康、寧寇、玉門、墨離、豆盧、新泉八軍、張掖、交城、白亭三守捉，屯涼、肅、瓜、沙、會五州之境，治涼州，兵七萬三千人。朔方節度捍禦突厥，統經略、豐安、定遠三軍，三受降城，安北、單于二都護府，屯靈、夏、豐三州之境，治靈州，兵六萬四千七百人。河東節度便與朔方掎角以禦突厥，統天兵、大同、橫野、岢嵐四軍，雲中守捉，屯太原府忻、代、嵐三州之境，治太原府，兵五萬五千人。范陽節度臨制奚、契丹，統經略、威武、清夷、靜塞、恒陽、北平、高陽、唐興、橫海九軍，屯幽、薊、嬀、檀、易、恒、定、漠、滄九州之境，治幽州，兵九萬一千四百人。平盧節度鎮撫室韋、靺鞨，統平盧、盧龍二軍，榆關守捉，安東都護府，屯營、平二州之境，治營州，兵三萬七千五百人。隴右節度備禦吐蕃，統臨洮、河源、白水、安人、振威、威戎、漠門、寧塞、積石、鎮西十軍，綏和、合川、平夷三守捉，屯鄯、廓、洮、河之境，治鄯州，兵七萬五千人。劍南節度西抗吐蕃，南撫蠻獠，統天寶、平戎、昆明、寧遠、澄川、南江六軍，屯益、翼、茂、當、雋、拓、松、維、恭、雅、黎、姚、悉十三州之境，治益州，兵三萬九百人。嶺南五府經略綏靜夷、獠，統經略、清海二軍，桂、容、邕、交四管，治廣州，兵萬五千四百人。

由以上記載，可以看出：

一、范陽節度使統兵最多，其次多的是河西、隴右兩鎮，可知重兵分佈於西、北兩方。

二、十鎭兵的總數，共四十八萬六千九百人。（加東萊、東牟守捉等三千五百人，總各地鎭兵四十九萬四百人），與十二萬宿衞京師的彍騎，比較數目，內輕外重之勢，已極爲明顯了。

又通鑑卷二百十五，天寶元年記載各鎭兵數後，有「凡鎭兵四十九萬」（此爲據總數而言）句下，司馬光加考異曰：

此兵數唐曆所載也。舊紀：「是歲天下健兒團結彍騎等總五十七萬四千七百三十三。」此蓋止言邊兵，彼幷京畿諸州彍騎數之耳。

如從天下健兒總數五十七萬四千七百三十三以內，減除四十九萬四百的邊兵，則彍騎只有八萬四千三百二十七人。看兵志有「天寶以後，彍騎之法又稍變廢，士皆失拊循。」之語，彍騎缺額是極可能的。彍騎如果只有此數，以八萬四千三百二十七人的彍騎，對四十九萬四百人的邊鎭軍，幾乎只有邊軍的六分之一，內輕外重之勢，更爲明顯了。

冊府元龜卷一百四十二帝王部弭兵條：

開元二十五年六月勅曰：「今邊無事，寰宇乂安，甸內置烽，誠則非要，其蒲、絳等二十二州置烽師等共一萬八千九十八人宜並停，勒還本邑。」

新唐書兵志說：

自天寶以後，彍騎之法，又稍變廢，士皆失附循，八載，折衝諸府至無兵可交，李林甫遂請停上下魚書。其後徒有兵額官吏，而戎器馱馬鍋幕糗糧並廢矣。故時府人目番上宿衞者曰侍官，言侍衞天子。至是衞佐悉以假人爲童奴，京師人恥之，至相罵辱必曰侍官。而六軍宿衞皆市人，富者販繒綵食粱肉，壯者爲角觝拔河翹木扛鐵之戲。及祿山反皆不能受甲矣。

唐會要卷七十二軍雜錄：

天寶末，天子以中原太平，修文教，廢武備，銷鋒鏑以弱天下豪傑。於是挾軍器者有辟，蓄圖讖者有誅，習弓矢者有罪，不肖子弟爲武官者，父兄擯之不齒，惟邊州置重兵。中原乃包其戈甲，示不復用，人至老不聞戰聲，六軍諸衞之士，皆市人白徒，富者販繒綵食粱肉，壯者角抵拔河，翹木扛鐵，日以寢鬪，有事乃股慄不能授甲。其後盜乘而反，非不幸也。

通鑑卷二百一十六天寶八載：

五月癸酉，李林甫奏停折衝府上下魚書，是後府兵徒有官吏而已。其折衝、果毅，又歷年不遷，士大夫亦恥爲之。其彍騎之法，天寶以後稍亦變廢，應募者皆市井負販無賴子弟，未嘗習兵。時承平日久，議者多謂中國兵可銷，於是民間挾兵器者有禁，子弟爲武官，父兄擯不齒，猛將精兵皆聚於西北邊，中國（指國內）無武器矣。

彍騎不能戰鬪，民間無武力亦無兵器，烽師亦都裁停，所有精兵皆聚於西北邊；不僅只是內輕外重，更可以說成了太阿倒握之勢。

原來唐初的邊將，本有不久任，不遙領，不兼統的習慣，用意在於防止邊將勢力的強大。可是這些制度，時間久了就有所改變。所以要改變的原因，也是因爲環境的需要。高宗武后之世，吐蕃突厥強大，屢次犯邊，唐代爲應付計，不得不加強邊將防守征戰的力量。

邊將要能達成防守邊疆的任務，第一個條件，必需明瞭邊疆的山川地形，敵我的情勢。倘若邊將屢次更換，勢難熟悉以上情形。冊府元龜帝王部載玄宗於開元二年十月停征吐蕃詔有曰：

比來緣邊鎮軍，每年更代，兵不識將，將不識兵，豈有緣路疲人，蓋是以卒與敵。

這就是玄宗對於鎮軍每年更代的毛病，要想有所改革了。他既知道「兵不識將，將不識兵」可以減低戰鬪力，他就要作到「將識兵，兵識將」的程度，因此邊將勢非久任不可。開元中，玄宗有呑四夷之志，邊將常十餘年不更易，原來不久任的制度，於此打破。

遙領的目的，本在加重親王或宰相等要人的職責，加強中央和邊疆的聯繫，開元之初，已有遙領情形的出現，嗣後遙領者愈來愈多。如唐會要卷七十八，親王遙領節度使條說：

開元四年正月二十九日，郯王嗣直除安北大都護，充安撫河東、關內、隴右諸蕃部落大使，陝王嗣昇爲安西都護，充河西道及四鎮諸蕃部落大使，安北大都護張知運爲副都護，親王遙領節度，自茲始也。其在軍節度，卽稱節度副大使知節度事。十五年五月以慶王潭爲涼州都督兼河西節度大使，忠王浚爲單于大都護朔方節度大使，棣王琰爲太原已北諸軍節度大使，鄂王瑤爲幽州都督河北道節度大使，……

同書同卷宰相遙領節度使條亦說：

開元十六年十一月，兵部尚書河西節度大使知節度事蕭嵩，除中書門下平章事，節度如故。宰相遙領節度使自玆始也。至二十六年二月，中書令李林甫遙領隴右節度。天寶十載十一月楊國忠又遙領劍南節度。……

至於兼統數鎮事，是始於王忠嗣，原因在玄宗有鑒於他是「兵家子，與之論兵，應對縱橫，皆出意表。」（舊唐書王忠嗣傳）相信他必爲良將。他的兼統，據舊唐書卷一百三王忠嗣傳說：

（開元）二十八年，以本官兼代州都督攝御史大夫，兼充河東節度……二十九年，代韋光乘爲朔方節度使，仍加權知河東節度事。………（天寶）五年（載）正月，河隴以皇甫惟明敗衂之後，因忠嗣以持節充西平郡太守判武威郡事，充河西、隴右節度使，其月又權知朔方、河東節度使事。忠嗣佩四將印，控制萬里，勁兵重鎮，皆歸掌握，自國初已來，未之有也。

一個將領兼統河東、朔方、河西、隴右四鎮節度使，按天寶元年各鎮兵力的分配，四鎮應擁兵二十六萬七千七百人。較之中央的十二萬彍騎，已在兩倍以上，如果彍騎缺額數字爲眞，便成爲三倍以上。內輕外重的局勢，何等的嚴重！在這樣情形之下，雖然沒有安祿山，遲早也有發生叛亂的危險！

還不止此，爲使節度使不受他官牽制，常常命令節度使兼有他職，據唐會要卷七十八節度使條說：

朔方節度使………至（開元）十四年七月，除王晙帶關內支度屯田等使，十五年五月，除蕭嵩，又加鹽池使，二十四年四月，除牛仙客，又加押諸蕃部落使，二十九年除王忠嗣，又加水運使，天寶五載十二月，除張齊邱，又加管內諸軍採訪使。………

隴右節度使………至十五年十二月，除張志亮，又兼經略支度營田等使………

河西節度使……至開元二年四月，除陽執一，又兼赤水九姓本道支度營田等使，十一年四月，除張敬忠，又加經略使，十二年十月，除王君㚟，又加長行轉運使。……

安西四鎮節度使……天寶十二載三月……封常清兼伊西、北庭節度瀚海軍使。……

范陽節度使……至開元十五年十二月，除李尚隱，又帶河北支度營田使，二十七年十二月，除李適之，又加河北海運使。……

平盧節度使……八年四月，除許欽琰，又帶管內諸軍諸蕃及支度營田等使，二十八年二月，除王斛斯，又加押兩蕃及渤海黑水等四府經略處置使。……

劍南節度使，開元五年二月，齊景胄除劍南節度使支度營田兼姚嶲等州處置兵馬使，……二十七年章仇瓊，又兼山南西道採訪使……

由以上各節度使的兼職，可知節度使的職權，愈來愈大，所管的事，愈來愈廣，幾乎是軍政，民政，財政，交通等等無所不包了。

新唐書百官志節度使條：

節度使掌總軍旅，專誅殺。

舊唐書職官志節度使下注曰：

得以專制軍事，行則建節符樹六纛，外任之重無比焉。

新唐書兵志說：

及府兵法壞而方鎮盛，武夫悍將，雖無事時據要險專方面，既有其土地，又有其人民，又有其甲兵，又有其財賦，以布列天下，……夫所謂方鎮者，節度使之兵也。

節度使對於唐室，勢必成為尾大不掉的局面，乃是一步一步不容易避免的趨勢所造成。

玄宗在軍事上的另一重大措施，是重用蕃將。他所以重用蕃將的原因和經過，新唐書卷二百二十三上李林甫傳說：

貞觀以來任蕃將者如阿史那社爾，契苾何力皆以忠力奮，然猶不為上將，皆大臣總制之，故上有餘權以制於下。先天開元中，大臣若薛訥、郭元振、張嘉貞、王晙、張說、蕭嵩、杜暹、李適之等，自節度使入相天子。林甫疾儒臣以方略積邊勞且大任，欲杜其本以久己權，即說帝曰：「以陛下雄材，國家富強，而夷狄未滅者，繇文吏為將，憚矢石不身先，不如用蕃將，彼生而雄，養馬上長行陣，天性然也。若陛下感而用之，使必死，夷狄不足圖也。」帝然之，因以安思順代林甫領節度使，而擢安祿山、高仙芝、哥舒翰等專為大將。林甫利其虜也，無入相之資，故祿山得專三道勁兵，處十四年不徙。天子安林甫策不疑也。卒稱兵蕩覆天下，王室遂微。

李林甫杜絕邊將入相，當為他固守相位的方法；但是玄宗的重用蕃將，並非完全接受李林甫之言所為，而係另有原因。

舊唐書李林甫傳說：

（天寶）十一載，以朔方副使李獻忠叛，讓節度，舉安思順自代，……林甫固位志欲杜出將入相之源，嘗奏曰：「文士爲將怯當矢石，不如用寒族蕃人。」……帝以爲然，乃用思順代林甫領使，自是高仙芝，哥舒翰皆專任大將。

據此，李林甫之奏似在天寶十一載。又據舊唐書安祿山傳：

天寶元年，以平盧爲節度，以祿山攝中丞爲使……三載，代裴寬爲范陽節度……十載，入朝，又求河東節度使，因拜之。

是李林甫奏請用蕃將之時，安祿山已任節度使十年而且已兼領三鎭矣。可知玄宗的重用蕃將，和久任不調，並不開始於聽李林甫之言以後。

彍騎之興，雖在開元十二年（七二四），而府兵的全廢，則在天寶八載（七四九）李林甫的奏停折衝府上下魚書①邊疆的屯戍軍隊，大量的改爲召募，則在開元二十五年（七三四）以後。在此以前，邊疆戍屯的軍隊，仍以漢人爲多，蕃人雖有加入軍隊的，但決非大量的。在此以後，召募之門大開，蕃人（即胡人）逐漸大量應募加入軍隊，蕃人士兵有喧賓奪主，超過漢人之勢。

將帥的條件，必需熟悉邊情得士卒心爲主。語言爲相互交換情感的工具，胡人操胡語爲天然優先條件，因之在號召和指揮上，胡將自然優於漢將。舊唐書安祿山傳說：

及長，解六蕃語，爲互市牙郎。

同書史思明傳說：

又解六蕃語，與祿山同爲互市郎。

這是他們通胡情，諳邊情的優越條件，也是他們所以被重用的原因之一。

舊唐書王忠嗣傳說：

忠嗣在河東、朔方日久，備諳邊事，得士卒心。及至河隴，頗不習其物情，又以功名富貴自處，望減於往日矣。

王忠嗣不習河隴物情，和以功名富貴自處以致望減往日。反過來說，就是要熟悉邊情，得士卒心（不以功名富貴自處而與士卒共甘苦，即可得士卒心）就可以保持威望不減。寒族出身的胡將，容易備有這些條件。這是天寶年間，重用胡將和久用胡將的基本原因，並非李林甫一語可以操縱玄宗的。

無論基本原因如何，胡將的日見重用是鐵的事實，茲將開元天寶年間，漢將胡將列表於後：

景雲開元年間漢將胡將表

薛訥		景雲	幽州經略節度使
賀拔延嗣	鮮卑族		河西節度使
阿史那獻	突厥		磧西節度使
郭知運		開元初	隴右節度使
郭虔瓘			隴右節度使
張嘉貞			隴右節度使
楊敬述		開元中	天兵軍

張說		河西節度使
王君㚟		天兵軍朔方節度使
王晙		河西隴右節度使
李濬		劍南節度使
張敬忠		河西節度使
杜暹		磧西節度使
蕭嵩		河西節度使
信安王禕		朔方節度使
張忠亮		隴右節度使
牛仙客		河西節度使
薛楚玉		幽州節度使
崔希逸		河西節度使
張守珪		幽州節度使
蕭炅	開元末	河西節度使
杜希望		隴右節度使
王昱		劍南節度使

蓋嘉運	磧西河西隴右節度使
榮王琬	隴右節度使
張　宥	劍南節度使
李適之	幽州節度使
李林甫	河西節度使

以上的表，係錄自劉掞黎作「唐代藩鎮之禍可謂第三次異族亂華」（文哲季刊一卷四期）。二十八人中，漢人佔二十六，實際漢人任節度使的，怕還有人在。總之，漢人佔絕對的大多數，毫無疑問。

及至天寶年間，其情形則大不同了。據萬斯同唐鎮十道節度使表：

天寶元年

（安西）夫蒙靈詧

（河西）王倕

（隴右）皇甫惟明

（朔方）王忠嗣

裴寬

（平盧）安祿山

五載

（安西）靈詧

（河西）倕

王忠嗣

（朔方）王忠嗣

（河東）王忠嗣

（范陽）安祿山

（平盧）安祿山

十載

（河西）安思順（突厥）

（隴右）哥舒翰

（朔方）安思順（突厥）

（河東）二月爲知同

（范陽）安祿山（柳城雜胡）

（平盧）安祿山

十四載

（安西）封常清

（北庭）封常清
（朔方）安思順
　　　郭子儀
（河東）安祿山
（范陽）安祿山
（平盧）安祿山

由上表可知漢將遞減，胡將遞增，及天寶十載，幾乎全是胡將了。至於十四載，郭子儀爲安祿山反後所任，封常清是胡將高仙芝侍從出身，雖爲漢人，早已胡化了。

如果作一幅唐代節度使的分佈及兵力的分配圖，便可以看出嶺南和劍南兩鎮，遠偏在南方，安西、北庭兩鎮又遠在西方。分佈在北方的，有平盧、范陽、河東、朔方四鎮。而安祿山獨兼平盧、范陽、河東三鎮，按兵數不只可以壓倒朝廷的彍騎，就是其他的鎮，也遠不及三鎮兵力的雄厚。

當時戰爭的決定成分，馬佔極重要的地位。新唐書兵志說：

天寶十三載，隴右羣牧都使奏馬牛駝羊總六十萬五千六百，而馬三十二萬五千七百，安祿山以內外閑廐都使兼知樓煩監，陰選勝甲馬歸范陽，故其兵力傾天下而卒反。

安祿山部下的馬的精壯，成爲他兵力傾天下的因素之一。

通典卷一百四十八兵典論曰：

玄宗御極，承平歲久，天下乂安，財殷力盛。開元二十年以後，邀功之將，務恢封略以甘上心，將欲蕩滅奚、契丹、翦除蠻、吐蕃。喪師者失萬而言一，勝敵者獲一而言萬。寵錫云極，驕矜遂增。哥舒翰統西方二帥，安祿山統東北三帥，踐更之卒，俱授官名，郡縣之積，罄爲祿秩。於是驍將銳士，善馬精金，空於京師，萃於二統。邊陲勢強既如此，朝廷勢弱又如彼，姦人乘便樂禍覬欲，脅之以害，誘之以利，祿山稱兵內侮，未必素蓄凶謀。是故地逼則勢疑，力侔則亂起，事理不得不然也。

天寶之亂的造成，由於朝廷勢弱，邊陲勢強，這是不可更易的定論。

四、影響的分析

天寶之亂的爆發，雖然在玄宗天寶十四載（七五五），但亂的敉平，却遠超出天寶以外，而達到代宗廣德元年（七六三）。前後歷玄宗、肅宗、代宗三帝，時間達八年之久。叛亂的酋目，亦歷安祿山、安慶緒、史思明、史朝義四人。亂的地區，遍經當時的河北、河東、河南、關中諸道。平亂的軍隊，除唐室外，還曾借過回紇、吐蕃的兵。其後亂事雖經平定，但其影響至大，不只波及唐代後期甚至以後若干年，乃至幾個朝代，並且不限於政治一項，而影響到經濟、文化以及對外關係等等。茲擇其重要者分別檢討於後：

（甲）對政治的影響：天寶之亂以前，雖然鎮將的軍權過大，但是他們還聽命於中央，在表面看來，還是中央集權，政令統一的。及天寶之亂開始，統一和集權都被打破了。亂事平定後，統一和集權的舊觀也並沒有恢復。因爲朝廷的姑息，未能傾覆賊的巢穴，而將其來降的餘孽，悉授以節度使，成爲有名的盧龍、成德、魏博、昭義等河北四鎮，後來昭義雖滅，而河北三鎮如故。三鎮跋扈抗命尚屬小事，而此跋扈抗命的現象，逐漸普遍於全國各地。新唐書兵志說：

> 大盜既滅，而武夫戰卒以功起行陣，列爲侯王者，皆除節度使。由是方鎮相望於內地，大者連州十餘，小者猶兼三四。故兵驕則逐帥，帥彊則叛上，或父死子握其兵而不肯代，或取捨於士卒，往往自擇將吏號爲留後以邀命於朝，天子顧力不能制，則忍恥含垢因而撫之。謂之姑息之政。蓋姑息起於兵驕，兵驕由於方鎮，姑息愈甚而兵將愈俱驕，由是號命自出以相侵襲，虜其將帥，并其土地，天子熟視，不知所爲，反爲和解之，莫肯聽命。始時爲朝廷患者號河朔三鎮，及其末，朱全忠以梁兵，李克用以晉兵，更犯京師，而李茂貞，韓建近據岐華，妄一喜怒，兵已至於國門，天子爲殺大臣罪已悔過然後去。及昭宗用崔胤召梁兵以誅宦官而刼天子，天子奔岐梁，兵圍之逾年，當此之時，天下之兵無復勤王者，嚮之所謂三鎮者徒能始禍而已。其他大鎮，南則吳、浙、荊、湖、閩、廣，西則岐、蜀，北則燕、晉，而梁盜據其中，自國門以外皆分裂爲方鎮矣。

上面的一段話，說出唐代之亡，亡於方鎮；方鎮之遍於各地，由於平定叛亂未能徹底所引起。換言之，唐代滅亡的根源，仍是伏於天寶之亂。

事實上，天寶之亂並不單純的影響於唐的滅亡，更進一步的影響到以後。續通鑑卷二宋紀二建隆二年載：

初、帝（指宋太祖）既克李筠、李重進，一日召趙普問曰：「自唐季以來數十年：帝王凡易八姓，戰鬪不息，民生塗地，其故何也？吾欲息天下之兵，爲國家計長久，其道何如？普曰：「陛下言及此，天地人神之福也。此非他故，方鎮太重，君弱臣強而已。今欲治之，惟稍奪其權，制其錢糧，收其精兵，則天下自安矣。」

由趙普答宋太祖問，可知方鎮太重爲唐季數十年以來戰鬪不息的原因，也就是天寶之亂的影響所及，造成唐末五代多年的紛擾。至於趙普所說：「惟稍奪其權，制其錢糧，收其精兵，則天下自安矣。」的回答，便是宋太祖實行中央集權的所本。

宋史卷二百八十五賈昌朝傳說：

（昌朝）乃上言曰：「太祖初有天下，監唐末五代方鎮武臣士兵牙校之盛，盡收其威權，當時以爲萬世之利……自西羌（指夏）之叛，士不練習，將不得人，以屢易之將，馭不練之士，故戰必敗，此削方鎮太過之弊也。

賈昌朝上言是在仁宗之時，由削方鎮太過而發生兵弱的弊病，業已明顯。到後來金兵南下，北宋便不能立國。統觀唐宋史事，由天寶之亂而方鎮割據，由方鎮割據而產生宋初的削弱方鎮，因削弱方鎮太過而成北宋兵弱現象，由兵弱而不能禦外侮以至南渡，都是一連串的影響下來，不可分割的。

天寶之亂對政治的另一重大影響是引起宦官專權：唐玄宗時的高力士，雖然有時可以左右政治，但是他既未明目張膽的干預政治，而且還小心謹慎，對皇帝更不失恭順。及天寶之亂起，李輔國以從太子至靈武和勸太子（即肅宗）即位之功，肅宗即擢輔國爲太子家令判元帥府行軍司馬事，委以心腹，凡四方奏事御前符印軍號一以委任於他。宰相李揆山東甲族位居臺輔，見輔國執子弟之禮，謂之五父。還京以後，嘗矯詔遷太上皇（玄宗）於西內，以致上皇憂鬱而崩。肅宗崩，輔國殺張皇后立代宗，代宗尊爲尚父，政無巨細皆委參決，輔國恃功愈加恣橫。輔國的專權橫恣，遠超過於玄宗時的高力士，而他所以能如此者，是由於有擁戴功，他所以能具有擁戴之功的，還是因天寶之亂給他的機會。換句話說，天寶之亂給李輔國以專權的機會。決不爲過。

至德中（七五八），九節度使討安慶緒於相州，不立統帥，以宦官魚朝恩爲觀軍容宣慰處置使，觀軍容使之名，是從魚朝恩開始的。魚朝恩的任觀軍容使，雖然是暫時的，但是以一宦官而居於九節度使上的統帥地位，遂開了宦官預都外軍事的惡例。這種惡例，也是由天寶之亂而引起的。

魚朝恩以功累加左監門衞大將軍，時郭子儀頻立大功，當代無出其右，朝恩妬其功高，屢行間諜；郭子儀悉心奉上，殊不介意；肅宗英悟，特察其心，故朝恩之間不行。其後宦官程元振譖來瑱以至賜死，李光弼遂不敢入朝。

在唐代初年，宰相大臣是受皇帝尊重的，宦官只是在閤門守禦，黃衣廩食而已。玄宗雖較重宦官，但高力士等還沒專權跋扈。到天寶之亂，不只引起宦官專權，而且引起宦官參預軍事。向來主持國家大計的宰相大臣，反而位居宦官之下，仰宦官的鼻息。這個轉變的樞紐是天寶之亂，也就是天寶之亂的重大影響之一。

宦官專權之門已開，其後愈來愈盛，德宗懲於涇原兵變，禁軍倉卒不能徵集，還京以後，不欲武臣與禁兵（亦受天寶之亂影響），乃以神策天威等軍，置護軍中尉中護軍等官，以內官竇文場、霍仙鳴等主之；於是禁軍全歸宦官。宦官掌握禁軍以後，其初只是假皇帝勢力以制下。後來漸漸干涉皇帝的行動，以至於皇帝的廢立，都操在宦官的手裏。自穆宗以後的八個皇帝，爲宦官所立的，就有七人，宰相對於立皇帝事，反倒不得參與，甚至於絕不知道。宰相的權力地位下降，宦官的權力地位上升，也是受天寶之亂的影響。

由於宦官的握有禁軍，操皇帝廢立之柄，所以他們氣焰之高，無以復加。有宦官弑皇帝的（陳宏志弑憲宗），有宦官幽皇帝的（劉季述幽昭宗），宦官數皇帝的過錯，而皇帝俯首聽命的更是常見的事。宦官的權勢，不只壓倒宰相，而且凌駕皇帝之上。

宦官的權勢，超越於皇帝宰相之上，他們的專權跋扈，自所難免，對政治發生影響之壞，自在意中。朱全忠大殺宦官，亦可見宦官遭人痛恨之深。宋景文（祁）比唐之殺宦官爲「灼木攻蠹，蠹盡木焚。」（新唐書二百七宦者上）實不爲過。

由天寶之亂引起宦官的專權跋扈，由宦官的專權跋扈而致唐代亡國，天寶之亂又是亡唐的第二條伏線。

（乙）對經濟的影響：天寶之亂引起政治的不能統一，因之，對經濟上亦發生了許多影響。舊唐書卷四十八食貨上：

玄宗幸巴蜀。鄭昉使劍南，請於江陵稅鹽麻以資國官，置吏以督之。肅宗建號於靈武後，用雲間鄭叔清爲御史，於江淮間豪族富商率貸及賣官爵以裨國用。德宗朝討河朔及李希烈，物力耗竭。趙贊司國計，纖瑣刻剝，以爲國用不足，宜賦取於下以資軍蓄，與諫官陳京等更陳計策，請稅京師居人屋宅，據其間架差等計入。陳京又請籍列肆商賈資產以分數借之，宰相同爲欺罔，遂行其計。中外沸騰，人懷怨望……

由上面記載，可知天寶之亂引起了國家徵收許多苛捐雜稅，以致人懷怨望。

通鑑卷二百二十二，永泰元年（七六五）載：

時成德節度使李寶臣，魏博節度使田承嗣、相衞節度使薛嵩、盧龍節度使李懷仙，收安史餘黨，各擁勁卒數萬，治兵完城自署文武將吏，不供貢賦。

新唐書卷一百四十五楊炎傳云：

至德（七五六—八）後，天下起兵，……河南山東荆襄劍南重兵處，皆厚自奉養，王賦所入無幾。科斂凡數百名，廢者不削，重者不去，新舊仍積，不知其涯，百姓竭膏血鬻親愛，旬輸月送，無有休息。

可知因藩鎭的割據，政府得不到貢賦而加重科歛了。

全唐文卷六三，憲宗上尊號赦文（元和十四年七月二十三日）有云：

天寶已後，戎事方殷，兩河宿兵，戶賦不入，軍國費用，取資江淮。

文苑英華卷九〇一，呂溫韋府君神道碑云：

天寶之後，中原釋耒，輦越而衣，曹（漕）吳而食。

又可見天寶亂後，政府的費用，多半取資於江淮了。

王船山讀通鑑論卷二十三唐肅宗：

自唐以上財賦所自出，皆取之豫、兗、冀、雝而已足，未嘗求足於江淮也。恃江淮以爲資，自第五琦始。當其時賊據幽冀，陷兩都，山東雖未盡失，而隔絕不通，蜀賦旣寡，又限於劍門之險，所可資以贍軍者惟江淮；故琦請督租庸，自漢水達洋州以輸於扶風，……自是以後，人視江淮爲腴土，劉宴因之，輦東南以供西北。

由「取之豫、兗、冀、雝而已足」，變爲「輦東南以供西北」，其樞紐就在天寶之亂。

通鑑卷二百二十五，大曆十四年載：

至德初，第五琦始榷鹽以佐軍用，及劉宴代之，法益精密。初歲入錢六十萬緡，末年所入逾十倍而人不厭苦。大曆末，計一歲征賦所入總一千二百萬緡，而鹽利居其太半。

由租調爲主要收入，而變爲「鹽利居其太半」，這種開端是在至德初，也是受天寶之亂的影響。

通鑑卷二百二十六建中元年載：

> 春正月丁卯朔改元，羣臣上尊號曰聖神文武皇帝，赦天下。始用楊炎議「命黜陟、與觀察使刺史約百姓丁產、定等級、作兩稅法。比來新舊徵科色目，一切罷之，二稅外輒率一錢者以枉法論。」唐初賦斂之法曰租庸調，有田則有租，有身則有庸，有戶則有調。玄宗之末，版籍浸壞，多非其實。及至德兵起，所在賦斂，迫趣取辦，無復常準。賦斂之司增數而莫相統攝，各隨意徵科，自立色目，新故相仍，不知紀極，民富者丁多，率爲官爲僧以免課役，而貧者丁多無所伏匿，故上戶優而下戶勞。吏因緣蠶食，民旬輸月送，不勝困弊，率皆逃徙爲浮戶，其土著百無四五。至是，炎建議作兩稅法：先計州縣每稅所應費用及上供之數而賦於人，量出以制入。戶無主客，以見居爲簿；人無丁中，以貧富爲差；爲行商者在所州縣稅三十之一，使與居者均無僥利。居人之稅，秋夏兩徵之。其租庸調雜役悉省，皆總統於度支。上用其言，因赦令行之。

兩稅法之行，由於「版籍浸壞，多非其實。」這種現象的造成，是因爲天寶之亂。兩稅法的辦法在均田之制已破之後，實爲最適宜於時勢要求的辦法；所以歷五代至於宋明清等朝，都沿用不廢。甚至民國以來，徵稅仍是分夏秋二季。直至實行綜合所得稅以前的戶稅還是分上半年下半年兩次徵收；全是保持兩稅法的辦法。

（丙）對文化的影響：天寶之亂，雖經平定，但是河北一帶，仍爲藩鎮所割據，他們是安史的餘孽，以後相承的縱不是胡人，也是胡化的漢人。他們在所領的區域內，仍是割據自雄，他們的作風，可以佔據魏博的田承嗣作代表。舊唐書卷一百四十一田承嗣傳說：

> 承嗣不習教義，沉猜好勇，雖外受朝旨，而陰圖自固。重加稅率，修繕甲兵，計戶口之衆寡，而老弱事耕稼，壯丁從征役，故數年之間，其衆十萬，仍選其魁偉強力者萬人以自衞，謂之衙兵，郡邑官吏皆自署，戶版不籍於天府，稅賦不入於朝廷，雖曰藩臣，實無臣節。

他們只知道擴充武力，保持地盤，對於敎育文化等事，根本不懂，也根本談不到。以後能取得兵權的，也都是和田承嗣相似的人。舊唐書田悅傳說：

> 承嗣卒，朝廷用悅爲節度留後，（悅）驍勇有膂力，性殘忍好亂，而能外飾行義，傾財散施，人多附之，故得兵柄。

以性殘忍好亂的人，而能得到兵柄，他只知道武力有用，而不知文化爲何物，所以他們只發展武力，在文化上自然要落後，甚至倒退。

通鑑卷二百二十四代宗大曆八年載：

> 魏博節度使田承嗣爲安史父子立祠堂，謂之四聖。

新唐書卷一百二十七張弘靖傳說：

> 充盧龍節度使，始入幽州，……俗謂祿山、思明爲二聖，弘靖懲始亂，欲變其俗，乃發墓毀棺，衆滋不悅。

張弘靖入幽州時在穆宗長慶元年（八二一），距安史亂平（七六三）將近六十年，在藩鎮佔領區域內，一直保持着尊安史父子為四聖或尊安史為二聖的習俗，可見安史餘孽思想的荒謬，尤可見他們那種思想在當地發生的影響。

舊唐書卷一百四十三李懷仙傳後史臣曰：

若李懷仙之輩，習亂河朔，志深狡蠹，忠義之談，罔經耳目，以暴亂為事業，以專殺為雄豪，或父子兄弟或將帥卒伍，迭相屠滅，以成風俗。斯乃王道寖微，教化不及，惜哉。

同書卷一百四十一田弘正傳載他所上的表有云：

臣幸因宗族，早列偏裨，馳驅戎馬之鄉，不覩朝廷之禮。

同書同卷田布傳載穆宗詔曰：

朕以寡昧，臨御萬邦，威刑不能禁干紀之徒，道化不能馴多僻之俗，致使上公罹禍，田氏御寃。

凡此等等，都可以看出藩鎮佔領區的風俗文化和中央統治區是完全不同的。在戎馬之鄉（藩鎮區）是見不到朝廷之禮的。

舊唐書卷一百四十四陽惠元傳：

大曆中，兩河平定，事多姑息。李正已有淄青齊海登萊沂密德棣曹濮徐兗鄆十五州之地，兵十萬。李寶臣有恒易深趙滄冀定七州之地，有兵五萬。田承嗣有魏博相衞洺貝澶七州之地，有兵五萬。………

舊唐書田承嗣傳說：

數年之間，其衆十萬。

田承嗣的兵，在大曆中有五萬，數年之間擴充到十萬，其發展之速可知。

舊唐書卷一百四十三李懷仙傳：

懷仙等四將……部下各數萬勁兵。

同書同卷朱滔傳：

興元元年（七八四），正月，滔驅率燕薊之衆及回紇雜虜號五萬次南河，攻圍貝州。

新唐書卷二百十二劉仁恭傳說：

天祐三年（九〇六）……仁恭悉發男子十五以上爲兵，涅其面曰定覇，都士人則涅於臂曰一心事主，盧龍閭里爲空，得衆二十萬。

在李懷仙初以盧龍降時（七六三），只是「數萬勁兵」（懷仙傳）到朱滔時，至少有五萬，及劉仁恭據盧龍時，竟強行擴充到二十萬，可知盧龍鎭也是在不斷的擴軍。魏博盧龍兩鎭都是不斷的擴軍，其他各鎭爲自固計，也決不會不擴軍的。按各藩鎭佔領區的人口比例數字，他們軍隊的比例，都遠比政府區域高得多。

新唐書卷二百十三李正已傳：

（正已）號最彊大，政令嚴酷，在所不敢偶語，威震鄰境。

通鑑卷二百四十元和十二年（八一七）載：

先是吳氏父子（吳少陽吳元濟）阻兵，禁人偶語於塗，夜不然燭，有以酒食相過從者罪死。（裴）度既視事，下令惟禁盜賊鬬殺，餘皆不問，往來者不禁晝夜，蔡人始知有生民之樂。

舊唐書卷一百二十九張弘靖傳說：

從事有韋雍、張宗厚數輩，復輕肆嗜酒，常夜飲醉歸，燭火滿街，前後呵叱，薊人所不習之事。

李正已是代宗時代的淄青藩鎮，吳氏父子是憲宗時代淮西的藩鎮，他們都是禁人偶語的。張弘靖是穆宗長慶初代劉總而為盧龍節度使的，他的從事人們「夜飲醉歸，燭火滿街」的情形，仍為薊人所不習見的，可知盧龍也和淮西一樣的禁夜間燭火的。

禁偶語，禁燭火，禁夜行，都是藩鎮區普遍的禁令，可見他們把軍隊裏禁令，都推行於民間，人民生活也都軍事化了。這和中央政府轄區「往來者不禁晝夜」那樣的自由，和「惟禁盜賊鬬殺，餘皆不問」（見前）的寬大，簡直是兩個世界。

舊唐書卷一百二十九張延賞傳附張弘靖傳說：

制加檢校司空平章事，充幽州盧龍等軍節度使，弘靖之入幽州也，薊人無老幼男女皆夾道而觀焉。河朔軍帥冒寒暑多與士卒同，無張蓋安輿之別。弘靖久富貴，又不知風土，入燕之時，肩輿於三軍之中，薊人頗駭之。

由前面所曾引田弘正所云：「馳驅戎馬之鄉」一語，知胡帥常是騎馬的，張弘靖入燕，肩輿於三軍之中，那是薊人不曾見過的，既無怪他們驚駭，更由此可知兩個區域內文化的大不相同。

舊唐書卷一百四十一張孝忠傳：

孝忠以勇聞於燕趙，時號張阿勞，王沒諾干二人齊名。阿勞孝忠本字，沒諾干王武俊本字。

張孝忠（奚人）和王武俊（契丹）都還保持着他們的原名，可見在藩鎮區域裏胡化的程度了。

全唐文卷七百五十五杜牧范陽盧秀才墓誌：

秀才盧生，……自天寶後三代，或仕燕或仕趙，兩地皆良田畜馬，生年二十，未知古有人曰周公孔夫子者，擊球飲酒，策馬射走兎，語言習尚，無非攻守戰鬭之事。

舊唐書張弘靖傳：

（韋）雍等（弘靖從事）詬責吏卒……謂軍士曰：「今天下無事，汝輩挽兩石力弓，不如識一丁字。」軍中以意氣自負，深恨之。

藩鎮區域的人們，言語習尚無非攻守戰鬭之事，不知周公孔子，自所難免。張弘靖從事韋雍罵軍士之語，正中其短，所以軍士深恨之。由此可以表示出來：盧龍的軍士們挽兩石力弓的大有人在，能識一丁字的，已是不多見了。

舊唐書卷一百四十一田弘正傳：

弘正既受節鉞，上表白：「視事之隙，與賓佐講論今古言行可否，今河朔有沂公史例十卷，弘正客爲弘正所著也。」……頗好儒書，尤通史氏左傳國史，知其大略。

作者懷疑因田弘正的歸附，史官不無贊譽之辭，其實「馳騙戎馬之鄉，不覩朝廷之禮」的人，未必眞有此程度，縱然是有，也只是一團黑暗中的一點光明，何況田弘正又由魏博調成德而被殺，前後不足十年呢？在時間及環境上，這種一線之光，都來不及擴大的。

通鑑卷二百四十一憲宗元和十五年載：

劉總奏分所屬爲三道，……請除張弘靖爲節度使……弘靖先在河東以寬簡得衆，總與之鄰境，聞其風望，以燕人桀驁日久故擧弘靖自代以安輯之。

同書卷二百四十元和十二年載：

淮西之人，刼於李希烈吳少誠之威虐，不能自拔，久而老者衰幼者壯，安於悖逆不復知有朝廷矣。自少誠以來，遣諸將出兵，皆不束以法制，聽各自便宜自戰，故人得盡其才，………雖居中土，其風俗獷戾，過於夷貊，故以三州之衆，擧天下之兵環而攻之，四年然後克之。

燕人的桀驁，淮西風俗的獷戾，都是在藩鎭割據之下所養成的。

舊唐書卷一百四十一田弘正傳載其上表有曰：

自天寶已還，幽陵肇亂，山東奧壤，悉化戎墟。

新唐書卷一百四十八史孝章傳載其諫父憲誠曰：

大河之北，號富彊，然而挺亂取地，天下指河朔若夷狄然。

史孝章是文宗時人，那時，天下指河朔猶「若夷狄然」。可知藩鎮佔領區的文化，完全胡化了。

自秦漢以來，除五胡亂華時外，在正常情形，漢胡文化多以邊塞爲分界線，自天寶之亂後，胡人文化隨着藩鎮的割據而南侵至於河朔、山東、甚至於淮蔡了。

（丁）對於對外關係的影響：唐太宗被四裔君長尊爲天可汗，唐帝國在東亞已成爲領袖國家。高宗武后之世，突厥、吐蕃雖然有時侵掠唐邊，互有勝敗，但是大體說來，唐帝國仍居上風。及玄宗開元之世，國家富庶，四裔欵服。據舊唐書玄宗本紀說：

> 西蕃君長，越繩橋而競欵玉關，北狄首渠，捐毳幕而爭趨雁塞，象郡炎州之玩，雞林鯷海之珍，莫不結轍於象胥，駢羅於典屬，膜拜丹墀之下，夷歌立仗之前，可謂冠帶百蠻，車書萬里。

當時受唐册封的國家不計其數，如果他們的君主未受到唐的册封，地位便不鞏固，請與唐和親而得不到和親的，便認爲恥辱。請經書請寺額的，更有的是。無論在國際地位，或文化地位上，唐帝國都是亞州的領袖國家。

及天寶之亂發生，唐帝國爲平亂而需要外力，國際地位遂降低了。亂平以後，因藩鎮的割據國力未復，四裔各國對於唐帝國，遂改變向來欵服的態度，而爲侵掠了。對唐侵掠最烈的有回紇、吐蕃，其次爲南詔。

通鑑卷二百二十至德二載九月載：

> 癸卯，大軍入西京。初上欲速得京師，與回紇約曰：克城之日，土地士庶歸唐，金帛子女皆歸

回紇。至是葉護欲如約，廣平王俶拜於葉護馬前曰：今始得西京，若遽俘掠，則東京之人皆為賊固守，不可復取矣。願至東京乃如約。

同書同卷載：

壬戌，廣平王俶入東京，回紇意猶未厭，俶患之，父老請率羅錦萬匹以賂回紇，回紇乃止。

回紇於收復西京時即預備俘掠，於收復東京時，實行俘掠而意猶未厭，復給羅錦萬匹，乃止。可見回紇的猖狂了。回紇的所以如此猖狂，正因為天寶之亂，逼得唐帝國不得不借用他們的兵。

以後因回紇有助討賊功，唐每歲以絹二萬匹遺之。及代宗立，為徵回紇兵討史朝義，雍王适（即德宗）與僚屬從數十騎往見回紇可汗；可汗責雍王不拜舞，鞭其從臣至死。及回紇兵二次入東京，又肆行殺掠，士女為避回紇兵，逃於白馬聖善二寺塔，回紇兵燒塔，死傷者萬計，火焰累月不止。此後回紇留京的千餘人，唐予以種種優待，而回紇仍暴橫於長安，官吏不敢過問。再後，回紇對唐有種種不服的行動，唐對回紇都無可奈何。唐的所以對回紇無可奈何的原因，正由於天寶之亂而國際地位降低的緣故。

其次是對吐蕃。玄宗開元年間，置隴右、河西、安西、北庭、朔方節度使都負有制禦吐蕃之責的，因之吐蕃不得入侵。及安祿山反，潼關失守，盡徵西北各鎮兵入靖國難，西邊無備，吐蕃復乘隙攻陷隴右、河西等地。安史亂平之後，吐蕃竟於代宗廣德元年（七六三）陷長安，立廣武王承宏為帝改元，置百官，下赦令，大掠而去。吐蕃的能如此猖獗者，全是由於天寶之亂，唐的兵力內調的影響。

德宗時，雖與吐蕃訂盟，但仍是侵掠不已，不只隴右一帶，民物蕩然，並且擾及劍南一帶。此外還有南詔，文宗時，竟逼成都，以後又破交州、邕州（廣西南寧）播州（貴州遵義）爲害亦烈。倘若沒有天寶之亂，唐國力強盛，外患那裏會那樣的慘烈！

唐太宗嘗說過：「自古皆貴中華，賤夷狄，朕獨愛之如一。」（通鑑貞觀二十一年五月）唐玄宗重用胡將，也是唐太宗「漢胡一家」觀念的延續。

及天寶之亂起，胡將安祿山史思明叛亂，使國家蒙受無限損失，亂平以後，胡將或胡化的漢將猶在割據抗命，種種的事實，逼使唐國的君臣們，對於胡將（和胡人）不得不改變向來「漢胡一家」的態度，而爲對胡人疏遠以至防範。李光弼是契丹人，在平定安史之亂時，與郭子儀齊名，但後來因懼魚朝恩之陷害，以至於不敢入朝。代宗除光弼東都留守以察其去就，甚至於輿迎其母於京師（實用爲質），分明有防範他的意思。代宗爲何對光弼有些不相信？無疑的是受了天寶之亂的影響。

德宗時，涇原兵變，移駕奉天，叛軍圍攻，幾至失陷，幸靺鞨人李懷光入援始免於難，按理應當重賞李懷光了，但因奸相盧杞之阻，懷光竟不得入奉天面見德宗。德宗何以對李懷光如此？也是因爲他是胡將，德宗內心裏存着天寶之亂暗影的緣故。

黃巢之亂，李克用破賊有功，封爲河東節度使，因克用爲沙陀人，唐國君臣對他也不無戒心。通鑑卷二百五十八大順元年（八九〇）載李克用上昭宗表有曰：

朝廷當阽危之時，則譽臣爲韓、彭、伊、呂，及既安之後，則罵臣爲戎羯胡夷。

朝廷對於平賊有功的李克用，竟罵爲戎羯胡夷，可見是存有漢胡觀念。這與唐太宗「漢胡一家」的思想大不相同了；而轉變的關鍵，仍是受了天寶之亂的影響。

（本論文發表於國立師範大學歷史學報第一期，六十二年元月）

唐代之軍事與馬

一、馬在軍事上的功用

新唐書卷二百十七下薛延陀傳載：

帝敕諸將曰：「夫用兵者，見利疾進，不利亟去……。」

唐太宗對諸將的指示，道出「兵貴神速」的最高原則。因爲馬能奔馳疾走，所以正合乎軍事上的需要。

遡自戰國時代發明騎術以來，馬就成爲軍事家的寵兒，六國諸侯，常常有騎數千匹，或萬匹的記載。漢武帝伐匈奴，馬的多少，常是戰爭勝負的決定條件。六朝國都南遷，江南非產馬區，戰爭的勝負，嘗決於舟師。唐高祖承隋之後，建國長安，馬在戰爭中的價值，一仍秦漢之舊，甚或過之。

步兵的戰鬥力縱然很強，但是限於行動的不夠迅速，不能疾進亟去，當然不易收到克敵制勝的效果。馬的奔馳迅速，超過步兵若干倍，所以由馬和人共同組成的馬軍（騎兵）常能步兵之所不能，而達成軍事上許多任務。這種騎兵優於步兵、超過步兵處，就是因爲人力又加上了馬的功用。惟馬的功用包括於馬軍功用內，不易單獨衡量，欲知馬的功用，須先明瞭馬軍的功用。

馬軍在軍事上的功用，厥有多端，在唐代史事業已證實的，擇要分別陳述如下：

馬軍的第一功用是作軍隊的先鋒。軍事家每以精騎爲先鋒，用以先發制人。而這樣先鋒的騎軍，常能造成局部或全局的勝利，如唐將秦叔寶的以精騎作先鋒而平王世充。舊唐書卷六十八秦叔寶傳說：

從討王世充每爲先鋒，太宗將拒竇建德於武牢，叔寶以精騎數十先陷其陣，世充平，進封翼國公。

唐初開國名將薛萬徹，尤以馬軍作先鋒而著名於時。他曾經有先後擊敗吐谷渾和援突厥李思摩的戰績。如舊唐書卷六十九薛萬徹傳說：

初（李）靖將擊吐谷渾，靖、萬徹同行，及至賊境，與諸軍各率百餘騎先行，卒與虜數千騎相遇，萬徹單騎馳擊之，虜無敢當者。還謂諸將曰：賊易與耳。躍馬復進，諸將隨之，斬數千級。

同書同卷同傳說：

會薛延陀率回紇同羅之衆渡磧南擊李思摩，萬徹副李勣援之。與虜相遇，率數百騎爲先鋒擊其陣。後騎皆散，賊顧見遂大潰，追奔數十里，斬首三千餘級，獲馬萬五千匹，以功別封一子爲縣侯。

繼薛萬徹之後，以騎軍爲先鋒取得大勝的，猶有蘇定方，如舊唐書卷八十三蘇定方傳載其功曰：

貞觀初爲匡道府折衝，隨李靖襲突厥頡利於磧口，靖使定方率二百騎爲先鋒，乘霧而行，去賊一里許忽然霧歇，望見其牙帳，馳掩殺數十百人，頡利及隋公主狼狽散走，餘衆俯服，靖軍既至，遂悉降之。

馬軍的第二功用是誘敵以與伏兵配合。如唐高祖的以騎兵誘宋老生，舊唐書太宗本紀曰：

高祖引師趣霍邑，太宗恐（宋）老生不出戰，乃將數騎先詣其城下，擧鞭指揮，若將圍城者以激怒之。老生果怒開門，出兵背城而陣，高祖與建城合陣於城東，太宗與柴紹陣於城南。老生麾兵疾進，……太宗自南原率二騎馳下峻坂，衝斷其軍，引兵奮擊，賊衆大敗，各捨仗而走。懸門發，老生懸繩欲上，遂斬之，平霍邑。

唐太宗的以輕騎誘竇建德，舊唐書卷六十淮陽王道玄傳說：

從討王世充，頻戰皆捷，竇建德至武牢，太宗以輕騎誘賊，令道玄率伏兵於道左，會賊至，追擊破之。

馬軍的第三功用是挑敵以疲敝之。如太宗的以輕騎挑王世充軍，舊唐書太宗本紀說：

（太宗）總率諸軍攻王世充於洛邑，師次穀州，世充率精兵三萬陣於慈澗。太宗以輕騎挑之，……世充驍將單雄信數百騎夾道來逼……太宗左右射之，無不應弦而倒，獲其大將燕頎，世充乃拔慈澗之鎭，歸於東都。

郭子儀的以輕騎挑史思明賊軍，册府元龜卷三五八將帥部立功一一說：

郭子儀爲朔方節度兵馬使，……天寶十五載二月，與太原節度使李光弼出吐門拔常山郡，破史思明於九門，……進軍而南。思明以數萬衆躡其後，子儀與光弼選驍騎五百人更挑之，三日至行在，賊疲乃退，因乘之大破於沙河。

馬軍的第四功用是襲擊敵人。這一功用在軍事上表現的特別顯著，軍事家使用的也最多，對於軍事，甚至於對國家的貢獻也特別的大。唐代初年，太宗的被西北各部君長擁立爲天可汗，成爲東亞的盟主，在中國甚至東亞史上，都可算得上第一等的大事。這件事的所以造成，全由於太宗命李靖擊敗了突厥，俘獲了頡利可汗，而李靖的所以能擊敗突厥，就是率驍騎乘其不意而施以進襲，册府元龜卷三五七將帥部立功一記其事曰：

李靖，……（貞觀）三年，突厥諸部離叛，朝廷將圖進取，以靖爲代州道行軍總管，率驍騎三千自馬邑出其不意，直趨惡陽嶺以逼之。四年二月，次陰山擊頡利可汗，大破之，滅其國，復定襄常安之地，斥土界于大漠，露布以聞。

唐代軍事家用馬軍襲擊敵人致勝的，史書數見不鮮。見於西北邊疆的特多。舉其著者，用於對吐谷渾作戰的、有江夏王道宗、契苾何力、席君買等。如舊唐書卷六十江夏王道宗傳說：

吐谷渾寇邊，詔右僕射李靖爲崑丘道行軍大總管，道宗與吏部尚書侯君集爲之副。賊聞兵至，走入嶂山，已行數千里，諸將議欲息兵。道宗固請追討，李靖然之，而君集不從。道宗遂率偏師幷行倍道去大軍十日追及之，賊據險苦戰，道宗潛遣千餘騎踰山襲其後，賊表裏受敵，一時奔潰。

舊唐書卷一百九契苾何力傳說：

時吐谷渾主在突淪川，何力復欲襲之，萬均懲其前敗，固言不可，何力曰：「……一失機會，安可傾其巢穴耶？」乃自選驍兵千餘騎直入突淪川，襲破吐谷渾牙帳，斬首數千級，獲駞馬牛羊二十餘萬頭，渾主脫身以免，俘其妻子而還。有詔勞於大斗拔谷。

册府元龜卷三五八將帥部立功十一說：

席君買爲果毅都尉，貞觀十五年率精騎百二十襲擊吐谷渾之丞相宣王，破之，斬其兄弟三人。

用於對吐蕃作戰的有黑齒常之，如册府元龜卷四二〇將帥部掩襲條說：

黑齒嘗之爲河源軍副使，吐蕃贊婆及素和貴等率衆數萬屯聚於良非川，嘗之以精騎三千夜襲賊營，斬首二千餘級，獲羊馬數萬計，贊婆等單馬而遁，賞帛三千段，以爲河源軍大使。

用於對薛延陀作戰的有張士貴，册府元龜卷三五八將帥部立功十一說：

張士貴，貞觀中爲屯衞大將軍，時薛延陀犯塞，士貴督夏州騎士，倍道邀擊，大破之。

張士貴戰薛延陀，雖未書明爲襲擊，但既云「倍道邀擊」，也就是乘薛延陀之不備，加速前進以襲擊的意思。

嗣後用之於對黨項作戰的，又有劉沔，册府元龜卷三五九將帥部立功條說：

劉沔，……開成中，黨項雜虜大擾河西，沔率吐谷、契苾、沙陀三部落等族萬人、馬三千騎，徑至銀夏討襲，大破之，俘獲萬計，以功加簡校戶部尚書。

馬軍之襲擊敵人，用於邊疆的固多，用之於內部平定叛亂的亦不少，如崔光遠的夜襲安祿山叛兵。册府元龜卷四二〇將帥部掩襲條說：

崔光遠爲御史大夫兼京兆尹，天寶末，祿山陷西京，光遠於渭北召集人吏之歸順者。嘗有賊剽掠涇陽縣界，于僧寺中，椎牛享之，連夜酣飲。去光遠營四十里，光遠悉而知之，率馬步二千人往，乙夜及之。賊徒多醉不以爲虞，光遠領百餘騎持滿搤其要路，分驍勇以陌刀呼而斬之，賊徒二千餘人皆斃，虜其馬千餘匹，賊中以光遠勇勁，嘗避其鋒。

李重倩的夜襲田悅，册府元龜卷四二〇將帥部掩襲條說：

李重倩善騎射，臨事勇果，爲淮西節度李忠臣偏裨。忠臣討李靈耀於汴州，時田承嗣遣侄悅率精兵數萬援靈耀，屯於州郭，聲威頗盛。重倩以騎數百乘夜掩襲，貫穿賊營，殺數十人而旋，賊軍大駭，田悅單騎突走，士卒相枕藉死者不可勝紀，靈耀因是開城潛遁，餘卒奔潰。遲明，汴州平。皆重倩之力也。

都是很好的例證。

馬軍的第五功用是赴援。遇有軍事緊急之時，馬軍常用爲赴援的利器。由於這種功用的發揮，常能解除危急，甚至轉敗爲勝。發揮這種功用最顯著的例子，在貞觀時有契苾何力等的援薛萬均破吐谷渾。舊唐書卷一百九契苾何力傳說：

契苾何力，……（貞觀）七年，與涼州都督李大亮、將軍薛萬均同征吐谷渾，軍次赤水川，萬均率騎先行，爲賊所攻，兄弟皆中槍墮馬，徒步而鬥，士兵死者十六七。何力聞之，將數百騎馳往，突圍而前，縱橫奮擊。賊兵披靡，萬均兄弟由是獲免。

在開元時，有張思禮的援小勃律而破吐蕃。册府元龜卷三五八將帥部立功一一說：

張嵩爲北庭節度使，開元十年九月，吐蕃圍小勃律，王沒謹忙求救於嵩曰：勃律之國是漢西門，漢若失之，則已西諸國並陷吐蕃矣。……嵩乃遣疏勒副使張思禮率蕃漢馬步四千人赴援，晝夜倍道兼進，謹忙復乘勢出兵，左右夾攻，吐蕃大破，殺其衆數萬，收其器械，羊馬等甚衆，盡復其九城之胡。

在元和時代，還有田布的援裴度破淮西賊將。册府元龜卷四一四將帥部赴援條說：

田布，弘正之子，統魏之偏師會諸軍討淮西，裴度嘗觀諸軍城沱口，賊將董重質領驍騎突至，度甚危蹙，布領騎三百馳救之，俄而諸軍繼至，獲免。

馬軍的第六功用是逃奔。按「不利亟去」的原理，戰爭失利時，逃奔必須用馬，而且逃的必須要快。逃的快了，猶有再舉的機會，逃的慢了，便難免被斬殺的危險。如劉黑闥的北走突厥，舊唐書卷二太宗本紀說：

太宗親率精騎擊其馬軍，破之，乘勝蹂其步卒，賊大潰，……赴水者皆溺焉。（劉）黑闥與二百餘騎北走突厥。

劉武周的由幷州北走。舊唐書卷五十五劉武周傳說：

> （宋）金剛走入介州，王師逼之，……太宗與諸將力戰破之，金剛輕騎遁走，其驍將尉遲敬德尋相張萬歲收其精兵舉介州及永安來降，武周大懼，率五百騎棄幷州北走。

李敬業、駱賓王的遁走。册府元龜卷三五八將帥部立功一一說：

> 李孝逸爲玉鈐衞大將軍，則天文明元年，李敬業據揚州亂，詔孝逸討破之，斬首七千級，……追奔二十餘里。敬業窘急，與其弟敬猷及康之奇、杜求仁、駱賓王等輕騎遁走。

在內地的既如上述，在邊疆的亦復如是，例如突厥頡利可汗的逃奔。舊唐書卷一九四上突厥傳說：

> （李）靖乘間襲擊，大破之，遂滅其國，頡利乘千里馬，獨騎奔于從姪沙鉢羅部。

吐蕃贊普的單騎遁走，册府元龜卷三八四將帥部褒異一〇說：

> 黑齒常之，……充河源軍副使，吐蕃贊婆及素和貴等賊徒三萬餘屯於良非川，常之率精騎三千夜襲營殺獲羊馬數萬，贊普等單騎而遁。

馬軍的第七功用是追擊。在敵人敗潰奔走之際，負責追擊以竟全功的，更非馬軍莫屬。在唐代用馬以追奔敗亡的事實，數見不鮮，見於黃河流域者，如劉弘基的追擊宋金剛。舊唐書卷五十八劉弘基傳說：

> 及（宋）金剛遁，弘基率騎邀之，至於介休，與太宗會，追擊，大破之。

劉弘基的追擊劉黑闥。通鑑卷一百九十武德六年正月載：

時太子遣騎將劉弘基追（劉）黑闥，黑闥爲官軍所迫，奔走不得休息，至饒陽從者纔百餘人，餒甚，德盛出迎延黑闥入城，……食未畢，德盛勒兵執之，送詣太子，幷其弟十善斬於洺州。

在邊塞亦不乏其例，如李勣的追擊薛延陀軍。舊唐書卷六十七李勣傳說：

十五年，徵拜兵部尙書未赴京，會薛延陀遣其子大度設帥騎八萬南侵李思摩部落，命勣爲朔州行軍總管，率輕騎三千追及延陀於青山，擊大破之，斬其名王一人，俘獲首領虜五萬餘。

甚至還見於不常用馬戰的江南，如李勣的追斬陳正通。舊唐書卷六十七李勣傳說：

勣乘勝逼，（陳）正通大潰，以十餘騎奔於丹陽，公祏棄城夜遁，勣縱騎追斬之於武康，江南悉定。

馬軍的第八功用是出敵陣後。如秦王世民的以精騎出宋金剛陣後。通鑑卷一百八十八武德三年載稱：

世民引兵趣介休，（宋）金剛尙有兵二萬，出西門，背城布陣，南北七里。世民遣總管李世勣與戰，小卻，爲賊所乘。世民帥精騎擊之，出其陣後，金剛大敗，斬首三千級，金剛輕騎走。

如回紇軍的出安慶緒賊軍陣後。新唐書卷二百十七上回鶻傳說：

回紇至曲沃，葉護使將軍鼻施士撥裴羅旁南山東出挍賊伏谷中殲之，營山陰。（郭）子儀等與賊戰，傾軍逐北，亂而卻。

回紇望見卽踰西嶺曳旗趨賊，出其後，賊反顧，遂大潰，追奔數十里，人馬相騰蹂死者不可計，收仗械如山丘，嚴莊挾安慶緒棄東京北渡河。

由以上二例，都可看出馬軍出敵陣後，便奠定軍事全部勝利的基礎。

馬軍的第九功用是慴服敵人或亂敵軍心。因爲馬能前進迅速突然衝入敵陣，所以能使敵人措手不及，感到意外的驚惶。因之常能收到慴服敵人或亂敵軍心的效果。如薛仁貴的慴服高麗。舊唐書卷八十三薛仁貴傳說：

薛仁貴，絳州龍門人，貞觀末，太宗親征遼東，仁貴謁將軍張士貴，應募請從，行至安地，有郎將劉君昂，爲賊所圍甚急。仁貴往救之，躍馬徑前，手斬賊將，懸其頭於馬鞍，賊皆慴服，仁貴遂知名。

如王忠嗣的亂吐蕃軍心。册府元龜卷三五八將帥部立功一一說：

王忠嗣爲左威衞郎將，專知行軍兵馬，開元二十一年秋，吐蕃大入，忠嗣以所部策馬而前，殺數百人，賊衆遂亂，三軍翼而擊之，吐蕃大敗，忠嗣以功最，詔拜左金吾衞將軍。

馬軍的第十功用是擄獲敵人的羊馬。步軍固然亦有獲敵羊馬的，但是敵人於戰敗之後，常驅羊馬逃走，步軍獲敵羊馬比較困難，馬軍因行動迅速，常常能使敵人來不及驅走羊馬，而被馬軍所獲。如蘇定方的獲突厥的馬。舊唐書卷八十三蘇定方傳說：

永徽中，轉左衞勳一府中郎將，從左衞大將軍程知節征賀魯，爲前軍總管，至鷹娑川，突厥有二萬騎來拒，總管蘇海政與戰，互有前卻，既而突厥別部鼠尼施等又領二萬餘騎續至。定方正歇馬，隔一小山嶺去知節十許里，望見塵起，率五百騎馳往擊之，賊衆大潰，追奔二十里，殺千五百餘人，獲馬二千匹。

如白元光的獲吐蕃的羊馬。册府元龜卷三五九將帥部立功一一說：

白元光爲朔方騎將，大曆三年九月壬午，吐蕃寇靈州，元光擊破之。壬辰，元光又破吐蕃二萬衆於靈武，獲羊馬數千計。

其他如遮敵糧道，破壞敵人橋樑，燒敵人之積聚、掠敵人口輜重等，都是步兵所不易作到而馬軍可以勝任的。

總之，無論見利疾進，或不利亟去，凡是必須快速調動軍力時，步兵所不能勝任的，馬軍都可以勝任。而馬軍的所以能勝任，就是步軍的戰鬥力外更加上馬的前進速度。換言之，有了馬，士兵纔能進退自如，發揮增強戰鬥的效力。

二、馬與戰爭勝敗國家興衰的關係

馬的功用既如上述，每一戰役的勝敗，幾乎都與馬有關。馬強壯敏捷則戰勝，馬疲弱遲鈍則戰敗，是息息相關不可或分的事。

一個國家的興起，一定基於幾次戰爭的勝利，國家的衰弱，也常常是由於幾次戰爭的失敗。戰爭的勝敗，既常因馬的強弱而決定，則國家的興衰強弱，也不能脫離馬的關係。馬的強弱、多寡，都會影響到一個國家（或軍事集團）的命運。唐帝國的興起，及建國以後對內對外戰爭的勝敗，和國勢的盛衰，無不處處與馬有關。

舊唐書卷一高祖本紀：

（大業）十一年，煬帝幸汾陽宮，命高祖山西河東黜陟討捕。師次龍門，賊帥毋端兒帥衆數千薄於城下，高祖從十餘騎擊之，所射七十發，皆應弦而倒，賊乃大潰。

新唐書高祖本紀：

突厥犯塞，高祖與馬邑太守王仁恭擊之。隋兵少不敵。高祖選精騎二千爲遊軍，居處飲食隨水草如突厥，而射獵馳騁示以閒暇，別選善射者爲伏兵，虜見高祖，疑不敢戰。高祖乘而擊之，突厥敗走。

可見高祖在開國前，無論安內或攘外，都是以騎兵立功的。這些由騎兵得勝所建的功勳，正是高祖後來作太原留守以及起義建國的資本。

舊唐書高祖本紀大業十三年八月載：

癸巳，至龍門，突厥始畢可汗遣康鞘利率兵五百人、馬二千匹與劉文靜會於麾下。

同書卷五十七劉文靜傳說：

文靜使於始畢可汗，……文靜曰：「……願與可汗兵馬同入京師……。」始畢大喜，即遣康鞘利領騎二千隨文靜而至，又獻馬千匹，高祖大悅。

突厥借給唐高祖的馬，增加義軍威力不少，對於高祖稱帝建國的基礎，也增加許多鞏固力量。

舊唐書高祖本紀：

九月，……高祖令（孫）華與王長諧、劉宏基引兵渡河，屈突通遣其武牙郎將桑顯和率衆數千夜襲長諧，義師不利。太宗以遊騎數百掩其後，顯和潰散，義軍復振。

義軍由不利而轉爲復振，立功的便是太宗的遊騎數百。

當高祖由太原取長安之際，隋將屈突通扼守河東，如不擊敗屈突通，則高祖的西取長安，不免後顧之憂。太宗以遊騎擊潰屈突通的將領桑顯和，對於唐軍的入京建國具有密切的關係。助成戰爭勝利的，確是馬。

唐高祖建國以後，統一工作最重要的，有平薛仁杲的戰爭、平劉武周的戰爭、平王世充的戰爭、平竇建德的戰爭，以及平劉黑闥的戰爭。試看各戰役是如何得勝的。

舊唐書太宗本紀：

太宗親御大軍奄自北原出其不意。（薛仁杲將宗）羅睺望見，復迴師相拒。太宗將驍騎數十入賊陣，於是王師表裏齊奮，羅睺大潰。……太宗率左右二十餘騎追奔，直趣折墌以乘之，仁杲大懼，嬰城自守，……詰朝，仁杲請降。

可知平薛仁杲時，馬亦具有不少的戰功。

通鑑卷一百八十八武德三年四月載：

世民引兵趣介休，（劉武周將宋）金剛尚有衆二萬，出西門，背城布陳，南北七里。世民遣總管李世勣與戰，小卻，爲賊所乘，世民帥精騎擊之，出其陳後，金剛大敗，斬首三千級，金剛輕騎走。

宋金剛爲劉武周最重要的將領，介休之戰爲擊潰宋金剛的大戰。由此一戰奠定平劉武周的基礎。而建首功的，就是秦王世民所率的精騎。

通鑑卷一百八十八武德四年正月載：

秦王世民選精銳千餘騎，皆皂衣玄甲，分爲左右隊，使秦叔寶、程知節、尉遲敬德、翟長孫分將之。每戰，世民親被玄甲帥之爲前鋒，乘機進擊，所向無不摧破，敵人畏之。行營僕射屈突通，贊皇公竇軌，引兵按行營屯，猝與王世充遇，戰不利。秦王世民帥玄甲救之，世充大敗，獲其騎將葛彥璋，俘斬六千餘人，世充遁歸。

舊唐書太宗本紀上：

（武德）四年二月，又進屯青城宮，營壘未立，世充衆二萬自方諸門臨穀水而陣。太宗以精騎陣於北邙山，令屈突通率步卒五千渡水以擊之。因誡通曰：「待兵交卽放煙，吾當率騎軍南下。」兵纔接，太宗以騎衝之，挺身先進，與通表裏相應，賊衆殊死戰，散而復合者數焉。自辰至午，賊衆始退，縱兵乘之，俘斬八千人。於是進營城下，世充不敢復出，但嬰城固守以待建德之援。

據以上記載，可知唐的征伐王世充，前後建功的，都是太宗所率的精騎。

舊唐書太宗本紀：

太宗屯武牢，……建德列陣，自辰至午，兵士饑倦，皆坐列，又爭飲水，逡巡歛退。太宗曰：「可擊矣。」親率輕騎進而誘之，衆繼至。建德迴師而陣，未及整列。太宗先登擊之，所向皆靡。俄而衆軍合戰，囂塵四起，太宗率史大奈、程齩金、秦叔寶、宇文歆等揮幡而入，直突出其陣後，張我旗幟。賊顧見之，大潰，追奔三十里，斬首三千餘級，虜其衆五萬，生擒竇建德於陣。

可見擒竇建德之戰，立功的也是太宗所率的輕騎，及其將領程齩金、秦叔寶所將的騎兵。

舊唐書劉黑闥傳：

河北諸州盡叛，又降于黑闥，旬日間悉復故城，復都洺州。十一月，高祖遣齊王元吉擊之，遲留不進。又令隱太子建成督兵進討，頻戰大捷。六年二月，又大破之于館陶。黑闥引軍北走。建成與元吉合千餘騎屯於永濟渠，縱騎擊之，黑闥敗走。命騎將劉弘基追之。黑闥爲王師所蹙，不得休息，道遠兵疲，比至饒陽，從者纔百餘人，衆皆餒，入城求食，……(葛)德威勒兵執之，送于建成，斬於洺州，山東復定。

考劉黑闥爲竇建德部將，本傳謂：「其設法行政皆師建德，而攻戰勇略過之。」自武德五年正月復叛，聲勢甚盛，最後平定劉黑闥的，是建成、元吉的騎兵，以及著名騎將劉弘基所率的騎兵。

總觀以上諸重要戰役，平定了薛仁杲，則唐軍東下時，無後顧之憂。平定了劉武周，取得馬邑，則唐起義的根據地太原既可解除威脅，京師長安更爲鞏固。平定了王世充，據有洛陽，則唐軍既可控制中原，且可南下江淮。平定了竇建德和劉黑闥，則唐軍可以控制河朔，完成統一的大勢。在以上所述諸戰役中，無一戰役不是由騎兵建功而完成勝利的。若謂唐代統一之功，是由馬助人完成，並非誇大之論。

唐統一以後，宮廷之內的戰爭，勝負也與馬有關。例如通鑑卷一百九十一武德九年六月載：

建成，元吉至臨湖殿，覺變，卽跋馬東歸宮府，世民從而呼之。元吉張弓射世民，再三不彀。世民射建成，殺之。尉遲敬德將七十騎繼至，左右射元吉墜馬。世民馬逸入林下，爲木枝所絓，墜不能起，元吉遽至，奪弓將扼之，敬德躍馬叱之，元吉步欲趨武德殿，敬德追射，殺之。

玄武門之變是初唐特別重要的一件大事，影響唐帝國至深且鉅。在此戰爭中，秦王世民勝了，固可以得到皇帝的寶座，倘若失敗了，便成爲叛亂的罪魁。這次戰役勝敗決定的關鍵，就是「尉遲敬德將七十騎繼至。」及敬德躍馬叱退元吉所致。所以後來論功時，敬德與長孫無忌第一。敬德的所以能立此特功的原因，一方面固然是敬德的勇敢，另一方面還是馬幫助敬德前進迅速所致。據此，則秦王世民的所以能得天下，人有功，馬亦有功，而且馬實具有重大的決定力量。

對內戰爭如此，對外戰爭更顯出馬的重要。隋唐嘉話：

武德末年，突厥至渭水橋，控弦四十萬。太宗初親庶政，驛召衞公（李靖）問策。時發諸州軍未到長安，居人勝兵不過數萬，胡人精騎騰突挑戰，日數十合，帝怒欲擊之，靖請傾府庫賂以求和，潛軍邀其歸路，帝從其言，胡兵遂退。

據作者考證，此役就是指的太宗所說的「渭水之恥」。渭水之恥造成的原因，是太宗剛即位後，人心未安，突厥選定從建成舊部羅藝所守的涇州入侵。結果羅藝沒有抵抗，突厥勁騎以一日三百餘里的速度大舉南下。太宗發諸州縣的軍隊，未能趕到長安。長安居人勝兵的不過數萬，太宗不得已，只好傾府庫賂突厥以求和了。

追究太宗所以被迫求和的原因，是突厥的兵到長安快，太宗調諸州的兵到長安慢。緩兵不能救近急，正如遠水不能解近渴一樣。再進一步追究爲什麼突厥的兵到長安快？太宗調諸州的兵到長安慢呢？就是突厥兵全是騎兵，而太宗的兵多是步兵。換句話說，此役勝敗的關鍵，在於突厥馬多，太宗馬少。勝敗取決於馬，於此役表現的更爲明顯。

渭水之恥以後，太宗立志雪恥，一面勵精圖治，訓練士卒，一面在國外聯絡與國——鐵勒等部。更培植突厥的突利可汗以分化頡利可汗的力量。數年之後，成效卓著。貞觀三年，遂命兵部尚書李靖率兵以伐突厥。伐突厥的經過，據舊唐書李靖傳說：

（貞觀）三年，轉兵部尚書，突厥諸部離叛，朝廷採圖進取，以靖爲代州道行軍總管，率驍騎三千，自馬邑出其不意，直趨惡陽嶺以逼之。頡利可汗不虞於靖，見官兵奄至，於是大懼，……一日數驚。靖侯知之，潛令間諜離其心腹，其所親康蘇密來降。四年，靖進擊定襄，破之。

獲隋齊王暕之子楊正道及煬帝蕭后送于京師，可汗僅以身遁，以功進封代國公，賜物六國段及名馬寶器焉。太宗嘗謂曰：「昔李陵提步卒五千，不免身降匈奴，尚得書名竹帛，卿以三千輕騎深入虜庭，克復定襄，威振北狄，古今所未有，足報往年渭水之役。」自破定襄後，頡利可汗大懼，退保鐵山，遣使入朝謝罪，請舉國內附。又以靖爲定襄道行軍總管往迎頡利，頡利雖外請朝而潛懷猶豫。其年二月，太宗遣鴻臚卿唐儉，將軍安修仁慰諭。靖揣知其意，謂將軍張公謹曰：「詔使到彼，虜必自寬。」遂選精騎一萬，齎二十日糧，引兵自白道襲之。公謹曰：「詔許其降，行人在彼，未宜討擊。」靖曰：「此兵機也，時不可失，韓信所以破齊也，如唐儉等輩，何足可惜。」督軍並進，師至陰山，其斥候千餘帳，皆俘以隨軍。頡利見使者大悅，不虞官兵至也。靖軍將逼其牙帳十五里，虜始覺，頡利畏威先走，部衆因而潰散，靖斬萬餘級，俘男女十餘萬，殺其妻隋義成公主。頡利乘千里馬將走投吐谷渾，西道行軍總管張寶相擒之以獻。

從大將李靖出兵到俘獲突厥頡利可汗，重要的戰役有二：一克復定襄之戰；二陰山之戰。克復定襄之戰得到勝利，是得力於李靖輕騎三千。陰山之戰，建下戰功的又是李靖所選的精騎一萬。總計兩次戰役，建功的全是騎兵。

其次值得注意的，自武德九年八月頡利可汗精騎到達渭水北岸，逼得太宗傾府庫賂以求和起，至貞觀四年三月十五日張寶相生擒頡利送往京師止；其間只有三年半的時間，何以勝敗易位如是之速？

唐太宗的立志雪恥，奮發圖強當然是其原因，在另一方面，也不能不看看突厥內部的情形和演變。

舊唐書突厥頡利可汗傳說：

貞觀元年，……其國大雪，平地數尺，羊馬皆死，人大饑，乃懼我師出乘其弊，引兵入朔州，揚言會獵，實設備焉。……二年，突利遣使奏言與頡利有隙，奏請擊之。……三年，薛延陀自稱可汗于漠北，遣使來貢方物。頡利始稱臣尚公主，請修婿禮。頡利每委任諸胡，疏遠族類，胡人貪冒，性多翻覆，以故法令滋張，兵革歲動，國人患之，諸部攜貳。頻年大雪，六畜多死，國中大餒。頡利用度不給，復重斂諸部，由是下不堪命，內外多叛之。

總括以上，突厥國情形惡化，約可分為三項：

一、天災頻仍。

二、國內分裂與政亂。

三、外鄰強大。

陳寅恪先生於其作「外族盛衰之連環性及外患與內政之關係」文內，解釋突厥敗亡原因曰：

寅恪案，北突厥或東突厥之敗亡，除與唐為敵外，其主因一為境內之天災及政亂，二為其他鄰接部族回紇薛延陀之興起兩端。故授中國可乘之隙，否則，雖以唐太宗之英武，亦未必能致如是之奇蹟。

陳先生將突厥境內的天災與政亂列為第一原因，自有其道理，因為如果沒有境內之天災及政亂，其他鄰接部族也必不能興起來。

根據以上再深究一步，天災何以使突厥敗亡？看前面所引文「其國大雪，…羊馬皆死」「頻年大雪，六畜（當然包括馬）多死。」便可瞭解。因爲馬是突厥軍隊的動力，馬皆死或多死，突厥的武力自然衰弱了。

舊唐書卷六十二鄭元璹傳：

貞觀三年，又使入突厥，還奏曰：「突厥興亡，唯以羊馬爲準，今六畜疾羸，人皆菜色，又其牙內炊飯，化而爲血，徵祥如此，不出三年，必當覆滅。」無幾，突厥果敗。

鄭元璹早已做過「突厥興亡，唯以羊馬爲準」的結論。而羊馬二畜，羊關於民生者重，馬關於軍事者重。換句話說，突厥因缺馬而敗，也是不辯之論。

總而言之，唐太宗的勝利，得力於馬。突厥頡利可汗的敗亡，是由於缺馬。

唐太宗勝利後，西北諸酋長上尊號爲天可汗，太宗一躍而爲東亞盟主，頡利敗亡後，突厥降爲唐的臣屬。這種鉅大的變化，從表面看，似爲奇蹟，深入研究後，可知突厥馬的減少，確有重大的決定力量。

中唐的大事莫過於安史之亂，亂事前後經過八年之久，始獲平定。當唐的太平盛世天寶年間，安祿山何以能反呢？新唐書卷五十兵志有如下的解答：

（天寶）十三載，隴右羣牧都使奏：……馬三十二萬五千七百，安祿山以內外閑廐都使兼知樓煩監，陰遣勝甲馬歸范陽，故其兵力傾天下而卒反。

安祿山事蹟卷中亦說：

祿山包藏禍心，畜單于獲貞大馬習戰鬥者數萬匹。

據此可知：安祿山的叛亂，由於其兵力傾天下，而其兵力的所以能傾天下，是由於他陰選勝甲馬歸范陽，和畜單于護眞大馬習戰鬥者數萬匹之故。

嗣後安祿山叛軍之勢汹汹，渡黃河，陷東都，官軍一敗再敗，直至賊破潼關，陷長安，玄宗倉倅奔蜀，唐政府軍全居劣勢。究其原因，全由於無力抵禦叛軍之馬。

新唐書卷五十兵志說：

肅宗牧兵至彭原，率官吏馬抵平涼蒐監牧及私羣，得馬數萬，軍遂振。至鳳翔，又詔公卿百寮以後乘助軍。

舊唐書肅宗本紀說：

（至德元載六月）上至彭原，又募得甲士四百率私馬以助軍。辛丑，至平涼郡，蒐閱監牧公私馬，得數萬匹（疋），官軍益振。

可見肅宗所率領的官軍，由不振轉變爲復振的原因，就在募得甲士以私馬助軍和蒐得監牧公私馬數萬匹。

舊唐書卷一百九十五回紇傳說：

至德元載七月，肅宗於靈武即位，遣故邠王男承寀封爲燉煌王，將軍石定番使于回紇以修好徵兵。……二載，……九月戊寅，加承寀開府儀同三司，拜宗正卿，納回紇公主爲妃。回紇遣其太子葉護領其將帝德等兵馬四千餘衆助國討逆。

舊唐書卷一百二十郭子儀傳說：

九月，（子儀）從元帥廣平王率蕃漢之師十五萬進收長安。迴紇遣葉護太子領四千騎助國討賊，子儀與葉護晏狎修好，相與誓平國難，相得甚好。子儀奉元帥爲中軍，與賊將安守忠、李歸仁戰於京西香積寺之北。王師結陣橫亘三十里，賊衆十萬陣於北。歸仁先薄我軍，我軍亂。李嗣業奮命馳突，擒賊十餘騎，乃定。回紇以奇兵出陣之後夾攻之，賊軍大潰。自午至酉，斬首六萬級。賊將張通儒守長安，聞歸仁等敗，是夜奔陝郡。翌日，廣平王入京師。

克復西京是官軍的一大勝利，也是奠定以後光復成功的一次重要戰役。從上面所引文可以看出此一戰役之所以勝利，由於「回紇奇兵出賊之後以夾攻之」。而回紇的奇兵全是騎兵。換句話說，回紇的兵和馬在此戰役中同樣都具有大功。

通鑑卷二百二十至德二載十月載：

廣平王俶至曲沃，回紇葉護使其將軍鼻施吐撥裴羅等引軍旁南山搜伏，因駐軍嶺北。郭子儀等與賊遇於新店。賊依山而陳，子儀等初與之戰不利，賊逐之下山。回紇自南山襲其背，於黃埃中發十餘矢。賊驚顧曰：「回紇至矣！」遂潰。官軍與回紇夾擊之，賊大敗，僵尸蔽野，嚴莊、張通儒等棄陝東走。廣平王俶郭子儀入陝城，僕固懷恩等分道追之。嚴莊先入洛陽告安慶緒。庚申夜，慶緒率其黨自苑門出走河北。……壬戌，廣平王俶入東京。

舊唐書卷一百九十五回紇傳說：

（至德二載）十一月癸酉，葉護自東京至，勑百官於長樂驛迎。上（肅宗）御宣政殿勞之。葉護升殿，其餘酋長列於階下，賜錦繡繒綵金銀器皿。及辭歸蕃，上謂曰：「能爲國家就大事成義勇者，卿等力也。」葉護奏曰：「回紇戰兵留在沙苑，今且須歸靈夏取馬，更收范陽，討除殘賊。」

由賊驚顧曰：「回紇至矣」遂潰，及肅宗謂葉護之語，知東京之光復，回紇的軍功不小。更由葉護所率回紇軍全是騎兵以及葉護所說：「今且須歸靈夏取馬」等語，可知回紇軍的所以能立功，馬實具有重要力量。

通鑑卷二百二十乾元元年（七五八）八月載：

回紇遣其臣骨啜特勒及帝德將驍騎三千助討安慶緒，上命朔方左武鋒使僕固懷恩領之。

杜甫洗兵馬：

中興諸將收山東，捷書日報清晝同，河廣傳得一葦過，胡危命在破竹中。只殘鄴城不日得，獨任朔方無限功，京師皆騎汗血馬，回紇餵肉葡萄宮。……

可知於圍安慶緒於鄴之時，官軍騎兵的力量，較前又爲加強。

在此以後，雖然賊勢也有復熾的時候，大體說來，官軍已轉爲優勢無疑。其所以造成那種局勢的原因，官軍騎兵力量增強，爲其重要原因之一。換句話說，唐的平定安史而中興，馬確具有不少的功勞。

晚唐的民變有裘甫之亂、龐勛之亂、王郢之亂、王仙芝、黃巢之亂。裘甫、王郢的亂區都在江南，所以平亂之時，馬軍的威力並不顯著。龐勛之亂及王仙芝、黃巢之亂的亂區都及於黃河流域，尤其是最後的平定，都在淮河以北，所以馬軍的功用也比較顯著。首看龐勛之亂的平定。

新唐書卷二百十六沙陀傳：

乃遷（朱邪）赤心蔚州刺史雲州守捉使。龐勛亂，詔義成康承訓爲行營招討使，赤心以突騎三千從。承訓兵渙水遇伏，墮圍中幾沒，赤心以騎五百掀出之。勛欲速戰，衆八萬，短兵接，赤心勒勁騎突賊，與官軍夾擊，敗之。其弟赤衷以千騎追之亳東，勛平，進大同軍節度使，賜姓李，名國昌。

可見龐勛之亂的平定，以沙陀人朱邪赤心及其弟赤衷的騎兵的軍功爲最大。

至於最大的叛亂王仙芝、黃巢之亂，前後達十年之久，較之安史之亂尤多二年。亂區之廣，遍及黃河、長江、粵江三大流域。僖宗廣明元年（八八〇），黃巢渡江北犯，陷東都，入潼關，直破唐京師長安，大有破竹之勢，逼的僖宗倉倅入蜀。次年，由鄭畋所率的官軍，雖然一度收復長安，但不久復爲黃巢所陷。此後官軍在長安外圍與賊相持幾二年之久，官軍迄無奈賊何。及中和三年（八八三）

四月，沙陀李克用的騎兵趕到長安外圍，一戰而收復長安。舊五代史卷二十五武皇本紀說：

武皇（李克用）率忻、代、蔚、朔、達靼之軍三萬五千騎赴難於京師，……中和三年正月，晉國公王鐸承制授武皇東北面行營都統。武皇令其弟克修領前鋒五百騎渡河視賊。黃巢遣將米重威齎重賂及偽詔以賜武皇，武皇納其賂以給諸將，燔其偽詔。是時，諸道勤王之師雲集京畿，然以賊勢尚熾，未敢爭鋒。及武皇將至，賊帥相謂曰：「鴉兒軍至，當避其鋒。」武皇以兵自夏陽濟河。二月，營于乾坑店。黃巢大將尚讓、林言、王璠、趙璋等引軍十五萬屯于梁田坡。翌日，大軍合戰，自午及晡，巢賊大敗。是夜賊衆遁據華州，武皇進軍圍之。……三月，尚讓引大軍赴援，武皇率兵萬餘逆戰于零口，巢軍大敗。武皇進軍渭橋。翌日，黃揆棄華州而遁。……四月，黃巢燔長安收其餘衆東走藍關。武皇進收京師。

以上是李克用由發兵救唐至收復京師長安的簡單經過。李克用所率多係騎兵，時間前後約歷三個月。淪陷兩年的京師，李克用經三個月即行收復，已可看出李克用騎兵的威力。

舊唐書卷二百下黃巢傳載有天下兵馬都監押楊復光露布獻捷於行在陳破賊事狀一文，內有一段曰：

今月（四月）八日，遣衙隊前鋒楊守宗，河中騎將白志遷……等三十都隨李克用自光泰門入京師，力摧兇寇，又遣河中將劉讓……等七十都繼進。賊尚為堅陣來抗官軍。雁門李克用率勵驍雄，整齊金革，叫譟而聲將動瓦，暗嗚而氣欲吞沙，寬列戈矛，密張羅網。於是麾軍背擊，分……

騎橫衝，日明而創躍飛輪，風急而旗開走電。使賊如浪，便可塞流，使賊如山，亦須折角。蹂踐則橫尸入地，騰凌則積血成塵。不煩卽墨之牛，若駕昆陽之象。楊守宗等齊驅直入，合勢夾攻。從卯至申，羣兇大潰。自望春宮前蹙殺至昇陽殿下攻圍，戈不亂揮，矢無虛發。其賊一時奔走，南入商山，徒延漏刃之生，佇作飲頭之器。自收平京闕，二面皆立大功，若敵摧兇，李克用實居其首。

更可看出，京師之收復，李克用的騎兵實居首功。

李克用收復京師長安，使李唐天下又延續了二十五年之久。一部分功勳固然應當屬於唐的將士和沙陀兵，另一部分則應屬於沙陀馬。

馬在戰爭中的重要性，業已明顯，無庸於每一戰役證明，茲再檢討馬的數量和國勢強弱的關係。總論唐代國勢強盛時代有二：一為太宗貞觀年間至高宗前期，二是玄宗開元天寶之際。再看此兩時期養馬的情形。

新唐書卷五十兵志說：

初用太僕少卿張萬歲領羣牧，自貞觀至麟德四十年間，馬七十萬六千，置八坊，……八坊之田千二百三十頃，募民耕之以給芻秣，八坊之馬為四十八監，而馬多地狹不能容。

同書同卷兵志又云：

毛仲既領閑廄，馬稍稍復，始二十四萬，至（開元）十三年，乃四十三萬。其後突厥款塞，玄宗厚撫之，歲許朔方軍西受降城爲互市，以金帛市馬，於河東、朔方、隴右牧之。旣雜胡種，馬乃益壯。天寶後，諸州戰馬動以萬計，……議謂秦漢以來，唐馬最盛，天子又銳志武事，遂弱西北番。

貞觀麟德年間馬多，唐國勢強盛，開元年間馬多而唐國勢亦強，決不是偶然的符合，而是馬的數量與國勢強弱實成正比例。

新唐書五行志：

永隆二年（卽開耀元年——六八一），監牧馬大死，凡十八萬匹，馬者國之武備，天去其備，國將危亡。

高宗後期，西方吐蕃與唐抗衡，北方突厥屢寇唐邊，唐代國勢不及太宗及高宗前期爲強，也是事實。這種馬的減少和國勢稍衰的現象，又恰相符合。

天寶十四載，安史亂起，唐爲平定叛亂，將西北的兵備盡徵調入援，唐西北邊塞盡虛。吐蕃乘此機會，一再東侵，數年之間，將唐河西、隴右兩節度使所轄的數十州，盡行掠佔，直至今陝西中部一帶。自鳳翔（今陝西鳳翔縣）以西，邠州（今陝西邠縣）以北，邊疆盡失。這一帶失地，原先是唐代牧馬的區域。此地一失，唐代便沒有牧地，唐代牧馬大受打擊。

安史之亂後來雖經平定，而唐代在西北今甘肅一帶的牧馬地，久未恢復（至宣宗時，張義潮來歸，始復）。唐自肅宗以後，北方外患有回紇，西方外患有吐蕃，貞觀、開元盛世，不得復見。其中原因固非一端，但唐代因失牧地而缺馬，致影響到國勢的衰弱，決非無理由的妄自揣測。

總之，貞觀開元馬多而國勢強，永徽以後，安史亂後馬缺而國勢衰，絕不是偶然的符合，而是馬的數量多寡與國勢強弱，有絕對的關聯。換言之，馬多則國強，馬少則國弱。觀察唐代史實，可謂信而有徵。

三、馬對軍事的影響

馬與戰爭的勝敗和國家的盛衰，既有前述的密切關係，馬在軍事上可謂至爲重要。有馬沒人（兵）固然不能作戰，有人（兵）沒馬，同樣的也不能戰勝。必須人馬配合纔能發揮克敵致勝的效力，人與馬同樣的具有戰功。因之唐政府——軍政當局，把馬看得和人（兵）同樣重要。

新唐書卷四十九下百官志：

天下兵馬元帥、副元帥、都統、副都統、行軍長史、行軍司馬、行軍左司馬、行軍右司馬、……前軍兵馬使、中軍兵馬使、後軍兵馬使、……元帥、都統、招討使掌征伐，兵罷則省，都統總諸道兵馬，不賜旌節。

其下加注曰：

高祖起兵，置左右領軍大都督，各總三軍。及定京師，置左右元帥，太原道行軍元帥，西征元帥，皆親王領之。天寶末，置天下兵馬元帥、……大曆八年，罷天下兵馬元帥。……黃巢之難，置諸道行營都都統。天福二年，置諸道兵馬元帥，尋復改曰天下兵馬元帥。

從以上唐代在外統兵官名的演變，可以發現其官名凡標明兵字的必標以馬，而成爲兵馬並稱，絕沒有例外。由此可以看出當時政府對全部軍隊，把馬看得和兵同樣重要。

不只在官制上表現出兵馬並重，卽令是皇帝的詔令文誥，也常顯示出來兵馬（或士馬）是並重的。例如：

太宗平薛延陀幸靈州詔（全唐文卷八）：

去歲東征，士馬勞倦。

太宗命將征高麗詔（全唐文卷七）：

可先遣使持節遼東道行軍大總管英國公勣、副總管江夏郡王道宗，士馬如雲，長驅遼左。

玄宗賜李光書（全唐文卷四十）：

朔方兵馬，飛狐要害，委卿經略。

玄宗宴朔方軍節度及將士勅（全唐文卷三十四）：

禕總戎朔陲，經略萬里，賦軍籍馬，精卒銳兵自其有虞。

玄宗討康待賓等勅（全唐文卷四十三）：

朕今發隴右諸軍馬騎掩其南，徵河東九姓馬騎襲其北。

肅宗答文武百官表賀河陽陝東破賊詔（全唐文卷四十三）：

城梁不假於人功，士馬或稱於幽贊。

肅宗令郭子儀充諸道兵馬都統詔（同上）：

仍與回紇兵馬犄角相處。

德宗討吳少誠詔（唐大詔令集卷一百十九）：

常、冀、幽州、淄青、魏博、易定、澤潞、太原、淮南等州，徐、泗、山南東道、鄂岳等軍，各發士馬，逐使犄角齊進，同爲討伐。

憲宗平劉闢詔（唐大詔令集卷一百三十四）：

興戈矛於關西，發介馬於幷郡。

憲宗討王承宗制（全唐文卷五十八）：

宜令河東、盧龍、……等節度兵馬計會進討。

從以上的詔令中的士馬並提，或兵馬並提，更可證明皇帝和政府把馬看得和士兵同樣的重要。

大唐創業起居注卷一：

初帝（指高祖）奉詔爲太原道安撫大使，……河東已來兵馬，仍令帝徵發討捕所部盜賊。

舊唐書卷七十一魏徵傳：

以隋之甲兵，況今日之士馬。

張說爲清邊道大總管建安王奏失利表（全唐文卷二百二十二）：

以見在兵馬，交要部統。

張說并州論邊事表（同上）：

必告之不馴，則大發兵馬。

張九齡勅河東節度使王忠嗣書（全唐文卷二百八十五）：

頃屬時暑，士馬遠來，行李之間，固應疲頓。

張九齡勅瀚海軍使蓋嘉運書（全唐文卷二百八十四）：

卿彼士馬自足，可與王斛斯計議。

陸贄與回紇可汗書（全唐文卷四百六十四）：

緣諸軍兵馬，收京破賊。

陸贄賜吐蕃將書（同上）：

旋屬炎蒸，又多疾疫，大蕃兵馬，便自抽歸。

陸贄賜吐蕃宰相尚結贊書（同上）：

邊軍狀奏：彼國兵馬，踰越封疆。

陸贄賜尚結贊第二書（同上）：

又聞放縱兵馬，蹂踐禾苗。

李德裕論陳許兵馬狀（全唐文卷七百一）：

昨令陳許兵馬直抵磁州，此是制敵謀深。

李德裕論石雄請添兵狀（全唐文卷七百二）：

望以兩處兵馬皆在行營。

李德裕請諸道進軍狀（全唐文卷七百二）：

兵馬並不入潞州，只在三數十里下營。

李德裕奏晉州刺史李丕狀（同上）：

右緣安義節管沙陀兵馬三十餘年。

李德裕奏磁邢州諸鎭縣兵馬狀（同上）：

右件州縣兵馬，並准江淮諸道例割屬本州收管。

李德裕巡邊使劉濛狀（同上）：

切望國家兵馬應接黠戛斯。

根據以上可以看出唐代諸名臣，於議論軍國大事時，同樣的是兵馬相提並論的（其餘在文人的詩文裏，兵馬並提之處，更是不一而足）。足證兵馬同樣重要，是唐代君臣們上下一致的認識。其人（兵）和馬各具特長，由人馬配合而爲馬軍（卽騎兵），便成爲一個完整的戰鬥基本單位。其戰鬥力量之強，較之單由人組織的步兵，可增加許多倍。

舊唐書卷六十八程知節傳說：

程知節，……少驍勇善用馬矟，大業末，聚徒數百共保鄉里以備他盜。後依李密，署爲內軍驃騎。時密於軍中簡勇士尤異者八千人隸四驃騎，分爲左右以自衞，號爲內軍。自云：「此八千人可當百萬。」

由以上記載可以確知兩點：

（一）、由李密之語，可知在隋末唐初時，馬軍的戰鬥力確是極強，而且是軍中的主力。

（二）、由程知節充當李密的內軍驃騎，可知那時李密早已有獨立馬軍的組織。

唐高祖於開國之初，早已十分明瞭馬軍的重要，所以開國不久，卽有馬軍的組織。

舊唐書卷六十八秦叔寶傳說：

秦叔寶……來降，高祖令事秦府，太宗素聞其勇，厚加禮遇，從鎭長春宮，拜馬軍總管。又從征於美良川，破尉遲敬德，功最居多。

册府元龜卷三五七將帥部立功一〇說：

盧士良，武德初以功爲柱國。其後黨弘仁督運於穀州，士良以馬軍總管率兵爲援，遇王世充驍將葛彥璋，接戰破之，進下慈澗城。

由秦叔寶、盧士良都曾作過馬軍總管的事實，可知在唐初馬軍已單獨成軍，由專人負責作總管的。

唐書卷六十八程知節傳說：

授秦王府左三統軍，破宋金剛，擒竇建德，降王世充，並領左一馬軍。每陣先登，以功封宿國公。

由程知節於破宋金剛、擒竇建德、降王世充時並領左一馬軍，可以推知在唐高祖領導之下，唐當有左一馬軍或左二左三馬軍，以及右一右二甚至三等馬軍之組織。

冊府元龜卷三八五將帥部褒異一一說：

王思禮爲雲麾將軍金城太守。祿山反，哥翰爲元帥，奏思禮加開府儀同三司兼太常卿充元帥府馬軍都將。肅宗至德二年九月，思禮從元帥廣平王收西京。

由王思禮在安祿山反後充元帥府的馬軍都將，知在唐代馬軍一直是單獨成一系統的。

馬軍成單獨的組織，與步兵並列，是馬影響於軍隊組織的。

由人馬配合組成的馬軍的戰鬥力既強，可以擔任種種任務，所以和馬配合而成騎軍的兵士，也必須健壯。新唐書兵志說：

凡民二十爲兵，六十而免，其能騎而射者爲越騎，其餘爲步兵。

可見在唐初採府兵制度之時，就把精壯而戰鬥力強的兵選爲騎兵，普通的纔編爲步兵。這樣的選擇編制，更造成馬軍強步兵弱的現象。

因爲馬軍強步兵弱是很明顯的現象，所以軍事家於作戰時，勢必（不得不）以馬軍爲主步兵爲副。

唐開國時期，雖然馬數較少，但每次戰爭的致勝，已經是以騎兵爲主力了。通鑑卷一百八十八武德四年載：

秦王世民選精銳千餘騎，皆皂衣玄甲，分爲左右隊，使秦叔寶、程知節、尉遲敬德、翟長孫分將之。每戰，世民親被玄甲帥之爲前鋒，乘機進擊，所向無不摧破，敵人畏之。

秦王世民以精銳騎兵爲主力，是很明顯的事實。至於建國統一以後，因爲注意馬政，牧馬數目增多，戰爭更以馬軍爲主力，是不言而喻的事。由前節所舉諸例可以證明。不贅。

唐的後期，這種以騎兵爲軍隊主力的現象，仍然未改。全唐文卷七百二載李德裕討襲回鶻事宜狀說：

臣久經思慮，非不精詳。回鶻皆騎兵，長於野戰，若在磧鹵，難與交鋒，雖良將勁卒，無以制勝。臣料必無遊奕伏道，又未曾砍營。倘令石雄以義武馬軍一千騎，兼揀退渾一千騎，精選步卒以爲羽翼，銜枚夜襲，必易成功。臣夙夜籌度，無出此計。

由此可知李德裕用兵，仍是以騎兵爲主，以步兵爲翼。

既是以馬軍爲主步兵爲副，所以唐代帝王的詔令中，常常提到馬步軍，把馬軍置於步軍之上。例如：

太宗破高麗賜酺詔（全唐文卷七）：

行軍大總管李勣率總管虢國公張士貴等馬步軍十四總管當其西南面，又命趙國公無忌率馬步軍二十六總管馳自東谷。

玄宗命備吐蕃制（全唐文卷二十三）：

秣馬練兵，觀釁而動，屯田積穀，固敵是求。……隴右通共團結馬步三萬九千人。

代宗命郭子儀等備邊勅（全唐文卷四十八）：

會子儀以上郡、北地、四塞、五原、義渠、稽胡、鮮卑、雜種馬步五萬衆，嚴令會栒邑。

這種以馬軍爲主以步兵爲副的現象，是馬影響於軍政的。

因爲把馬軍看得最重要是普遍的事實，所以文人們在詩歌裏常常略去騎馬的兵或人，而單云騎。例如：

胡騎羌兵入巴蜀。（杜甫天邊行，指廣德元年，吐蕃取河西事）

惜昔先帝巡朔方，千乘萬騎入咸陽。（杜甫憶昔二首）

九重城闕煙塵生，千乘萬騎西南行。（白居易長恨歌）

甚至於以馬（或騎）代表軍隊，不言軍亦不言人，成爲普通用字或講話的習慣。例如：

汗馬收宮闕。（杜甫收京三首）

不教胡馬渡陰山。（王昌齡出塞）

胡馬窺亭障。（崔融山月）

胡馬暫爲害。（劉長卿旅次丹陽郡遇康侍御宣慰召募兼別岑單父）

洛陽昔陷沒，胡馬犯潼關。（杜甫洛陽）

胡馬屯成皐。（杜甫龍門鎮）

鄉關胡騎滿。（時史朝義據東都）（杜甫得廣州張判官叔卿書使還以書代意）

言及沙漠事，益令胡馬驕。（高適睢陽酬別暢大判官）

胡馬纏伊洛，中原氣甚逆。（杜甫贈司空王公思禮）

奇兵不在衆，萬馬救中原。（杜甫觀安西兵過赴關中待命二首）

函谷忽驚胡馬來。（李白流夜郎贈辛判官）

馬軍既是軍隊的主力，軍政當局必須注意到主力軍——騎兵的訓練。要把騎兵訓練得精、驍、其勁如鐵，行動輕便如飛，這種訓練的標準和目標，由當時對騎兵的稱謂上可以證明。最常見的有「精騎」，函有精銳的意思。例如：

舊唐書卷六十八秦叔寶傳說：

太宗將拒竇建德於武牢，叔寶以精騎數十先陷其陣。

舊唐書卷二太宗本紀說：

黑闥……率步騎二萬南渡洺水，晨壓官軍，太宗親率精騎擊其馬軍，破之。

舊唐書卷六十九薛萬均傳說：

萬均請精騎百人伏於城側，待其（竇建德）半渡擊之。

隋唐嘉話說：

武德末年，……胡人精騎騰突挑戰，日數十合，帝（太宗）怒欲擊之。

舊唐書卷六十七李靖傳說：

遂選精騎一萬齎二十日糧，引兵自白道襲之。

舊唐書卷一百九李嗣業傳說：

嗣業又率精騎前擊，表裏齊進，賊衆大潰。

崔湜塞垣行：

精騎突曉圍，奇兵襲暗壁。

因為精銳的騎軍要訓練的驍勇善戰，所以有時也叫做「驍騎」。例如通鑑卷一百九十三貞觀四年載：

春正月，李靖率驍騎三千自馬邑進屯惡陽嶺，夜襲定襄，破之。

同書卷二百二十乾元元年八月載：

回紇遣其臣骨啜特勒及帝德將驍騎三千助討安慶緒。

册府元龜卷三五八將帥部立功一一載：

子儀與光弼選驍騎五百人更挑之。

同書卷四一四將帥部赴援：

賊將董重質領驍騎突至，度甚危蹙，（田）布領騎三百馳救之。

有時爲形容馬軍的強勁，而叫做「鐵騎」，如：

鐵騎胡裘出漢營，分麾百道救龍城。（常建塞下）

破圍鐵騎長驅疾，飲血將軍轉戰危。（陳去疾送韓將軍之雁門）

牙璋辭鳳闕，鐵騎繞龍城。（楊炯從軍行）

鐵騎征西幾歲還。（錢起少年將軍征西）

鐵騎橫行鐵嶺頭。（高適九曲詞三首之三）

鐵騎突出刀槍鳴。（白居易琵琶行）

翠輦未安，鐵騎旋至。（舊唐書卷一百七十七崔胤傳）

有時爲表示其輕便而叫做「輕騎」。例如：

舊唐書淮陽王道玄傳：

竇建德至武牢，太宗以輕騎誘賊。

舊唐書卷五十五劉武周傳：

太宗與諸將力戰破之，（宋）金剛輕騎遁走。

舊唐書卷六十七李勣傳：

命勣爲朔州行軍總管，率輕騎三千追及延陀於青山，擊大破之。

李益送韓將軍還邊：

獨將輕騎出，暗與伏兵期。

以上只是因騎兵的性能而加以形容詞，更有以軍隊的性能而以之名軍者。如新唐書兵志說：

（貞觀）十二年，始置左右屯營於元武門，領以諸衞將軍，號「飛騎」。

（開元）十一年，取京兆、蒲、同、岐、華府兵及白丁而益以潞州長從兵共十二萬，號長從宿衞。………明年，更號曰「彍騎」。

「飛騎」是形容其行動迅速如飛，「彍騎」是形容其戰鬥能力之強。由用「飛騎」「彍騎」以名其軍，是馬影響於軍制的。

因爲馬軍爲主步兵爲副，所以用兵時，常常使馬軍擔的責任較步兵爲重。衞公兵法曰：

軍馬行動，須知次第，出先右虞候馬軍爲首，次右虞候步軍；次右軍馬軍，次右軍步軍；次前軍馬軍，次前軍步軍；次中軍馬軍，次中軍步軍；次右軍馬軍，次右軍步軍；次左軍馬軍，次左軍步軍；次左虞候馬軍，次左虞候步軍。其馬軍去步軍一二里外行，每有高處，卽令三五騎於馬上立顧以候不虞。以後餘軍准進，立馬四顧。右虞候既先發，安營踏水道路，修理泥溺橋津，搶行水草。左虞候排比隊仗，整齊軍次，使不交雜。若軍迴入，先左虞候馬軍，次左虞候步軍；次左步軍。其次第准前。

考衞公兵法爲唐開國名將李靖所作，爲當時及後世軍事家所宗。唐代行軍，想必多依據衞公兵法。兵法內指示軍隊行動的次序，都是馬軍在前，步軍在後；而且馬軍去步軍一二里外行；正可以表示出來馬軍時時處處都要掩護步軍。它的職責較步軍爲重。

這種行軍次序和職責的規定，是基於馬軍強於步軍的現象應運而生。這是馬影響到軍政和兵法的。

因爲馬在軍事上如此的重要，所以唐代各帝，對馬都特別重視。他們重視馬的表現，首先要極力擴充馬的數量。擴充馬的數量的方法，在唐代前期爲設官牧馬，在後期爲以帛易回紇馬。此二問題越出本文研究範圍，茲從略。

唐高祖太原起義後不久，爲借馬的關係，即派劉文靜出使聯絡突厥。舊唐書卷五十七劉文靜傳說：

> 高祖開大將軍府，以文靜爲軍司馬。文靜勸改旗幟以彰義擧，又請連突厥以益兵威，高祖並從之。因遣文靜使於始畢可汗。……文靜曰：「……願與可汗兵馬同入京師。……」始畢大喜，即遣將康鞘利領騎二千隨文靜而至，又獻馬千匹，高祖大悅。

大唐創業起居注卷二：

> 帝（高祖）喜其（突厥）兵少而來遲，……謂（劉）文靜曰：「吾已及河，突厥始至，甚愜吾意。」

由以上記載，可知高祖對突厥兵馬固都歡迎，但最歡迎的却不是突厥兵而是突厥的馬。

舊唐書卷一百九十八吐谷渾傳：

吐谷渾，……殺人及盜馬者罪死，他犯則徵物以贖罪。……出良馬氂牛……之類。有青海周迴八百里，中有小山，至多放牝馬於其上，言得龍種，嘗得波斯馬放入海，因生驄駒，能日行千里，故代稱青海驄焉。

太宗即位，……伏允遣兵寇蘭廓二州。時鄯州刺史李玄運上言：「吐谷渾良馬悉牧青海，輕兵掩之，可致大利。」於是遣左驍衞大將軍段志玄率邊兵及契苾、黨項之衆以擊之。

由以上的記載，可知太宗出兵擊吐谷渾的原因之一，是欲得吐谷渾的能日行千里的青海驄，和漢武帝欲得汗血馬而出兵大宛，頗爲相似。

唐高祖在與突厥太原之戰後，爲得突厥的馬，不惜與突厥和好。唐太宗爲增加馬的數量和改良馬種，必欲得到良馬，不惜發動對吐谷渾的戰爭。是馬影響於對外戰和的。

舊唐書卷六十廬江王瑗傳附王君廓傳說：

君廓，……從平劉黑闥，令鎮幽州。會突厥入寇，君廓邀擊，破之。俘斬二千餘人，獲馬五千四。高祖大悅，徵入朝，賜以御馬，令於殿庭乘之而出，因謂侍臣曰：「……此之壯氣，何謝古人！不可以常例賞之。」復賜以錦袍金帶，還鎮幽州。

王君廓獲突厥的馬五千匹，唐高祖對他賞賜特厚，可見高祖認爲王君廓擄獲突厥的馬爲極高的軍功。軍功之賞，以馬的增加爲衡量的標準，是馬影響於軍令軍法的。

舊唐書卷九十三王晙傳：

（開元時）俄而攝右羽林將軍，薛訥率衆邀擊吐蕃至武階谷，去大來谷二十里爲賊所隔，晙率兵迎訥之軍。賊置兵於兩軍之間，連亙數十里。晙夜出壯士銜枚擊之，賊又大潰。乃與訥合軍掩其餘衆，追奔至洮水，殺獲不可勝數，盡收所掠牧馬而還。以功加銀青光祿大夫，封清原縣男兼原州都督。

由以上記載，可以確知二事：

一、由盡收（吐蕃）所掠牧馬而還，可知吐蕃原先掠去唐的牧馬。

二、王晙因盡收（吐蕃）所掠牧馬而還，得到重的封賞，可知唐政府以王晙得馬爲極大的功勳。

由前二事可以得一結論，就是唐和吐蕃的戰爭，雙方以奪得對方的馬爲主要目的。

隋唐嘉話：

鄂公尉遲敬德，性驍果，……禦（竇）建德之役，既陳未戰，太宗望見一少年騎驄馬，鎧甲鮮明，指謂尉遲公曰：「彼所乘馬眞良馬也。」言之未已，敬德請取之。帝曰：「輕敵者亡，脫以一馬損公，非寡人願。」敬德自料致之萬全。及馳往，幷擒少年而返，即王世充兄子僞代王琬。宇文士及在隋亦識是馬，實內廐之良也。常欲旌其能，並以賜之。

太宗雖口頭說不願爲得敵方良馬而損良將，但在敬德自料萬全後，太宗還是允許他馳往取敵方良馬。這一方面固可表現太宗愛馬心理，更可以表現出來太宗不願敵方操有良馬的心情。換言之。只要是良馬，雖一馬亦必爭。

增加己國的馬固是必要之圖，對於敵方軍力的削弱，自以損其馬爲必要手段，於是戰略上也以馬爲着眼點。例如：

舊唐書卷一百三王君㚟傳說：

王君㚟，……遷右羽林軍將軍判涼州都督事。開元十六年冬，吐蕃大將悉諾邏率衆入寇大斗谷，又移攻甘州，焚燒市里而去。君㚟以其兵疲，整士馬以掩其後。會大雪，賊徒凍死者甚衆，賊遂取積石軍西路而還。君㚟令副使馬元慶、裨將車蒙追之不及。君㚟先令人潛入賊境，於歸路燒草。悉諾邏還至大非川，將息甲牧馬而野草皆盡，馬死過半。君㚟襲其後，入至青海之西。時海水冰合，君㚟與秦州都督張景順等率諸士並乘冰而渡。會悉諾邏已渡大非山，淄重及疲兵尚在青海之側，君㚟縱兵，盡俘獲之，及羊馬數萬。君㚟以功遷羽林軍大將攝御史中丞，依舊判涼州都督封晉昌伯。

燒敵國之草而使其馬多餓死，自是戰勝的方略。由此更可知：燒草破敵是基於馬爲勝敗關鍵的觀念而產生出來的適當戰略。

舊唐書卷六十八秦叔寶傳：

叔寶每從太宗征伐，敵中有驍將銳卒，炫耀人馬出入來去者，太宗頗怒之，輒命叔寶往取。叔寶應命躍馬負槍而進，必刺之萬衆之中，人馬辟易。太宗以是益重之，叔寶亦以此頗自矜尚。

太宗怒敵方驍將銳卒炫耀人馬，輒命秦叔寶往取，及叔寶刺之萬衆之中，太宗便益器重叔寶。太宗不願敵方有良馬而鼓勵刺之的心理，很是明顯。蓋奪或刺敵方的人馬，目的在減低敵方的實力，也是積小勝爲大勝的必要戰略。以上所述種種，都是馬影響於戰略的。

杜甫前出塞有云：

挽弓當挽強，用箭當用長，射人先射馬，擒賊先擒王。

射人先射馬，與擒賊先擒王同爲必要的戰術。可見射馬較射人更爲重要了。

據唐太宗六馬圖贊（全唐文卷十）說：

拳毛騧………平劉黑闥時所乘，前中六箭，背二箭。

什伐赤………平世充、建德時乘，前中四箭，背中一箭。

颯露紫………平東都時所乘，前中一箭。

青騅………平竇建德時所乘，前中五箭。

太宗所乘六馬，曾中箭的有四馬。四馬前後共中十九箭；但諸史籍中全未有太宗中箭的記錄。推其原因，當爲敵方採取「射人先射馬」戰術所致。

舊唐書卷六十八段志玄傳說：

從討王世充，深入陷陣，馬倒，爲賊所擒。

由此可知王世充軍所作的陷陣，目的也在先將馬陷倒而後擒人的。這種戰術，正與射人先射馬的戰術相同。

李德裕巡邊使劉濛狀（全唐文卷七百二）說：

仍於要路深掘壕塹，各置陷馬坑，須防黠戛斯向北蹙逐。

武宗時代，李德裕命令部下多置陷馬坑以防敵人，也就是陷人先陷馬的戰術，與射人先射馬是一樣的戰術。這種射馬、陷馬的戰術，是馬影響於戰術的。

總之，因爲由馬與人配合而組織的馬軍，戰鬥力強，成爲軍隊的主力，以致有關軍事的各方面——包括軍政、軍令、軍制、軍法、組織、訓練、兵法、戰略、戰術等等，無一不以馬爲着眼點，受到馬的影響而演變。

（本論文發表於國立師範大學歷史學報第二期，六十三年二月）

唐代的馬與交通

一、前　言

唐代交通使用馬的方法，一種是駕車，另一種是乘騎。例如舊唐書卷三太宗本紀所載：

貞觀十八年十一月壬寅，車駕至洛陽。

二十年三月己巳，車駕至京師。

都是指的太宗乘馬駕的車。

同書卷二：

太宗親披黃金甲陳鐵馬一萬騎……………獻於太廟。

太宗………親出玄武門馳六騎幸渭水上。

便是太宗騎馬的記載。

民間的用馬，和帝王大致相同，也是分駕車與乘騎兩種。唐代詩文裏的記載很多，略舉一二如下：

車馬日盈門，賓客常滿坐。（全唐詩第三函第八册岑參東歸留題太常徐卿草堂）

薄晚嘯遊人，車馬亂驅塵。（長孫正隱上元夜效小庾體同用春字）

所謂「車馬」是兼指着用馬駕的車和騎的馬。

此時騎馬出，忽省京華年。（全唐詩第三函第七册韋應物雪中）

晚歸騎馬過天津，沙白橋紅返照新。（白香山詩集卷二十六白居易早春晚歸）

則是單指騎馬。

用馬駕車時，每車至少用兩馬或四馬、五馬，車上載的乘人，自然也不限一人。騎馬雖然偶有成人抱著兒童或兩個成人同騎的，但是究屬少數，仍以一人騎一馬爲正常而普遍。如此可見駕車較爲煩難，騎馬則較爲輕便而容易。

因爲車行需在較寬大的道路上，行時也較平穩；所以乘車的人除駕御人外，沒有能不能的問題。至於騎馬，則必需要有乘騎和駕御的技術，才可保持安全；所以就不一定是人人都能的事。（唐以後的明、清兩代，許多文弱的讀書人和平時不出閨閣的婦女多不會騎馬。）因此，欲研究唐代馬對交通貢獻的大小，首先要研究唐代會騎馬的有那些人？

其次，凡是車、馬可以奔馳的地方，必需有寬濶而較平坦的道路。至於單人的騎馬，便不必需要那樣的道路，除懸崖絕壁或特別狹窄的小道外，單人騎馬幾乎都可以行走。如此，凡是可以行車的道路，當然可以騎馬；反之，可以騎馬的地方，則不一定可以行車。據此，騎馬可以行走的地方，必較駕車可行的地方範圍廣濶。車馬全可通行的地方，馬對交通上固然貢獻較大，而在只能騎馬的地方，馬對交通還是有其貢獻存在，因此，其次要研究的是乘車或騎馬可行的地區。

再其次，唐人乘車騎馬，是否應用在日常生活的每件事務上而無所限制？在時間上是否有季節性的限制？車馬行走的速度如何？以及交通律令，和車馬行走的安全程度等等，都需要逐條研究，求得解答的。

乘車騎馬的記載，只是文人在詩或文裏留下來的記錄。確有其事而無記錄的，較之見之於記錄的，不知超出多少萬倍。所以在本論文裏只能根據見之於詩、文的記載，整理出來唐代馬對交通的貢獻（卽唐代的馬與交通）的輪廓。雖然，抽查一部分，當可窺出全豹的一斑來。而一斑亦可充作全豹的代表。不周之處，尚望高明指正。

二、乘騎人的普遍

唐代的武將常以「善騎射」爲重要的條件，所以武將必能騎馬，極少例外。是用不着研究的。需要研究的是文職官員是否都能騎馬。

隋唐嘉話：

褚遂良爲太宗哀册文，自朝還，馬誤入人家而不覺。

褚遂良是太宗及高宗時代的大學士。因爲車較寬大，不易闖入門內。他的馬誤入人家而不自覺，於理定不是駕車而是騎馬。

朝野僉載：

周張衡令史出身，位至四品……因退朝路旁見蒸餅新熟，遂市其一，馬上食之。被御史彈奏。則天乃降勅流外出身，不許入三品。

張衡是武后時四品官。他因在馬上食蒸餅而被彈奏，顯然也是騎馬而不是乘車。

舊唐書卷四十五輿服志載：

景龍二年（七〇八）七月，皇太子將親釋奠於國學，有司草儀注令從臣皆乘馬著衣冠。太子左庶子劉子玄進議曰：「……臣伏見比者鑾輿出幸，法駕首途，左右侍臣皆以朝服乘馬。夫冠履而出，只可配車而行。今乘車既停，而冠履不易，可謂唯知其一而未知其二。」

這雖是劉子玄反對朝臣朝服乘馬的言論。但由「乘車既停」一語，可知當中宗景龍時期，皇帝左右的侍臣，都是騎馬。

開元天寶遺事截鐙留鞭條：

姚元崇初牧荆州，三年受代日，闔境民吏，泣擁馬首遮道不使去。所乘之馬鞭鐙，民皆截留之，以表瞻戀。

姚元崇（卽姚崇）是玄宗的宰相，牧荆州受代日，荆州民截留其馬和鞭鐙，當然他是會騎馬的。

續博物志：

肅宗時，有告保定太守反者，令李泌乘千里馬往案之。

李泌是肅宗時的宰相，也是文職，他乘千里馬案事，自然是騎馬而不是駕車。李泌定是會騎馬的。

唐語林卷二政事下：

劉忠州晏，通百貨之利，自言如見地上錢流。每入朝乘馬，則爲鞭算。嘗言居取安便，不務華屋，食取飽適，不務多品，馬取穩健，不務毛色。

劉晏是代宗時的鹽鐵使，是朝外官。他「每入朝乘馬，則用鞭算。」可見外官入朝，常常是騎馬的。由以上所舉太宗、高宗、武后、中宗、玄宗、肅宗、代宗等時代的高級文官都會騎馬的事實看，其他較低品級的文官，於埋更應會騎馬的。

至於文人中會騎馬的，可謂屈指難數，擇其最有名的文人探討於下：

李白南陵別兒童入京（李太白全集卷十五）：

遊說萬乘苦不早，著鞭跨馬涉遠道。

李白相逢行（李太白全集卷四）：

相逢紅塵內，高揖黃金鞭。

李白留別廣陵諸公（李太白全集卷十五）：

憶昔作少年，結交趙與燕，金羈絡駿馬，錦帶橫龍泉。

合璧事類：

李白遊華縣，令開門方決事，白乘醉跨驢過門，宰怒引至庭下，「汝何人輒敢無禮？」白乞供狀曰：「無姓名，曾用龍巾拭吐，御手調羹，力士脫靴，貴妃捧硯，天子殿前尚容走馬，華陰縣裏不得騎驢？」

由李白諸詩和他所說：「天子殿前尚容走馬，華陰縣裏不得騎驢？」之語，可以證明李白一定會騎馬。

杜甫野望（杜詩鏡銓卷八）：

跨馬出郊時極目，不堪人事日（一作自）蕭條。

杜甫上白帝城二首（杜詩鏡銓卷十二）：

多病嘶無力，騎馬入青苔。

杜甫遣興三首（杜詩鏡銓卷五）：

下馬古戰場，四顧但茫然。

杜甫贈王二十四侍郎契四十韻（全唐詩第四函第三册）：

出入並鞍馬，光輝參（一作忝）席珍。

可見杜甫的騎馬，也是常事。

韓愈歸彭城（韓昌黎全集第二卷）：

乘閒輒騎馬，茫茫詣空陂。遇酒卽酩酊，君知我爲誰。

韓愈感春四首之三（韓昌黎全集卷三）：

朝騎一馬出，暝就一牀臥。

韓愈晚雨（韓昌黎全集卷九）：

投竿跨馬蹋歸路，纔到城門打鼓聲。

韓愈謁衡嶽廟遂宿嶽寺題門樓（全唐詩第五函第十册）：

森然魄動下馬拜，松柏一逕趨靈宮。

韓愈酬藍田崔丞立之詠雪見寄（全唐詩第五函第十册）：

出門愁落道，上馬恐平韉。

全是韓愈騎馬的自述。

元稹青雲驛（全唐詩第六函第八册）：

乘我牂牁馬，蒙茸大如羝。

元稹空屋題（全唐詩第六函第八册）：

朝從空屋裏，騎馬入空臺。

元稹陪韋尚書文歸履信宅因贈韋氏兄弟（全唐詩第六函第九册）：

眠閣書生復何事，也騎羸馬從尚書。

元稹醉行（全唐詩第六函第九册）：

今日騎驄馬，街中醉蹋泥。

都是元稹騎馬的紀錄。

白居易寄張十八（白香山詩集卷六）：

出入止一馬，寢興止一牀。

白居易春遊西（一本作二）林寺（白香山詩集卷七）：

下馬西林寺，翛然進輕策。

白居易九日寄行簡（白香山詩長慶集十四）：

摘得菊花攜得酒，遶村騎馬思悠悠。

白居易早春晚歸（白香山詩集卷二十六）：

晚歸騎馬過天津，沙白橋紅返照新。

白居易解印出公府（全唐詩第七函第六册）：

歸來履道宅，下馬入柴扉。

全是白居易騎馬的自述。

王維送別（全唐詩第二函第八册）：

下馬飲君酒，問君何所之？

王維隴西行（同上）：

十里一走馬，五里一揚鞭。

孟郊弔比干墓（全唐詩第六函第五册）

今來過此鄉，下馬弔此墓。

孟郊長安旅情（全唐詩第六函第五冊）：

我馬亦四蹄，出門似無地。

可見王維、孟郊都會騎馬。

李商隱東下三旬苦于風土馬上戲作（全唐詩第八函第九冊）：

路遶函關東復東，身騎征馬逐驚蓬。

李商隱行至金牛驛寄興元渤海尚書（同上）：

深塹走馬金牛路，驟和陳王白玉篇。

杜牧早行（全唐詩第八函第七冊）：

垂鞭信馬行，數里未鷄鳴。

又是李商隱、杜牧騎馬的例證。

杜甫飲中八仙歌（杜詩鏡銓卷一）

（賀）知章騎馬如乘船。

杜甫送高三十五書記十五韻（杜詩鏡銓卷二）：

高生（適）跨鞍馬，有似幽并（一作并州）兒。

雖然不是賀知章、高適的自述，但因杜甫和他們都是好友。由杜甫的述說斷定賀知章、高適都能騎馬，當不至於錯誤的。

至於婦女的騎馬也是很普遍的現象，如舊唐書卷五十一玄宗楊貴妃傳：

玄宗凡有遊幸，貴妃無不隨侍，乘馬，則高力士執轡授鞭。

可見楊貴妃是有時騎馬的。

楊太眞外傳卷下：

每入朝謁，國忠與韓、虢連轡，揮鞭驟馬以爲諧謔，從官監嫗百餘騎。

杜甫虢國夫人（全唐詩第四函第四册）：

虢國夫人承主恩，平明騎馬入宮門，却嫌脂粉涴顏色，淡掃蛾眉朝至尊。

虢國夫人、韓國夫人甚至從官監嫗都是會騎馬的。

舊唐書楊貴妃傳：

（天寶）十載正月望夜，楊家五宅夜遊，與廣平公主騎從爭西市門，楊氏奴揮鞭及公主衣，公主墜馬。

由公主墜馬，可證廣平公主也是會騎馬的。

舊唐書卷四十五輿服志：

武德貞觀之時，宮人騎馬者，依齊隋舊制，多著羃䍦，……開元初，從駕宮人騎馬者，皆著胡帽，靚粧露面，無復障蔽。

可見由武德，貞觀以至開元初，宮人（指宮女）騎馬，是很普遍的事實。

無名氏作美人騎馬（全唐詩第十一函第八册）：

駿馬嬌仍穩，春風灞岸晴，促來金蹬短，扶上玉人輕……

無名氏所謂美人，當指民間一般美女，可見一般婦女會騎馬的，頗不乏人。

李白對酒（李太白全卷二十五）：

蒲萄酒，金叵羅，吳姬十五細馬馱，青黛畫眉紅錦靴，道字不正嬌唱歌。

根據細馬馱吳姬，可知吳姬們也是會騎馬的。

白居易同諸客嘲雪中馬上妓（白香山詩後集十二）：

珊瑚鞭嚲馬踟蹰，引手低蛾索一盃。腰爲逆風成弱柳，面因銜冷作凝酥。

白居易代賣薪女贈諸妓（白香山詩集卷二十五）：

一種錢塘江畔女，著紅騎馬是何人。

白居易前詩既題明馬上妓，當然那妓女是會騎馬的。後詩說明錢塘江畔女著紅騎馬，當然那著紅的妓女，必定會騎馬。

開元天寶遺事鷄聲斷愛條：

長安名妓劉國容有姿色，能吟詩，與進士郭昭述相愛，他人莫敢窺也。後昭述釋褐授天長簿，遂與國容相別，詰旦赴任，行至咸陽。國容使一女僕馳矮駒賫短書云：「歡寢方濃，恨鷄聲之斷愛，思憐未洽，嘆馬足之無情。……」長安子弟多誦諷焉。

由女僕馳矮駒一語，證明名妓劉國容的女僕，也是會騎馬的。由妓女女僕的會騎馬，想一般婦女會騎馬，當是普遍的現象。

沈旣濟任氏傳：

任氏乘馬居其前，鄭子乘驢居其後。

宣室志：

陳郡謝翺者……一日晚霽，出其居南行百步，眺終南峯，佇立久之。見一騎自西馳來，繡繢髣髴，近乃雙鬟高髻靚粧，色甚姝麗……

徐出疑：物怪錄白蛇記：

元和中，鳳翔節度李聽從子琯，在金吾參軍，自永寧里出遊，及安化門外，乃遇一車子，通以銀粧，頗極鮮麗，駕以白牛，從二女奴皆乘白馬。

任氏傳宣室志及物怪錄，都是小說，所記本來都未必是事實，但是在小說裏旣一再提到女子乘馬，更可證明女子騎馬，是唐代普遍的現象。

更重要的，騎馬人的主角，並不是文人和婦女，而是少年和俠客們。他們的生活和騎馬幾乎是不能分開的。

楊炯驄馬（全唐詩第一函第十册）：

驄馬鐵連錢，長安俠少年。

楊炯紫騮馬（全唐詩第一函第十册）：

俠客重周遊，金鞭控紫騮。

王維少年行四首之一（全唐詩第二函第八册）：

新豐美酒斗十千，咸陽遊俠多少年，相逢意氣爲君飲，繫馬高樓垂柳邊。

李白少年行（李太白全集卷之六）：

五陵少年金市東，銀鞍白馬度春風。

高適行路難（全唐詩第三函第十册）：

長安少年不少錢，能騎駿馬鳴金鞭。

韓翃送高別駕歸汴州（全唐詩第四函第六册）：

駿馬輕裘正少年。

令狐楚少年行（全唐詩第五函第八册）：

少小邊州慣放狂，驏騎蕃馬射黃羊。

李廓長安少年行（全唐詩第七函第十册）：

金紫少年郎，繞街鞍馬光。

少年、俠客們因爲年富力強，而且還有誇耀金鞍駿馬的成分，所以總是舍棄乘車而選擇騎馬，自有其當然之理。至於老年，因年老力衰，似以乘車爲宜，但因當時習俗之故，老年人還是有騎馬的。例如孟郊送鄭僕射出節山南（全唐詩第六函第五册）：

國老出爲將，紅旗入青山……自笑騎馬醜，强從駞驅間。

白居易自問（全唐詩第七函第七册）：

自問老夫騎馬出，洛陽城裏覓何人。

老年人騎馬的例子不多，也是自然現象，但既有其例，可知老年人還是有騎馬的。

唐會要卷三十一雜錄：

高宗乾封二年（六六七）二月，禁工商不得乘馬。

既禁工商不得乘馬，必定是因爲當時工商乘馬的很普遍。有唐一代，從無禁農民乘馬之令，可見農民乘馬，從來都是合法的。在鄉村裏的農民，利用馬爲交通工具是不言而喻的。

騎馬本較駕車容易，可以補乘車之不便，唐代無論文武、男女、老少、士農工商，幾乎人人都會騎馬，所以馬在交通上貢獻，當然很大。

唐代是否人人有馬可騎？或有車可乘？這是貧富的問題。要因時因地而定，不能一蓋而論。

鶴林玉露：

唐明皇令韓幹觀御府所藏畫馬，幹曰：「不必觀也，陛下廐馬萬匹皆臣之師。」

據韓幹言唐明皇（玄宗）有廐馬萬匹，縱然不是確數，但玄宗廐馬之多可以斷言。據此可以推知：當時皇室甚至高級宮吏，騎馬乘車都是不成問題的。

杜甫偪仄行贈畢曜（全唐詩第四函第一册）：

自從官馬奉還官，行路難行澀如棘。

張籍使行望悟眞寺（全唐詩第六函第六册）：

無端來去騎官馬。

由此可知政府養有一批官馬的。官吏們因辦公而騎用官馬，除非是在戰亂的特別時期，在平時是沒有問題的。

劉禹錫同樂天微之春深二十首之五（全唐詩第六函第二册）：

何處春深好，春深貴戚家，櫪嘶無價馬，庭發有名花。何處春深好，春深豪富家……國樂呼聯轡，行厨載滿車。

可見貴戚豪富之家，槽櫪間養有無價之馬，行動之時全用車馬的。

馮贄雲仙雜記：

校書郎李蕃蓄馬甚多，出遊則一里更二馬。

校書郎官本不高，也不一定特別豪富，但是他出遊則一里更二馬，可知一些富有的人們不至缺少馬匹的。換句話說：富貴人家的交通，可以充分的用馬。

不能利用馬爲交通工具的，應當是貧窮的無有車馬的人，或是一時手頭沒有車馬的人。但是事實上亦不盡然。

杜甫從驛次草堂復至東屯茅屋二首之一（杜詩鏡銓卷十七）：

峽內歸田客，江邊借馬騎。

可見沒有馬的人，有時還是可以借馬騎的。

韓愈和盧郎中雲夫案示送盤谷子歌（韓昌黎全集卷五）：

東蹈燕川食曠野，有饋木蕨芽滿筐。馬頭溪深不可厲，借車載過水入箱。……

可見有時亦可借車。

孟郊借車：（全唐詩第六函第五册）：

借車載家具，家具少於車。借者莫彈指，貧窮何足嗟。……

孟郊借車載家具，而感到：「貧窮何足嗟。」可見貧窮落魄的借不到車馬的人，不至於太多了。

白居易牡丹（文苑英華卷三百二十一花木一）：

豪士傾囊買，貧儒假乘觀。

貧儒可以假乘以觀牡丹，可見假乘不是太難，而是常見的現象了。既然如此，窮的自己無馬，而且借不到馬（或車）的人，應當是人格太差毫無社會關係的人。於理當不會太多。

三、馬行地區的廣闊

王渤秋江送別（全唐詩第二函第一册）：

歸舟歸騎儼成行，江南江北互相望，誰謂波瀾纔一水，已覺山川是兩鄉。

王渤此詩大致道出江南乘舟，江北騎馬的分別來，不過也不是絕對的。

開元天寶遺事：

姚崇初牧荆州，三年受代日，闔境民吏……遮道不使去，所乘之馬鞭鐙，民皆留之，以表瞻戀。

可見在唐玄宗時代，姚崇在荆州也曾經（甚至是時常）騎馬的。是江南也有騎馬的實例。

韓昌黎全集卷二十八曹成王碑：

（王）良以武岡叛，……於是，以王帥湖南將五萬士以討良爲事。……（良）羞畏乞降，狐鼠進退。王即假爲使者從一騎踔五百里抵良壁，鞭其門大呼：我曹王來受降。……

考王良據以叛的地方武岡，是在今湖南省境內。當時曹成王的職位是湖南觀察使。由「王即假爲使者從一騎踔五百里抵良壁。」一語，可以判斷曹成王和其他從者騎馬的地方，必定在湖南觀察使轄境的武岡附近，而不出今湖南省境。易言之：德宗建中年間，在今湖南也有騎馬的。而且騎馬所經的地方，不一定限於城郊。

白居易江州雪（白香山詩集卷七）：

新雪滿前山，初晴好天氣，日夕騎馬出，忽有京都意。

白居易泛溢水（白香山詩集卷七）：

湓水從東來，一派入江流，……命酒一臨泛，金鞍揚櫂謳，放回岸傍馬，去逐波瀾鷗。

江州是今江西省九江，湓水由江西瑞昌縣東流，經九江城下入長江。可見那時在今江西也有騎馬的。

白居易早春西湖閑遊（白香山詩集卷二十六）：

上馬復呼賓，湖邊景氣新，管弦三數事，騎從十餘人，立換登山屐，行攜灑酒巾，逢花看當妓，遇草坐爲茵。

白居易西湖閑遊時，尙有騎從十餘人，可見在江南的杭州也有騎馬的。

據以上記載可知，江南的杭州、江州、武岡、荆州，都是可以騎馬的地方。只是江南以舟爲主要交通工具，騎馬的較少而已。無論駕車或騎馬，以馬爲主要交通動力的地區，是長江、淮河以北。

皇甫冉尋戴處士（全唐詩第四函第七册）：

車馬長安道，誰知大隱公。

孟郊感別送從叔校書簡再登科東歸（全唐詩第六函第五册）：

長安車馬道，高槐結浮陰。

莊南傑傷歌行（全唐詩第七函第九册）：

車馳馬走咸陽道。……

可見當時的京師長安以及位於京畿的咸陽，是車馳馬走的地方。

白居易新豐路逢故人（白香山詩集卷九）：

相逢立馬語，盡日此橋頭。

新豐近在京畿，白居易在那裏和故人相逢，以至於立馬語，可見新豐那裏，乘車騎馬的人來來往往的情形了。

岑參送鄭堪歸東京汜水別業（全唐詩第三函第八册）：

看君灞陵去，匹馬成皐還。

李白送裴十八圖南歸嵩山二首（李太白詩集卷十七）：

何處可爲別，長安青綺門，……臨當上馬時，我獨與君言。

由「看君灞陵去」和「長安青綺門」等語，知道由長安到東京洛陽以及嵩山一帶，都是車馬時常往還的地方。

于武陵洛陽道（全唐詩第九函第七册）：

行行車與馬，不盡洛陽塵。

獨孤及季冬自嵩山赴洛道中（全唐詩第四函第七册）：

流血塗草莽，策馬何紛紛。

白居易從陝至東京（全唐詩第七函第六册）：

從陝至東京，山低路漸平，風光四百里，車馬十三程。

據此可見東京洛陽，以及嵩山赴洛陽，從陝州到洛陽間的道路上，不只是車馬紛紛，而且是有一定行程。

高適古大梁行（全唐詩第三函第十册）：

古城莽蒼饒荊榛，驅馬荒城愁殺人。

韓愈汴亂二首（韓昌黎全集第二卷）：

昨日乘車騎大馬，坐者起趨乘者下。

漕運重鎭的大梁（卽汴州）也是車馬會萃的都市。

錢起送李九貶南陽（全唐詩第四函第五册）：

秋來回首君門阻，馬上應歌行路難。

劉長卿送李錄事兄歸襄鄧（全唐詩第三函第一册）：

行人杳杳看西月，歸馬蕭蕭向西風。

南陽、襄、鄧一帶，馬也是主要的交通工具。

李翺題桄榔亭（全唐文卷六百三十八）：

翺以正月十八日上舟，于漕以行，韋君期以二月，策馬疾馳，追我于汴宋之郊。

韓愈歸彭城（韓昌黎全集第二卷）：

乘閒輒騎馬，茫茫詣空坡。

汴、宋、彭城（徐州），雖爲運河經過之地，但同時也是可以策馬疾馳的場所。

白居易路逢青州王大夫赴鎭立馬贈別（全唐詩第七函第七册）：

赫赫人爭看，翩翩馬欲飛。

可知去青州的道路，也是可以用馬的。

李嶠汾陰行（全唐詩第二函第一册）：

埋玉陳牲禮神畢，擧麾上馬乘輿出。

韋應物寄別李儋（全唐詩第三函第七册）：

翩翩四五騎，結束向幷州。

武元衡送崔判官使太原（全唐詩第五函第七册）：

……勞君車馬此逡巡。

汾陰、幷州、太原一帶的交通也是靠車、騎的。

岑參登古鄴城（全唐詩第三函第八册）：

下馬登鄴城，城空復何見。

王維送熊九赴任安陽（全唐詩第二函第八册）：

送車盈灞上，輕騎出關東，相去千餘里，西園明月同。

鄴城（安陽）也是乘車騎馬的區域。

李白自廣平乘醉走馬六十里至邯鄲登城樓覽古書懷（李太白全集卷三十）：

醉騎白花馬，西走邯鄲城。

岑參邯鄲客舍歌（全唐詩第三函第八册）：

客從長安來，驅馬邯鄲道。

邯鄲的城郊，是可以走馬，驅馬的地方。

韓愈奉使鎭州行次承天營奉酬裴司空（韓昌黎全集卷十）：

旋吟佳句還鞭馬，恨不身先去鳥飛。

竇鞏奉使冀門（全唐詩第四函第十册）：

今日一莖新白髮，懶騎官馬到幽州。

高適自薊北歸（全唐詩第三函第十册）：

驅前薊門北，北風邊馬哀。

鎭州（常山）、幽州、薊北一帶的交通，也是不外驅車走馬的。至於塞外，馬對交通的貢獻之大，似乎是常識，不用多贅，只擧高適營州歌（全唐詩第三函第十册）：

胡兒十歲能騎馬。

一語，便可推知。

歐陽詹送張驃騎邠寧行營（全唐文第六函第一册）：

寶馬琱弓金僕姑，龍驤虎視出皇都。

薛據懷哉行（全唐詩第四函第八册）：

秦城多車馬，日夕飛塵埃。

王維隴西行（全唐詩第二函第八册）：

十里一走馬，五里一揚鞭。

西北是精兵健馬所出的地方，邠寧、秦城以及隴西一帶的車馬多，是當然的。

韓翃送故人入蜀（全唐詩第四函第六册）：

一騎西南遠，翩翩入劍門。

岑參送蒲秀才擢第歸蜀（全唐詩第三函第八册）：

去馬疾如飛，看君戰勝歸。

李白雖然曾云：「蜀道難，難於上青天。」但是由李白、韓翃、岑參送友人的詩，可證入蜀的道路上，負起交通責任的還是馬。

白居易初出藍田路作（白香山詩集卷十）：

人煩馬蹄跙，勞苦已如此。

孟郊過分水嶺（全唐詩第六函第五册）：

山壯馬力短，馬行石齒中，十步九舉轡，廻環失西東。

韓愈左遷藍關示姪孫湘（韓昌黎全集第十卷）：

雲橫秦嶺家何在，雪擁藍關馬不前。

藍田位於長安南面的山區，孟郊所指的分水嶺當係橫亘長安南面的秦嶺。也就是韓愈左遷時所經過的秦嶺，在那些山區裏，「馬行石齒中」，可見馬在那區域內對交通還是有貢獻的。

李白南陵別兒童入京（李太白全集卷三十五）：

遊說萬乘苦不早，着鞭跨馬涉遠道。

高適別王八（全唐詩第三函第十册）：

征馬嘶長路，離人挹佩刀。

孟雲卿傷懷贈故人（全唐詩第三函第二册）：

驅馬行萬里，悠悠過帝鄉。

張籍車遙遙（全唐詩第六函第六册）：

征人遙遙出古城，雙輪齊動駟馬鳴，山川無處不歸路，念君長作萬里行。

所謂「遠道」「長路」或「萬里」，都表示馬所走的路程，並不限於京都的市郊，或村邑的近途，常常是萬里悠悠的遠道。

前面已經指出車輪馬跡所達到的地方，茲再指出馬走長途的具體事實：

岑參邯鄲客舍歌（全唐詩第三函第八册）：

客從長安來，驅馬邯鄲道。

劉長卿送李錄事兄歸襄鄧（全唐詩第三函第一册）：

行人杳杳看西月，歸馬蕭蕭向北風。

由長安到邯鄲，由長安歸襄鄧，都是可以驅馬直達的長程道路。

高適別劉評事充朔方判官賦得征馬嘶（全唐詩第三函第十册）：

征馬向邊州，蕭蕭嘶不休。

張籍送元宗簡（全唐詩第六函第六册）：

貂帽垂肩窄皂裘，雪夜騎馬向西州。

高適所別的劉評事，充朔方判官，想劉評事當係由長安去朔方。張籍所送的元宗簡，雖不明其出發地點，按理是由長安向西州的。朔方在京師西北一千二百五十里（據唐書地理志。下同）西州在京師西北五千五百一十六里。都可以說是長程了。

劉長卿送孫瑩京監擢第歸蜀覲省（全唐詩第三函第一册）：

征馬望春草，行人看暮雲。

按蜀郡成都距京師長安二千三百七十九里，不只是長程遠路，而且是要經過難於上青天的蜀道，在交通上所用的還是馬。

貞觀年間，三藏法師去天竺（印度）取經，雖然不是一馬直達，但他所行經數萬里的道路，還是斷斷續續的大部分騎馬。

白行簡李娃傳：

天寶中，有常州刺史滎陽公者，……有一子始弱冠矣……應鄉賦秀才擧。將行，乃盛其服玩車馬之飾……自毘陵發，月餘抵長安………日會倡優儕類，狎戲遊宴，囊中盡空，乃鬻駿乘及其家僮，歲餘，資財僕馬蕩然。

宣室志：

元和中，有計眞，家僑青齊間，嘗西遊長安，至陝，眞與陝從事善，是日將告去，從事留飲酒，至暮方與別，及行未十里，遂兀然墮馬。……

李娃傳，宣室志雖然都是小說，所寫未必是眞事；但是一寫滎陽公子使用車馬行走了由毘陵（江蘇武進）到長安的長途；一寫計眞騎馬走了由青齊間到陝的長途，可見當時騎馬或用車馬走長途是常有的事。

至於馬所走的道路情形，也是好壞不等。長安是京師，當然道路修得要好些。由楊炯驄馬（全唐詩第二函第十册）：

帝畿平若水，官路直如弦。

可以道出京畿官路的平與直來。

孟郊感別送從叔校書簡再登科東歸（全唐詩第六函第五册）：

長安車馬道，高槐（一作柳）結浮陰。

白居易贈皇甫賓客（白香山詩集卷二十九）

輕衣穩馬槐陰路，漸近東來漸少塵。

都可以看出長安附近的官道上，有高槐結浮陰的情況。

李頎送崔侍郎赴京（全唐詩第二函第九册）：

綠槐蔭長路，駿馬垂青絲。

白居易西還壽安路歇馬（白香山詩集補遺卷上）：

槐陰歇鞍馬，柳絮惹衣巾。

又可見長安以外還不乏綠槐遮陰供馬馳驅的道路。

唐會要卷八十六道路：

開元二十八年正月十三日，令兩京道路並種果樹，令殿中侍御史鄭審充使。

開元二十八年，正是國家富庶，經濟繁榮之時，皇帝既令兩京道路並種果樹，且已派有專使，縱然不會成績卓著，想多少在幾條皇帝常經過的大幹線上，不至於全部落空。如此，少數的幾條道路，必然是很美觀的。車馬行於那樣的道路上，人馬的心曠神怡，是可以想像得到的。

在全國之內，車馬所行的道路，不可能全是那樣的美好，還有其他種種的情況。

岑參早上五盤嶺（全唐詩第三函第八册）：

平旦驅駟馬，曠然出五盤。

韋應物贈令楚士曹（全唐詩第三函第七册）：

山路迢迢聯騎行。

可見車有時要經過山嶺，騎馬更能走迢迢的山路。

李白送友人入蜀（李太白全集卷之十八）：

見說蠶叢路，崎嶇不易行，山從人面起，雲傍馬頭生。

李白北上行（李太白全集卷之五）：

馬路蹶側石，車輪摧高岡。

白居易初出藍田路作（白香山詩集卷十）：

停驂向前路，路在秋雲裏，蒼蒼縣南道（一作山），去（一作險）途從此始，絕頂忽上盤（一作盤上），衆山皆下視，下視千萬峰，峰頭如浪起。朝經韓公坡，夕次藍橋水，潯陽近四千，始行七十里，人煩馬蹄跙，勞苦已如此。

崎嶇不易行的山路，路側有石可以蹶馬足的山路，雲霧迷漫的山路，甚至於盤旋而上，下視千萬峰的絕頂山路，都是馬可以走的道路。馬爲受人的驅使，不能躲避艱險的。

虞世南擬飲馬長城窟（全唐詩第一函第八册）：

馳馬渡河干，流深馬渡難。

獨孤及壬辰歲過舊居（全唐詩第四函第七册）：

負劍渡潁水，歸馬不知津。

可見有時車馬還需要渡過河水的。

姚合老馬（全唐詩第八函第三册）：

臥來扶不起，唯向主人嘶，惆悵東郊道，秋來雨作泥。

楊巨源贈崔駙馬（全唐詩第五函第九册）：

細馬花驄踏作泥。

雖然是泥路，馬還是要去走的。

劉禹錫途中早發（全唐詩第六函第二册）：

馬踏塵上霜。月明江頭路。

韓翃送夏侯校書歸上都（全唐詩第四函第六册）：

暮雪重裘醉，寒山匹馬行。

張籍早期寄白舍人嚴郎中（全唐詩第六函第六册）：

鼓聲初動未聞鷄，羸馬街中踏凍泥。燭暗有時街石柱，雪深無處認沙堤。

無論是霜地、雪地、泥地，甚至雪深到不能辨認地方的地區，馬仍需要不停的行走，貢獻於交通的。

王建眼病寄同官（全唐詩第五函第五册）：

牆西凍地馬蹄聲。

孟郎羽林行（全唐詩第六函第五册）：

揮鞭快白馬，走出黃河凌。

縱然是在結冰的凍地上或黃河凌上，馬也不能避而不走。

韓愈贈侯喜（韓昌黎全集卷三）：

平明鞭馬出都門，盡日行行荊棘裏。

遇着特殊的情形，荊棘裏也是馬可以行走的。

四、事無鉅細時無冬夏之限

王維韋侍郎山居（全唐詩第二函第八册）：

清晨去朝謁，車（一作較）馬何從容。

韋應物答韓庫部協（全唐詩第三函第七册）：

日宴下朝來，車馬自生風。

張籍贈姚合（全唐詩第六函第六册）：

丹鳳城門向曉開，千官相次入朝來，唯君獨走衝塵土，下馬橋邊報在廻。

白居易退朝遊城南（白香山詩集卷六）：

朝退馬未困，秋初日猶長。

白居易早朝（全唐詩第七函第六册）：

翩翩穩鞍馬，楚楚健衣裳。

由以上諸詩可知唐代官吏們的朝謁，不乘車，便騎馬。

寶鞏奉使冀門（全唐詩第四函第十册）：

今日一莖新白髮，懶騎官馬到幽州。

張籍使行望悟眞寺（全唐詩第六函第六册）：

無端來去騎官馬。

是官吏們辦公時騎用官馬。

張籍傷歌行（元和中楊憑貶臨賀尉）（全唐詩第六函第六册）：

辭成謫尉南海州，受命不得須臾留，身着青衫騎惡馬，中（一作東）門之外無送者。

官吏犯罪被貶離京時，也是騎馬。

馬異送皇甫湜赴擧（全唐詩第六函第四册）：

馬蹄聲特特，去入天子國，借問去是誰，秀才皇甫湜。

唐摭言卷四氣義：

熊執易赴擧，行次潼關，秋霖月餘，滯於逆旅，俄聞鄰居有一士吁嗟數四，執易潛伺之，曰：

「前堯山令樊澤舉制科，至此，馬斃囊空，莫能自進。」執易造焉，遽輟所乘馬，倒囊濟之。
執易其年罷舉，澤明年登科。
舉人們入京赴舉，通常都是騎馬。
唐摭言卷十二輕佻戲謔嘲咏附
咸通末，執政病舉人僕馬太盛，奏請進士舉人許乘驢。鄭光業材質瓌偉，或嘲之曰：「今年敕
下盡騎驢，短轡長鞦滿九衢，清瘦兒郎猶自可，就中愁殺鄭昌圖。」
由咸通末，執政病舉人僕馬太盛，可證在此以前，赴舉的舉人們，多是乘車，或騎馬。
舊唐書卷一百一薛登傳：
今之舉人，有乖事實，……或明制纔出，試遣搜敭，驅馳府寺之門，出入王公之第。
文獻通考卷二十九選舉二載江陵項氏曰：
風俗之弊，至唐極矣。王公大人巍然於上，以先達自居，不復求士。天下之士什什伍伍戴破帽
騎蹇驢未到門百步輒下馬奉幣刺，再拜以謁於典客者，投其所爲之文，名之曰求知己。
舉人於考試前，驅馳於府寺之門時，交通工具亦賴馬。
劉禹錫宣上人遠寄和禮部王侍郎放榜後詩因而寄和（全唐詩第六函第三册）：
禮闈新榜動長安，九陌人人走馬看。
是禮部放榜後，九陌的人們前往看榜，都是乘車或騎馬。

唐摭言卷三謝恩：

狀元以下，到主司宅門下馬，綴行而立，斂名紙通呈。

舉人及第者，狀元以下到主司宅謝恩時，必騎馬。

唐摭言卷三散序：

曲江之宴，行市羅列，長安幾於半空，公卿家率以其日揀選東牀，車馬闐塞，莫可殫述。

曲江之宴，參與宴會的固然要用車馬，就是作其他活動的人，也用車馬，所以至於車馬闐塞。

孟郊登科後（全唐詩第六函第五册）：

春風得意馬蹄疾，一日看遍長安花。

岑參送薛彥偉擢第東歸（全唐詩第三函第八册）：

稱意人皆羨，還家馬若飛。

白居易及第後歸覲留別諸同年（全唐詩第七函第一册）：

軒車動行色，絲管舉離聲，得意滅別恨，半酣輕遠程，翩翩馬蹄疾，春日歸鄉情。

登科以後的進士，無論看花或還家，全是以馬代步。

唐摭言卷八憂中有喜：

公乘億，魏人也，以辭賦著名，咸通十三年，垂三十舉矣。嘗大病，鄉人誤傳已死，其妻自河來迎喪。會億送客至坡下，遇其妻。始，夫妻濶別積十餘歲，億時在馬上見一婦人麁（粗）縗跨驢，依稀與妻類，因睨之不已，妻亦如是，乃令人詰之，果億也。億與之相持而泣，路人皆異之。後旬日，登第矣。

未登第而留居京師者，其送客等活動時，亦常騎馬。

白居易初除戶曹喜而言志（白香山詩集卷五）：

喧喧車馬來，賀客滿我門。

遇有除官等喜事，前往賀喜的客人們，必用車馬。

白居易知春深（全唐詩第七函第六册）：

何處知春深，春深嫁女家……轉燭初移障，鳴環欲上車。……

何處知春深，春深娶女家……賓拜登華席，親迎障幰車。……

酉陽雜俎卷一：

近代婚禮，……婦上車，婿騎而環車三匝，……女將上車，以蔽膝覆面。

結婚時，新婚乘車，新郎騎馬已成爲普遍的風俗。新婦所乘之車，雖然並未明言是用馬駕的，依平日多以馬駕車的風俗，車必定是用馬駕的。

張籍北邙行（一作白邙山）（全唐詩第六函第六册）：

洛陽北門北邙道，喪車轔轔入秋草，車前齊唱薤露歌，高墳新起白峩峩。

白居易元相公挽歌詞（全唐詩第七函第六册）：

銘旌官重威儀盛，騎吹聲繇鹵簿長……

送葬萬人皆慘澹，反虞駟馬亦悲鳴。……

喪葬時送葬的人們，亦是用車馬的。

白居易村中留李三固言宿：

勿嫌村酒薄，聊酌論心素，請君少踟躕，繫馬門前樹。明年身若健，便擬江湖去，他日縱相思，知君無覓處。後會既茫然，今宵君且住。

白居易酬張十八訪宿見贈（白香山詩集卷六）：

今我官職冷，唯君來往頻……落然頹檐下，一話夜達晨……日高上馬去，相顧猶逡巡。

李三、張十八訪白居易時，都是騎馬的。

白居易高軒過（韓員外愈皇甫侍御湜見過因而命作）：

華裾織翠青如葱，金環壓轡搖玲瓏，馬蹄隱耳聲隆隆，入門下馬氣如虹。……

韓愈、皇甫湜過白居易居所時，都是騎馬的。

唐摭言卷十韋莊奏請追贈不及第人近代者：

李賀，字長吉……父瑨肅，邊上從事。賀年七歲，以長短之製，名動京華。時韓文公與皇甫湜覽賀所業，奇之，而未知其人。因相謂曰：「若是古人，吾曹不知者，若是今人，豈有不知之理。」會有以瑨肅行止言者，二公因連騎造門，請見其子。

韓愈、皇甫湜二人訪李賀時，是連騎的。

白居易寄李十一建（全唐詩第七函第一册）：

憶昨訪君時，立馬扣柴荆。……相去幸非遠，走馬一日程。

白居易過李生（白氏長慶集七）：

半酣到子舍，下馬扣柴荆。

白居易訪皇甫七（白香山詩集後集六）：

上馬行數里，逢花傾一桮（杯）。

白居易張常侍相訪（全唐詩第七函第六册）：

忽聞車馬客，來訪蓬蒿門。

總括以上，可見訪友的人們，不是乘車就是騎馬。

李白送友人（李太白詩集卷十八）：

揮手自茲去，蕭蕭班馬鳴。

高適送李白府貶峽中王少府貶長沙（全唐詩第三函第十册）：

嗟君此別意何如，駐馬銜杯問謫居。

韓翃送深州吳司馬歸使幕（全唐詩第四函第六册）：

東門送遠客，車馬正紛紛。

李頎送相里造入京（全唐詩第二函第九册）：

春宮含笑待，驅馬速前程。

張籍送蕭遠弟（全唐詩第六函第六册）：

街北槐花傍馬垂，病身相送出門遲。

白居易送呂漳州（全唐詩第七函第六册）：

花前下鞍馬，草上携絲竹，行客飲茹梧，至人歌一曲。

是送友的人和被送的人們，都用車馬。

白居易春遊（全唐詩第七函第七册）：

上馬臨出門，出門復逡巡，廻頭問妻子，應怪春遊頻。

李端春遊樂（全唐詩第五函第三册）：

拓彈連錢馬，銀鉤妥墮鬟。

可見普通的春遊，多是騎馬的。

開元天寶遺事看花馬條：

長安俠少，每至春時，結朋聯黨，各置矮馬，飾以錦韉金絡並轡於花樹下往來，使僕從執酒皿

而隨之，遇好圃則駐馬而飲。

于鵠長安遊（全唐詩第五函第六册）：

繡簾朱轂（車）逢花住，錦幨銀珂（馬）觸雨遊。

楊臣源臨水看花（全唐詩第五函第九册）：

一樹紅花映綠波，晴明騎馬好經過。

韓愈寒食日出遊（昌黎先生集卷三）：

李花初發君始病，我往看君花轉盛，走馬城西惆悵歸，不忍千株雪相映。邇來又見桃與梨，交開紅白如爭競。

可見當時的人士於看花時，不是騎馬便是乘車。

李濬摭異記：

開元中，禁中重木芍藥，即今牡丹也，得四本，紅、紫、淺紅、通白者。上因移植於興慶池東沉香亭前。會花方繁開，上乘照夜白，太眞以步輦從，……上曰：「賞名花對妃子，焉用舊樂詞爲。」

唐玄宗去沉香亭前賞牡丹，是乘有名的「照夜白」馬的。

南部新書丁說：

長安三月十五日，兩街看牡丹，奔走車馬。

唐國史補卷中京師尚牡丹條云：

京城貴遊尚牡丹三十餘年矣。每春暮，車馬若狂，以不躭玩爲恥。

舒元輿牡丹賦（欽定全唐文卷七百二十七）：
九衢遊人，駿馬香車，有酒如澠，萬坐笙歌。
王建長安春遊（全唐詩第五函第五册）：
騎馬傍閑坊，新衣著雨香，……牡丹相次發，城裏又須忙。
白居易牡丹芳（全唐詩第七函第一册）：
遂使王公與卿士，遊花冠蓋日相望，庳車輭轝貴公主（一作子，誤），香衫細馬豪家郎。
陸暢太子劉舍人邀看花（全唐詩第七函第十册）：
年少風流七品官，朱衣白馬冶遊盤，負心不報春光主，幾處偷看紅牡丹。
崔道融長安春（全唐詩第十一函第一册）：
長安牡丹開，繡轂輾晴雷。
每年暮春的牡丹季節，長安的王公卿士以及九衢遊人，爲賞牡丹要發動駿馬香車。
韋應物遊西山（全唐詩第三函第七册）：
揮翰題蒼峭，下馬歷嵚丘。
張籍登咸陽北寺樓（全唐詩第六函第六册）：
秋高原上寺，下馬一登臨。
李涉頭陀寺看竹（全唐詩第七函第十册）：

寺前新笋已成竿，策馬重來獨自看。

孟郊弔比干墓（全唐詩第六函第五册）：

今來過此鄉，下馬弔此墳。

杜甫野望（杜詩鏡銓卷之八）：

跨馬出郊時極目，不堪人事日蕭條。

遊山、遊寺、看竹、弔古、以及野望，無不騎馬或乘車。

李白贈宣城宇文太守兼呈崔侍御（李太白全集卷十二）：

閑騎駿馬獵，一射兩虎穿。

于鵠公子行（全唐詩第五函第六册）：

馬上抱雞三市鬭，袖中攜劍五陵遊。

打獵和鬭雞，還要騎著馬去。

李白白鼻騧（李太白全集卷六）：

細雨春風落花時，揮鞭直就胡姬飲。

李白少年行（同上）：

五陵少年金市東，銀鞍白馬度春風，落花踏盡遊何處，笑入胡姬酒肆中。

少年找胡姬飲酒，也要騎著馬去的。

白居易飲散夜歸贈諸客（全唐詩第七函第四冊）：

鞍馬夜紛紛，香街起暗塵，回鞭招飲妓，分火送歸人。

尋樂於香街的人們，造成鞍馬夜紛紛的情況。

總括以上，可說事無鉅細，一切行動全用車馬代步。除非窮的無馬可騎時，纔騎驢或徒步。

白居易夢與李七庾三十三同訪元九（白香山詩集卷十）：

夜夢歸長安，見我故親友。……損之在我左，順之在我右，云是二月天，春風出携手，同過靖安里，下馬尋元九，元九正獨坐，見我笑開口。

夢是日間生活的反映，白居易於夢裏猶是乘馬，可以充分表現出來平日乘車騎馬是與生活分不開的。也可以說平日事無鉅細，動則乘騎。

至於動用車馬的時間，是不論春夏秋冬，隨時都可，並沒有什麼休閒季節。前面所舉春遊的詩頗多，每遇春遊都用車馬勿需贅述，其餘夏、秋，冬各季節使用車馬的詩，都有例證。略舉如下：

劉長卿太行苦熱行（全唐詩第三函第一冊）：

汗馬臥高原，危旗倚長薄。

顯然是夏日景況。

白居易立秋日登樂遊園（白香山詩集卷十九）：

獨行獨語曲江頭，回馬遲遲上樂遊。

楊巨源秋日登亭贈薛侍御（全唐詩第五函第九册）：

潦倒從軍何取益，東西走馬暫同遊。

他們走馬同遊都是秋日的事。

孟郊羽林行（全唐詩第六函第五册）：

朔雪寒斷指，朔風勁裂冰，……翩翩羽林兒，錦臂飛蒼鷹，揮鞭快白馬，走出黃河凌。

長孫佐輔隴西行（全唐詩第七函第九册）：

人寒指欲墜，馬凍蹄亦裂。

都是指的多季的情景。

白居易送擧人入試（全唐詩第七函第一册）：

夙駕送擧人，東方猶未明，自謂出太早，已有車馬行。騎火高低影，街鼓參差聲。

杜牧早行（全唐詩第八函第七册）：

垂鞭信馬行，數里未雞鳴，林下帶殘夢，葉飛時忽驚。

是在東方未明，雞未鳴之早晨，已經有動用車馬的例子。

賈島多夜送人（全唐詩第九函第四册）：

平明走馬上村橋，花落梅溪雪未消。

是夜間仍有走馬的例證。

韋應物送榆次林明府（全唐詩第三函第七册）：

策馬雨中去，逢人關外稀。

是馬冒雨猶行的例子。

杜甫舍弟觀自藍田迎妻子到江陵喜寄三首（杜詩鏡銓卷十八）：

馬度秦山雪正深，北來肌骨苦寒侵。

韓愈左遷至藍關示侄孫湘（韓昌黎全集卷十）：

雲横秦嶺家何在，雪擁藍關馬不前。

白居易酬李少府曹長官見贈（白香山詩集卷九）：

白馬晚踏雪，淥觴春暖寒。

是在積雪的時節，馬還在貢獻於交通而不休閒的。

岑參天山雪送蕭沼歸京（全唐詩第三函第八册）：

北風夜捲赤亭口，一夜天山雪更厚，……正是天山雪下時，送君走馬歸京師。

岑參白雪歌送武判官（全唐詩第三函第八册）：

紛紛暮雪下轅門，風掣紅旗凍不翻，輪臺東門送君去，去時雪滿天山路。山廻路轉不見君，雪上空留馬行處。

縱然是風雪交加之時，交通也不至於中斷。只要人有要事，馬的貢獻於交通，也不會免役於一時。

五、車馬的各種行色速度及安全

因為人有忙閑的不同，而地有都市鄉村的區別，事有緩急之分，所以形成車馬的各種行色，有疏密之分，亦有緩速之別。

白居易內鄉（一有縣字）村路作（長慶集卷二十）：

日下風高野路涼，緩驅疋馬闇思鄉。渭村秋物應如此，棗赤梨紅稻穗黃。

白居易城東閑遊（長慶集十三）：

猶尋秋景城東去，白鹿原頭信馬行。

因為是郊外或鄉村，自然可以緩驅疋馬或信馬而行。看此情景可以推知的是，鄉村路上的車馬是比較稀疏的。

盧照鄰晚渡渭橋寄示京邑遊好（全唐詩第一函第九册）：

我行背城闕，驅馬獨悠悠。

白居易九日寄行簡（全唐詩第七函第三册）：

摘得菊來携得酒，繞村騎馬思悠悠。

白居易魏王堤（白香山詩集後集卷十）：

花寒懶發鳥慵啼，信馬閑行到日西。

杜牧早行（全唐詩第八函第七册）：

垂鞭信馬行，數里未鷄鳴。

或因地非都市鬧區，或因行人沒有要事心境悠閑，甚至於有意消閒，所以不要求馬的快走，信馬閑行；因之馬行的速度自然不會太快了。

錢起晚過橫灞寄張藍田（全唐詩第四函第五册）：

亂水東流落照時，黃花滿徑客行遲，林端忽見南山色，馬上還吟陶令詩。

因爲馬行的速度不快，所以人的心境可以靜閑的悠悠然，甚至於還可以騎在馬上吟詩。

白居易自秦望赴五松驛馬上偶睡，睡覺成吟（全唐詩第七函第二册）：

馬上幾多時，夢中無限事。

白居易甚至可以在馬上睡覺。

至於幾個大都市裏的車馬的密度和速度，和鄉村裏則大不相同了。

白居易得微之到官後書備知通州之事悵然有感因成四章（全唐詩第七函第三册）：

奉目爭能不惆悵，高車大馬滿長安。

于武陵洛陽道（全唐詩第九函第七册）：

行行車與馬，不盡洛陽塵。

莊南傑傷歌行（全唐詩第七函第九册）：

車馳馬走咸陽道。

韋應物大梁亭會李四栖梧作（全唐詩第三函第七册）：

車馬平明合，城郭滿埃塵。

薛據懷哉行（全唐詩第四函第八册）：

秦城多車馬，日夕飛塵埃。

長安、洛陽、咸陽、大梁、秦城都是大都市，那裡的車馬都是非常擁擠的。由於車馬擁擠，自然有塵埃的飛揚。

高適長安少年行（全唐詩第三函第十册）：

宅中歌笑日紛紛，門外車馬常如雲。

韓翃送深州吳司馬歸使幕（全唐詩第四函第六册）：

東門送遠客，車馬正紛紛。

車馬之密集，則如雲似的一片，車馬之動，則又紛紛然。

崔峒送張芬東歸（全唐詩第五函第四册）：

喧喧五衢上，鞍馬自驅馳。

孟浩然大堤行（全唐詩第三函第三册）：

大堤行樂處，車馬相馳突。

熱鬧的地區，鞍馬、車馬自然要驅馳甚則馳突。

劉禹錫城西行（全唐詩第六函第二册）：

九衢車馬轟如雷。

崔道融長安春（全唐詩第十一函第一册）：

長安牡丹開，繡轂輾晴雷。

車馬旣多，行動起來，轟轟之聲，猶如晴天雷響一般。

白居易長安道（長慶集十二）：

黃塵霧合，車馬火熱。

元稹酬樂天書懷見寄（全唐詩第六函第八册）：

新昌北門外，與君從此分，街衢走車馬，塵土不見君。

不只聲如雷響，而且使塵土飛揚如霧之合，人們分離不遠，便已看不清楚了。

因爲車馬特別擁擠，有時不免發生雙方爭道的事情。如舊唐書卷五十二玄宗楊貴妃傳所載：

（天寶）十載正月望夜，楊家五宅夜遊，與廣平公主騎從爭西市門。

就是一個例證。

唐律疏議卷二十六：

諸於城內街巷及人衆中，無故走車馬者，笞五十。以故殺傷人者，減鬥殺傷一等。若有公私要速而走者，不坐。……以故殺傷人者……以過失論。其因驚駭不可禁止而殺傷人者，減過失二等。

這是早在貞觀時唐政府爲防止城內街巷及人衆中，走車馬害突以致殺傷人的律令。猶如今日政府規定市街內車行減速一樣。然而又規定：「若有公私要速而走者，不坐。」疏議曰：

公私要速者，公謂公事要速，及乘郵驛，並奉敕使之輩，私謂吉凶疾病之類，須求醫藥，並急追人而走車馬者，不坐。

實際上在長安城內公私繁忙的人很多，所以走車馬的，頗不乏人。在長安城外各地方，因各種原因而走快馬的也不少。如：

施肩吾少年行（全唐詩第一函第六册）：

醉騎白馬走空衢，惡少皆稱電不如。

少年而又喝醉酒，馬行超速，自所難免。

岑參送薛彥偉擢第東歸（全唐詩第三函第八册）：

稱意人皆羨，還家馬若飛。

擢第以後的人，抱着洋洋得意的心情，急於還家報知父母，自然要使馬走若飛的快了。

李白俠客行（李太白詩集卷之三）：

銀鞍照白馬，颯沓如流星。

杜甫高都護驄馬行（杜詩鏡銓卷之一）

長安壯兒不敢騎，走過掣電傾城知。

有的爲炫耀鞍馬，有的要使所騎的駿馬施展所能，也都不免要走快馬。

白居易路逢青州王大夫赴鎭立馬贈別（全唐詩第七函第七册）：

赫赫人爭看，翩翩馬欲飛。

岑參初過隴山途中呈宇文判官（全唐詩第三函第八册）：

一驛過一驛，驛騎如流星，平明發咸陽，暮及隴山頭。

可以看出各個地方的旅客們，都有騎着快馬趕路的。

至於唐代馬行的日速，要看事之緩急與馬的能力而定，各有不同而且差別很大。茲將各式速度的例證彙集如下：

唐六典卷之三戶部度支郎中員外郎：

凡陸行之程，馬日七十里，步及驢五十里，車三十里。

這是戶部運輸物資規定最低的行程速度，並非馬每日只能行七十里。

宣室志：

李生……乃曰：「……某少貧，無以自資，由是好與俠士遊。往往掠奪里人財帛。常馳馬腰弓，往還大行道日百餘里。……」

李某馳馬往還大行道日百餘里，可知其馬行之日速，必不限於百餘里。

全唐文卷七百五十四杜牧罪言：

唯山東……復產健馬，下者日馳二百里，所以兵常當天下。

山東所產健馬，下者猶日馳二百里，上者當更爲快速。

韓愈鎮州路上謹酬裴司空重見寄（韓昌黎全集卷十）：

銜命山東撫亂師，日馳三百自嫌遲。

韓愈銜命撫亂師，所以日馳三百里的遠程。

舊唐書肅宗本紀至德二載九月載：

癸卯，廣平王收西京，甲辰，捷書至行在。

按癸卯係二十八日，甲辰係二十九日。當時肅宗駐驛鳳翔，行在即指鳳翔。（通鑑明書：甲辰，捷書至鳳翔）據舊唐書地理志鳳翔在京師西三百一十五里。如此，捷書於一日之內（因紀時不詳，未必費一整日夜）送達三百餘里。推知送捷書的馬的一日行速可能在三百里以上。

舊唐書卷九玄宗本紀：

天寶十四載……十一月丙寅（十一日）范陽節度使安祿山率蕃漢之兵十餘萬自幽州南向詣闕……

……壬申（十七日）聞於行在所。

按地理志幽州在京師東北二千五百二十里，當時玄宗行在所是華清宮，在京師東一百八十里。傳達安祿山反的消息的馬，自幽州傳到華清宮，六日之內，行二千三百四十里。每日約傳達三百九十里。縱然以七日計算，每日行速猶在三百三十里以上。但傳達消息的馬，必需更換，每馬的行速不盡相同。

如此可以推知：慢的行速約三百餘里，快的可能日近四百里。

太眞外傳：「上賜妃（瑞龍腦十枚，妃私發明駞使持三枚遺（安）祿山。」句，「明駞使」下註曰：

明駞使，腹下有毛，夜能明，日馳五百里。

明駞使所騎馬的行速，竟至日達五百里。

續博物志：

肅宗時有告保定太守反者，令李泌乘千里馬往案之，千里馬寧遠所獻，髮拳紫色，狀如八駿，乘者必衣裘冒絮似胡兒抱持。早發扶風，初馳三十里則皆旁側跳，三十里外乃墜然而去，唯聞傍風聲飛前蹄之土過耳。辰時達保定，申時歸奏事。

按保定，即涇州，一名安定。（據新唐書地理志）在京師西北四百九十三里（據舊唐書地理志）。又扶風郡即鳳翔府，在京師西三百一十五里（據舊唐書地理志）。由扶風至保定的路程，記載不詳。按京師、扶風、保定三地點的位置，略成三角形，三地的距離略成鈎、股、弦狀。依此推算，扶風距保定的路程，大約三百里左右。又據「歸奏事」一語推知爲由扶風至保定，又返回扶風，行程約爲六百里。則李泌所乘之馬一日之行速，至少是六百里。

全唐文卷五百五十八韓愈雜說四首之四：

世有伯樂，然後有千里馬，千里馬常有，而伯樂不常有。

韓愈雖然提及千里馬，但求之史事，尚難找到具體的馬日行千里的例證。觀韓愈文末有：「嗚呼！其眞無馬耶？其眞不知馬也。」之嘆，可以推知韓愈之文爲寓意之作。千里爲一整數，形容馬行之速，未必眞有日行千里之馬。因爲馬需要休息，不能連續着整日的快跑。倘以最快的時速推算，則日速可以達到千里，甚或超過。

舊唐書太宗本紀：

（武德九年八月）甲戌（十九日），突厥頡利突利寇涇州，乙亥（二十日），突厥進至武功，京師戒嚴。

涇州在京師長安西北四百九十三里，武功離京師一百五十里，頡利突利二可汗所率的十餘萬騎（數目據通鑑），一日之間，南下達三百餘里。可見一日行三百里以上的馬，在軍中是不難尋覓，而是相當普遍的。

總計以上所記，馬日行七十里，想係載重原因，日行百餘里至二百里者爲正常。如事關緊急，馬可以日行三百里，可稱爲快速，非良馬莫辦。馬日行四百里或五百里者，可稱爲超速。至於日行六百里或更遠的馬，是很特殊的。既不多見，而且非平常人所能有。

王建早發金堤驛（全唐詩第五函第五册）：

人睡落塹轍，馬驚入蘆荻。

唐語林卷五：

裴知古，自中宗武后朝以知音律直太常。路逢乘馬。聞其聲，竊曰：「此人即當墜馬。」好事者隨而觀之，行未半坊，馬忽驚墜，殆死。

杜甫戲贈友二首之一：

元年建巳月，郎有焦校書，自誇足膂力，能騎生馬駒，一朝被馬蹋，唇裂版齒無，壯心不肯已，欲得東擒胡。

有時馬會驚而失常，也有時騎馬人會墜馬或被馬蹋，也是難免的事。但是在無可統計的車次騎次中，發生幾次馬驚人墜的事，決不能據此以推測：車禍馬禍是常常發生的。

杜甫戲贈友二首之二：

元年建巳月，官有王司直，馬驚折左臂，骨折面如墨，驚貽漫深泥，何不避雨色，勸君休歎恨，未必不為福。

白居易馬墜強出贈同座（白香山詩集卷二十七）：

足傷遭馬墜，腰重倩人擡。

偶然發生車禍馬禍，人也有傷足、折臂的，但絕少發現因此致死的。並且受禍者多限於一人（或少數人），並未發現三五人甚至更多人的。推其原因，一、騎馬是單個一人，共乘一車的也不過三數人。二、是騎以一馬為單位，駕車多則用四、五匹馬，論馬力不過是四五匹馬力而已。較之今日之火車、機車，其載重力及前衝力均為遠遜。

更重要的是，馬是有靈性的動物，與機車的機械不同。機械不能自主，人一有失，機械闖禍則不可收拾。馬本身則會求安全。遇有危險，會自行躲避或停止前進。

白居易公垂尚書以白馬見寄光潔穩善以詩謝之（全唐詩第七函第七册）：

翩翩白馬稱金羈，領綴銀光尾曳絲，毛色鮮明人盡愛，性靈馴善主偏知。……不蹶不驚行步穩，最宜山簡醉中騎。

嚴維奉和劉祭酒傷白馬（此馬敕賜寧王轉贈祭酒）

……鏡點黃金眼，花開白雪鬉，性柔君子德，足逸大王風。

人們乘騎性靈馴善的馬和性柔的馬固然不至發生事故，對於性悍的馬，既可事先選擇，更可施以訓練以改其習性。

摭異記：

上（指玄宗）好走馬擊毬，內廐所飼者，意猶未甚適，會黃幡綽戲語相解，因曰：「吾欲良馬久之，而誰能通於馬經者？」幡綽奏曰：「臣能知之。」且曰：「今之丞相悉善馬經。」上曰：「吾與三丞相語，政事之外悉究其旁學，不聞有通於馬經者，爾焉得知之？」幡綽曰：「臣日日沙場上，見丞相所乘馬，皆良馬也，以是知通馬經。」上因大笑而語他。

玄宗時丞相所乘馬皆良馬，而且他們都通馬經，可見那些丞相們，對乘馬都是會善加選擇而且懂得選擇方法的。

張說舞馬千秋萬歲樂府詞（全唐詩第二函第四册）：

聖王至德與天齊，天馬來儀自海西，腕足齊行拜兩膝，繁驕不進蹈千蹄，髤髵奮鬣時蹲踏，鼓怒驤身忽上躋，更有銜杯終宴曲，垂頭掉尾醉如泥。

由玄宗千秋節日舞馬的動作，可證馬是很能接受而且容易訓練的。當然民間一般用的馬未必個個都和玄宗御用的舞馬訓練的好，但是駕車和乘騎的訓練，比舞馬的動作也簡單的多，訓練不至太難的。

韓愈雜說四有曰：

策之不以其道，食之不能盡其材，鳴之而不能通其意。

這只是韓愈以世間沒有識馬的伯樂以自況其懷才不遇的話。若從反面看，一般用馬的人務求：策之以其道，食之能盡其材，鳴之而能通其意。果能如此，人和馬都有靈性都要避免車馬禍，所以唐代車馬行的安全大致不成問題，比較現今機車的安全，好的豈只倍蓰？約略如孟子所說：「或相什伯，或相千萬。」甚至不能相比了。

六、總論

唐代的武將全都善於騎馬，文職的官吏平時也大多騎馬。文人多會騎馬，宮中婦女以及民間婦女亦多會騎馬，少年俠客們更愛好騎馬。雖然是力衰的老人也有騎馬的例證。高宗時曾一度禁止工商乘馬，可見平常工商乘馬的頗不乏人。達官貴人們常於槽櫪間養着許多無價的善走的名馬，稍爲富有而喜愛馬的人，也有養著許多馬以便更換着乘騎的。貧窮而無馬的人，遇必要時也可向富人借馬借車。所以在唐代，除太窮或人格差而且毫無社會關係的人外，大多數人會騎馬也有馬供應乘騎。

因爲會騎馬的人很普遍，而騎馬又比較駕車簡易輕便，所以唐代交通上可以充分的利用馬。馬對交通上的貢獻可以充分發揮。

江南固然以船爲主要的交通工具，但有時也有騎馬的。不過數量不多，不太普遍而已。在江北固然有些河流可以用船，而實際上還是以馬爲主要的交通動力。交通網是以京師長安和東都洛陽爲中心，路線猶如光線一般的向四面八方射出。長安洛陽東出，可經汴州、宋州到彭城等地。由洛陽向東偏北，可達青、齊等州。由洛陽北轉，可經邯鄲而達幽州。從長安，往東北經蒲州可到太原等地，往西北經涇州可達朔方。西出秦州可達西州，往西南經漢中（梁州）可到蜀州。南出襄鄧可達荊州等地。在以上的許多路線上，車馬都可通行。可以短途，也可以長途。一千里二千里的長途行走，固然多見，三千里的五千里的長途也是常有的。

馬可以走平坦的大道，高槐遮蔭的大道，也可爬上山崗，涉過河流，可以登到下視千峯的絕頂，也可以行於崎嶇難行的山徑。有時可以踏過泥路，踏過冰霜，也可以踏過無從辨認的深雪，遇有特殊時機，甚至可以穿過荆棘。

至於唐人的使用車馬，可謂應用在日常生活上的每一事件而毫無限制。官吏們朝謁用車馬，朝官出使用車馬，地方官吏入朝用車馬。舉人入京赴試用車馬，入京後求知已用車馬，放榜時看榜用車馬，及第後謝恩時用車馬，曲江宴用車馬，登第的進士回家省親用車馬，未登第留居京師的仍用車馬。除官時賀喜客人也都用車馬。

一般人家的嫁女娶婦用車馬，喪葬用車馬，朋友們互相拜訪用車馬，送別友人用車馬，被送離京就職的同樣都用車馬。一般人春遊用車馬，看花、賞牡丹用車馬，遊山、遊寺、看竹、弔古以及野望無不用車馬。少年公子們打獵騎馬，鬥鷄騎馬，尋找胡姬，以及去香街尋樂的人們，大都騎馬。大詩人白居易於夢中也常騎馬。可見當時的人們，事無鉅細，動則不騎馬便乘車。車馬與人生是無法分開的。

動用車馬的時間也沒有限制，在季節上不論春夏和秋冬，在時間上不論白日與黑夜。在天氣上，不論下雨與颳風，更不論下霜和下雪。甚至風雪交加的日子，馬並不免役，不過天氣惡劣而人無要事時，動用車馬的比較少罷了。

至於車馬的行色，有各種的不同，有稀疏，有密集，有緩慢，有快速，要看人、地、時、事的不同而定。大抵無要人居住的鄉村或郊野車馬少，長安、洛陽等大都市達官貴人們密集的地方車馬多。車馬少的地方，乘車、騎馬的人可以垂鞭信馬悠悠行，可以在馬上吟詩，也可以在馬上睡覺。至於大都市裏車馬擁擠的地方，從早到晚，高車大馬不停的驅馳，聲如雷動，致使塵土飛揚。有時車馬的主人，爲爭道路不免發生衝突。唐政府爲防止事端，就製定律令，限制城內街巷及人衆中走車奔馬，倘有車馬唐突以致傷人者，按情形分別處罪。但是因行車走馬不致傷人者無罪，所以長安城內車走馬馳的情形，還是隨時可見。

馬行的速度，因各種情形的不同而快慢不等。在長安城郊馬行速度雖快，但因很少連續不停的馳驅達一日以上者，所以詩人們只有以「電不如」「馬若飛」「如流星」等辭去形容馬行之快。很少指出其每日速度的。計馬日速的，多指馬之行長途者。當時戶部擬定驛馬日行七十里，並不足代表馬行的日速。據當時的文獻記載，馬有日行百餘里的，有日行二百里的。大約是普通的馬，平時日速的約數。韓愈銜命在山東撫亂時，日馳三百里。武德九年，突厥入寇時，其馬日行三百餘里，那是有關軍事已是非常的行速。

安祿山反時，唐政府傳達消息的馬，日行三百到四百里之間。至廣平王和郭子儀收復京師，往鳳翔行在所向肅宗送捷書的馬，日行三百里以上，更是因軍情緊急而使用的特別快速的良馬。楊貴妃私發明駝使所騎的馬的日速五百里，李泌奉命由鳳翔去保定案亂時所乘的馬，日速約六百里，那又是非常中的非常，特別快速的了。至於當時所常說的千里馬，只是形容馬之最良者，案之史事，並無確實的記載。

唐代各時到處都動用車馬，固然也有騎馬人墜馬受傷的，但是究不多見。發生車禍而致乘人於死的更無例證。較之現代各地車禍的頻傳，死傷累累者，可謂安全的多多了。推其原因，除車馬的速度和馬力均不及近代的機車外，更大的原因可能是馬為有靈性的動物，可以馴順，大多能通人意，而它本身又懂得求安全而避免危險。

總之；在唐代將近三百年中，馬時時在各地為許多人在交通上獻出力量，馬是交通上最大的動力。倘若沒有馬，唐代交通會變成大部分癱瘓。馬在唐代大致等於現代的石油。馬對唐帝國之重要性決不亞於石油對於現今世界各國的重要性。（本論文發表於國立師範大學歷史學報第五期六十六年四月）

唐代四裔賓服的文化因素

一、前言

我國歷代盛世，當推漢唐，而唐尤爲後來居上。漢武帝雖擊敗匈奴，但已精疲力竭，國本幾乎動搖；而唐太宗擊潰突厥，四夷君長共同擁戴爲天可汗，代突厥而成東亞的盟主。國勢繼續蒸蒸日上，經高宗武后直至玄宗開元天寶之世，天可汗組織仍然存在。計前後達一百二十餘年（西元六三〇——七五五）。唐對四裔，「弱者德以懷之，強者力以制之」（舊唐書西域傳後史臣語）；設六都護府以鎮撫四方。各國對唐「以次修貢蓋百餘，皆萬里而至。」（新唐書西域傳贊）；誠所謂：「冠帶百蠻，車書萬里。」（舊唐書玄宗本紀後史臣語）是也。可謂盛哉！

每一歷史現象，必有原因。唐代國勢之盛，空前未有。何故能以致此？自必有其根源存在。單從表面看，係由軍力之強。實際上軍事只是政治的延長，而政治的根本又植於文化。欲求其本源，必需檢討有關的文化。

國之本在民，而國民的優劣，又在於體格與精神（即身與心）。國家的中樞主腦是政府，而政府所賴的準繩爲制度。此外更能直接影響於對外關係的，正是國策。茲就此三方面檢討於後（時間以唐前期爲主，略涉及以後）：

二、國民身心的健全

唐人的身高，紀傳多略而不書，難作確切統計。李義琰「身長八尺」（舊傳），只能作爲特例。李頎古意詩：「男兒事長征，少小幽燕客，賭勝馬蹄下，由來輕七尺。」（全唐詩第二函第九册），可見「七尺」就成爲長征男兒的身軀代表名辭。中興名將郭子儀「長七尺二寸」（新傳），是著名的高人。他的孫子郭釗和他的部將李嗣業，都「長七尺。」（新書本傳）玄宗時的兵部尙書郭元震（振）和名將郭知運，也都是「長七尺」（新書本傳），另外「長七尺」的還有陸景融（新書本傳）、吉頊、程千里等人（舊書本傳）。詩仙李白自謂：「雖不滿七尺，而心雄萬夫。」（與韓荊州書），他身高當在六尺以上。駱賓王討武氏檄：「六尺之孤何託」，杜牧竇烈女傳：「六尺男子有祿位者。」可知「六尺」都是泛指一般男子的身軀。馬燧「六尺二寸」，李晟「身長六尺」（均見舊書本傳）法欽「身長六尺」（李吉甫杭州徑山寺大覺禪師碑銘），可見六尺身高不限於武將了。新唐書兵志：「飛騎，其法取戶二等以上長六尺濶壯者，試弓馬四次以上，翹關擧五負米五斛行三十步者。」六尺身高固然是上選，但亦距中等身材必不太遠了。（因爲沈旣濟有：「五尺童子恥不言文墨」語，可見五尺就是童子高度了）據吳洛著中國度量衡史，唐尺合今三一、一〇公分。唐代六尺，約合今一八六・六公分。固然六尺爲中等以上身材，約可推知中等身材爲一八〇到一七〇公分左右，不至太低。較之今人平均或稍高些。

兩唐書各傳裏絕少記述文職和文人的健壯情形，武將的健壯情形，則到處可見。例如秦叔寶「勇悍有志節。」程知節「少驍勇善用馬矟。」蘇定方「驍悍多力，膽氣絕倫」，張士貴「善騎射，膂力過人。」等等，不一而足。張說作隴右節度大使贈涼州都督郭公神道碑銘謂郭知運：「力能扛鼎……射穿七札。」（見唐文粹卷五十七）縱不過份誇大，亦不能據此少數以概全體。在難求全貌情形下，不妨探討婦女健壯情形以作基點。

婦女的健壯可於其體力所能任的工作上表現。

第一：唐代婦女多能騎馬：例如：舊唐書輿服志：「武德貞觀之時，宮人騎馬者，依齊隋舊制多著冪䍦……開元初，從駕宮人騎馬者皆著胡帽。」是武德貞觀以至開元時，宮女經常騎馬。玄宗楊貴妃傳：「凡有遊幸，貴妃無不隨侍，乘馬，則高力士執轡授鞭。」杜甫虢國夫人：「虢國夫人承主恩，平明騎馬入宮門。」（全唐詩第四函第四冊），可知楊貴妃和虢國夫人都能騎馬。無名氏美人騎馬：「促來金蹬短，扶上玉人輕。」（全唐詩第十一函第八冊）可見民間一般婦女不乏能騎馬的。

第二：婦女多能耕田：舊唐書烈女傳：「楊三安妻李氏，晝則力田夜紡絹。」就是例證。杜甫兵車行：「縱有健婦把鋤犁，禾生田畝無東西。」戴叔倫女耕田行：「乳燕入巢筍成竹，誰家二女種新穀，無人無牛不及犁，持刀砍地翻作泥。」元稹田家詞：「重鑄鋤犁作斤劚，姑舂婦擔去輸官。」（均見全唐詩）都可看出婦女是能耕田的。

第三．婦女可以參軍：高祖入關時，其女平陽公主「引精兵萬人與秦王會渭北。（柴）紹及主對置幕府，分定京師，號娘子軍。」（新唐書平陽公主傳）。舊唐書烈女傳鄒保英妻奚氏傳：「保英爲平州刺史，契丹李盡忠寇城，奚氏率家僮及城內女丁相助。」都是婦女參軍的例證。

根據以上，可證唐代婦女體格的健壯。男子體格平均較婦女爲壯，可知唐代男子更爲健壯無可置疑。

由於身體的健壯，容易產生出來高度的智慧。唐人智慧之高，可於當時學藝之造詣上表現。詩、文、書法、繪畫、雕塑、音樂等項的成就，無不達到登峯造極的程度。但非本文的目的，不多贅述。僅舉一二史實以作代表。

（一）在唐初年，雄據中國北方的突厥，無疑的是東亞最強盛的國家，頡利可汗尤其不可一世。他曾一度率十萬精騎入侵，直抵渭水北岸。唐太宗無法擋住突厥騰突的精騎，不得已遂聽李靖之議，傾府庫之財賂突厥以求和。（參閱拙作唐太宗渭水之恥本末考實，收入中華書局印行的唐史考辨），但是時間只經過三年零八個月，由於太宗君臣們在政治、軍事、外交上的努力，竟然屢敗突厥，將頡利可汗俘擄到長安。突厥本以精騎取勝著稱，而唐將李靖竟以精騎戰敗突厥而擒頡利。倘若太宗君臣們沒有高度的智慧，何能造成此種奇蹟！

（二）天竺（今印度）本爲佛教發源地，對佛教教義的瞭解，當優於其他各國。但是唐僧玄奘竟然能在天竺遍遊各地講解佛法與羣僧論難，經十八日後，無敢問者，得到遠近蕃人一致的尊伏。玄奘

如無特高的智慧，何能勝過天竺無數的衆僧？（參閱續高僧傳玄奘傳）

在許多的戰役中，唐將士的忠勇可歌可泣的事蹟甚多，分別載於兩唐書的忠義傳及其他傳中，不必贅述。茲舉對外戰爭中足以表現唐人精神的數事於後：

（一）貞觀四年討東突厥時，李靖選精騎萬人，齎二十日糧，乘夜出發。復使蘇定方帥二百騎爲前鋒，乘霧而行。襲破突厥軍，頡利可汗乘千里馬遁走，依其姪沙鉢羅部落，將奔吐谷渾。任城王道宗復引兵逼之，卒擒頡利可汗送至長安。

（二）貞觀九年伐吐谷渾之役，侯君集與江夏王道宗登漢哭山，飲馬烏海，途經二千餘里空虛無人之地。盛夏降霜，多積雪，乏水草。將士飲冰，馬皆食雪。最後終於與李靖會師於大非川，平吐谷渾，立伏允之子順爲可汗而還。

（三）貞觀十四年討平高昌時，其國童謠云：「高昌兵馬如霜雪，漢家兵馬如日月。日月照霜雪，迴手自消滅。」

（四）高宗顯慶二年，蘇定方擊敗西突厥沙鉢羅可汗於曳咥河後，沙鉢羅輕騎西走。會天大雪，平地二尺。軍中有請俟晴而後行者。蘇定方不許。謂：「虜恃雪深，我必不追，我若亟進，當可追及。」乃蹋雪晝夜兼行，乘其不備，復擊敗沙鉢羅於雙河。沙鉢羅脫逃至石國。蘇定方復命將蕭嗣業追至石國，卒擒沙鉢羅，獻於長安。

一個身高體健，智慧卓越而精神蓬勃的民族，創出輝煌的事業，是極自然的事。

三、制度的完善

（一）政治制度：唐承隋後，置尚書、中書、門下三省，以三省的長官尚書令、中書令、侍中並爲宰相。三省的職責是：中書省制定法令，門下省審覈法令，尚書省負責執行法令。凡有政事，先由中書省取旨，中書舍人起草撰擬詔敕，再由中書令與中書侍郎審閱，擬定後交付門下省審覈。如有不合，可以封駁，還交中書省重擬再審。務必使其至當，然後交與尚書省執行。（尚書省尚書令下有左右僕射爲副，下屬分爲吏、戶、禮、兵、刑、工六部。）這種辦事程序，切實而精密，用意周到，務求作到至善爲止，而且寓有制衡作用。

唐太宗恐怕中書、門下兩省或論難往來或各逞意氣，致延緩時日減低行政效率，乃於門下省設政事堂，令三省長官合署辦公。（武后時移政事堂於中書省。）

因爲唐高祖時，太宗曾經任過尚書令，及太宗即帝位後，無人敢居此職；尚書令之職務，由其副貳左右僕射分擔。尋復以職位較低的官參議朝政，叫做參知政事（或稱參議得失等等），高宗以後，又置同中書門下三品，皆宰相之任，於是宰相人數加多。最多時，竟達十七人。凡才智之士皆可加以「同中書門下三品」之銜，貢宰相之任。這樣一來更能收集思廣益之效。

玄宗開元時，將政事堂改稱「中書門下」，別爲置印，下列吏房、樞機房、兵房、戶房、刑禮房等五房，分曹以主衆務。於是「中書門下」成爲有僚屬的獨立機關、宰相無掣肘之感，但仍不失中書起草，門下封駁之遺意。

（二）科舉制度：唐代取士之制採用科舉制度。其辦法是：由京師六學（國子學、太學、四門學、書學、律學、算學）選送應試的，叫做「生徒」。自負有才懷牒自投於州縣，由州縣初試後保送京師應試的，叫做「鄉貢」。由天子詔徵非常人才，親行策試，叫做「制舉」。考試科目有秀才、明經、進士、明法、明字、明算、史科、三傳等，其中以明經、進士二科爲盛，尤以進士最爲社會重視。「生徒」之中，貴族子弟較多，「鄉貢」之中，大部分爲平民。其後雖官員子弟，亦以參與鄉貢爲榮。鄉貢無任何資格限制，應試人可以自我報名，參加考試。平民和貴族子弟們，平等的競爭，全以考試成績的好壞爲及第的標準。這種制度的優點：

第一：以考試成績作標準比人事關係作標準，所選的人才較爲正確。國家可以用此制度求得眞正有才能的人任用。而且國家選才的範圍擴大，因之選才的效率增高了。

第二：寒素可以舉進士，及第後可以成名作官，足以鼓勵寒素之士的向上心，努力求學，不再像魏晉南北朝時，庶族抱着聽天由命不求上進的心理了。

第三：進士有作官的資格，和政府的關係密切，對政府更加愛護。社會一般人士又最景仰進士，追隨同鄉或熟識的進士們，也對國家和政府更具有向心力。政府可以得到各地方各階層的愛戴和擁護，基礎更加鞏固。

（三）兵制：唐初至開元時的兵制是府兵制。其法：選擇二十歲以上健壯的農民，編爲軍戶，。

駐於軍府，由折衝都尉率領。平時耕種，多季講武，教以戰陣之法。編制有上府（一千二百人）、中府（一千人）、下府（八百人）之分。府兵所用衣食、兵器，由該府籌備，自給自足。但免納賦稅。

沒有戰事時，府兵輪流調到京師去宿衞，叫做「番上」，規定按折衝府離京師遠近而定。離京師近的輪流的次數多，遠的輪流的次數少。

倘若國家有事，由朝廷以符契下其州及府參驗，徵調府兵到指定的地點，臨時任命將帥檢閱，有教習不精者，罪其折衝都尉甚至刺史。然後帥領府兵出發作戰。待戰事結束後，按軍功賜勳加賞。將領回朝，兵各還府。

府兵制度的優點，第一是國家不需負擔養兵費用；第二是將帥不至於專兵跋扈；第三是選民爲兵比較招募而來的兵或全民皆兵的兵，更爲精壯。所以戰鬥力強。

（四）田賦制度：唐代初年，田制爲均田制，賦稅制度爲租庸調制。均田制是：凡丁年十八歲以上，國家授之田一頃（百畝）。內八十畝爲口分，身死則還官，更給他人。二十畝爲永業，身死則當戶者承之。

租庸調制是：「丁受田後，每歲向國家輸粟二石，或稻三斛，謂之租。輸綾、絹、絁各二丈，加綿三兩。不產絲處，輸布。長度加五分之一，外加麻三斤，謂之調。每歲服役二十天，潤月加兩天，不服役者每日納絹三尺，謂之庸。

此種租庸調制，具有輕徭薄賦精神。論租：孟子所說王者之政是什一之稅，漢代什五稅一，有時三十稅一。唐代若以每畝收一石計，每年可收八十石（只計口分田，永業田除外），只有四十稅一，比較漢代更輕。論庸：漢制：更役每歲一月，唐代每歲只二十天，當漢代三分之二。論調：漢制複雜難算，西晉丁男歲輸絹三匹綿三斤，比唐多六倍；北魏一夫一婦調帛一匹，比唐多一倍。總之，唐之租庸調制，農民負擔的最輕。在此制度之下，農民可以安居樂業。

四、政策的寬宏

通鑑卷一百九十八貞觀二十年五月載：

庚辰，上（指太宗）御翠微殿問侍臣曰：「自古帝王雖平定中夏，不能服戎狄，朕才不逮古人而成功過之。自不諭其故，諸公各率意以實言之」。羣臣皆稱：陛下功德如天地，萬物不得而名言。上曰：「不然。朕所以能及此者……自古皆貴中華賤夷狄，朕獨愛之如一，故其種落皆依朕如父母。」

對夷狄愛之如對中華一樣，是唐太宗對四裔的態度，也是唐太宗及以後各帝所共同遵守的政策。基於此一態度（或政策），表現於行爲的：

（一）任用蕃將：對於四裔全一視同仁，毫無猜忌，量才施用。因爲蕃人多健壯尚武，所以唐初蕃將輩出。計其最著名的有史大奈，西突厥人。阿史那社爾，西突厥處羅可汗之次子。阿史那忠，突厥蘇泥失之子。執失思力，突厥酋長。契苾何力，鐵勒哥論易勿施莫賀可汗之孫。黑齒常之，百濟西部人。李謹行，靺鞨人。泉男生，高麗泉蓋蘇文之子。李多祚，靺鞨人。不一而足。

舊唐書卷一百九李多祚傳：

李多祚代爲靺鞨酋長，多祚驍勇善射，意氣感激，少以軍功歷任右羽林軍大將軍，前後掌禁兵北門宿衞二十餘年。神龍初，張柬之將誅張易之兄弟，引多祚將籌其事，謂曰：「將軍在北門幾年？」曰：「三十年矣。」柬之曰：「將軍擊鐘鼎食，金章紫授，貴寵當代，位極武臣，豈非大帝（高宗）之恩乎？」曰：「然。」又曰：「將軍既感大帝殊澤，能有報乎？大帝之子見在東宮，逆豎張易之兄弟擅權，朝夕危逼……誠能報恩，正屬今日。」因即引天地神祇爲要誓，詞氣感動，義形於色。遂與柬之等定謀誅張易之兄弟，以功進封遼陽郡王，食實封八百戶。

這段史實，充分可以代表漢蕃之合作以及所發生的效力。在國內能以推翻竊政十五年的武周而中興李唐，其他蕃將效力於邊疆，忠君愛國無有顧望，其可增加國力，實不可以數計算。

（二）優遇俘虜：每於擒獲抗命的蕃酋以後，不只不加殺戮，常常反而任以官職。例如：

1. 擒獲東突厥頡利可汗至京師，太宗赦其曾侵至渭水之罪，仍封爲右衞大將軍，賜以田宅。
2. 俘擄薛延陀酋咄摩支至京師，拜爲右武衞大將軍。
3. 俘龜茲王布里失畢至京師，太宗釋之，拜爲左武衞中郎將。
4. 擒獲東突厥車鼻可汗至京師，高宗釋之，拜爲左武衞將軍。

5.擒獲西突厥沙鉢羅可汗至京師，高宗釋而赦之。

孟子曰：「不嗜殺人者能一之。」受此寬宏政策之影響，來降附者很多。以貞觀三四兩年最為顯著。據通鑑載：

貞觀三年，戶部奏中國人自塞外及四夷前後降附者，男女一百二十餘萬口。

貞觀四年，突厥酋長至者皆拜將軍中郎將，布列朝廷。五品已上百餘人，殆與朝士相半。因而入居長安者，近萬家。

（三）予以自治：對歸服的部落，予以自治，不干涉其內政。如：

1.太宗平吐谷渾後，立伏允子順為可汗。旋順為部下所殺，詔立其子諾曷鉢為可汗。

2.太宗時，黨項初忠於吐谷渾。降唐後，授其部酋長拓跋赤辭為西戎州都督，賜姓李。

3.太宗時，破薛延陀咄摩支後，分其舊部落為六都督府七州。拜其酋長為都督刺史。

4.高宗時，擒獲東突厥車鼻可汗後，分其地置單于、瀚海二都護府。單于領三都督十四州，瀚海領七都督八州。各以其酋長為都督刺史。

5.高宗時，擒獲西突厥沙鉢羅可汗後，於其地分置崑陵、濛池二都護府。以阿史那彌射為興昔亡可汗，阿史那步眞為繼往絕可汗，分領其地。仍令彌射、步眞據諸姓降者，準其部落大小，位望高下，授刺史以下官。

凡是能安民的部落酋長，均能不失職位，既可免除豪酋的反抗，復可安定四裔的民心。對於四裔的心悅誠服，發生無限的力量。

（四）尊其習俗：四裔入居國內的，尊重其習俗。如：擒頡利至長安，授虢州刺史，以彼土多麞鹿，縱其畋獵，庶不失物性。因頡利不願往，遂授右衞大將軍，賜以田宅。及頡利卒，命國人從其習俗焚尸葬之。

太宗時，住在長安的漢人生活多胡化。太子承乾就是胡化很深的。他是一個久居長安（而且住在深宮）的少年，何以深染胡俗？可見長安胡俗普遍存在。據此現象可以推知：唐政府對胡人生活習俗，予以絕對自由。

李白少年行：「五陵少年金市東，銀鞍白馬度春風，落花踏盡遊何處？笑入胡姬酒肆中。」（李太白全集卷之六）胡姬可以開設酒肆，可見胡人選擇職業的自由。

唐律疏議卷六名例「外人相犯」條曰：「諸化外人同類相犯，各依本俗法。異類相犯者，以法律論。」可見唐人所訂的法律，對於蕃夷之犯法，猶尊重其本國的習俗。

孟子曰：「愛人者，人恆愛之。敬人者，人恆敬之。」（離婁下）唐太宗說：「夷狄亦入耳，其情與中夏不殊……德澤洽，則四夷可使如一家。」（通鑑卷一百九十七）唐代四裔所以賓服者，寬宏的政策就是原動力量。

五、結論

唐人身體高大而健壯，智慧卓越而精神旺盛，堅強勇毅而能克服困難，奠定了國家強盛的基礎。數以千萬計的國民（太宗時人口二千餘萬，玄宗時人口五千餘萬。）團結在一個大有為的政府領導之下。在國民方面：由田賦制度而得到生活安定，由科舉制度可以發揮才能，因而努力向上，報効國家。在國家方面：由科舉制度可選到有用的人才；由府兵制度可徵調到精壯的兵；更由政治制度而收到集思廣益的效果。政府領導着全國軍民，一致的努力，所以能建立起來一個強有力的國家。

國力既強，國內安定，對外復持寬宏政策，吸收四裔各族中有才能的蕃將，共同集於一個政府領導之下，力量自然增加。加以優待俘虜，予各族以自治權以及尊重其習俗等措施，各族可以各得其所，過着比以前或更優美的生活，所以他們都樂意擁戴天可汗，而唐帝國的基礎，遂得更擴大的建立於四裔各族共同擁護之上。

唐代究竟何以能致此？亦有其根源存在：

（一）魏晉南北朝時，五胡亂華。　在漢胡（唐有時亦稱蕃）接觸中，不斷的發生戰爭與婚姻關係。使漢胡的血統融合，而又受到鍛鍊。遂使舊的漢族新化，以至於發展到體格健壯而智慧卓越，更具有堅強勇毅的精神。這是自然產生的現象。

（二）自東漢末年，地方權坐大，朝廷常為權臣把持。　從此纂位的相仍。又自西漢始行募兵制，曹魏始行九品中正制，而且多年以來，土地集中，貧富懸殊等等弊端叢生，以致民貧國弱。其後主政者有鑒於此，逐漸從事改革。北魏改行均田制，北周改行府兵制，楊隋始行科舉制及三省制。唐繼隋而興，有鑒往事，一部分因襲前朝，一部分更加修改，卒至製定最完善的各種制度。

（三）自漢武帝罷黜百家獨尊儒術以後，儒學盛行。　孔子倡有教無類，所作春秋，主張：夷狄之於中國則中國之。孟子提倡王道，嘗云：「不嗜殺人者能一之。」魏晉以降，佛道二教興起。佛教以慈悲爲主，以超渡爲宗。道教之祖老子主張：「聖人無常心，以百姓心爲心。」（老子道德經四十九章），他又說：「樂殺人者，則不可以得志於天下矣」（同書三十一章）。凡此等等思想，已爲唐人所熟知。

自「寬仁容衆」的唐高祖，至「聰明神武」的唐太宗，因繼承其祖先的傳統，生活早已胡化。而且唐太宗尤能「以古爲鏡」「從善如流」。他能接受古聖先賢的遺訓，酌量當時的事宜，所以他能確立此一偉大的最適時宜的寬宏政策。

簡言之，既順應歷史的趨勢，又適應當時的事宜。半由天時，半由人事，唐代之盛，於斯造成。再回顧爲唐前驅的楊隋，文帝煬帝父子均不學無術，剛愎自用。雖有殷鑑可資，但不能遵行良好制度。旁觀爲唐北鄰的突厥和薛延陀，雖然兵馬強壯驃騂，長於戰鬪，但無文化基礎。既無良善的制度，更不懂寬宏爲何事。只知掠財肥己擄人爲奴；所以都旋興旋滅。天可汗的寶座，只有李家合格來坐，因爲他們的君臣們多通經明史，熟悉時務，有勇（勇敢的精神）、有智（指能判斷決擇制度）、而且能仁（指持寬宏政策）。

（本論文發表於幼獅月刊第四十七卷第五期六十七年五月）

補兩唐書李大恩傳並序

一、序

李大恩者，唐定襄王代州總管，與突厥戰而殉國之烈士也。武德中，屢敗突厥，頡利可汗憚其威名，懼而請和於唐，厥功甚偉。然因兩唐書無傳，後世注意及之者頗鮮。

按唐曾賜國姓上屬籍宗正者，兩唐書均有傳。封王而以身殉國者亦均有傳。功未至封王而封國公者多有傳。甚至爵只封郡公或縣公而有傳者，亦頗不乏人。李大恩以功封王，榮寵至屬籍宗正，論戰績屢敗突厥，論忠烈乃至以身殉國。但兩唐書均無其傳，何也？

考大恩之歸唐，時在武德三年（六二〇）十二月。次年正月，唐封爲定襄王賜姓李氏。當時，正置秦王伐王世充於洛陽，隱太子建成鎮蒲州以備突厥。舊唐書高祖本紀武德四年正月載：

胡大恩以大安鎮來降。

同書卷六十四隱太子建成傳云：

自非軍國大務，悉委決之。

大安鎮之去長安也，蒲州爲必經之地，以高祖委任建成之重，則大恩之降唐，建成當參與謀議，甚或直接降於建成。

通鑑卷一百八十八武德三年七月載：

壬戌（初一）詔秦王世民督諸軍擊王世充。……

癸亥（初二），突厥遣使潛詣王世充，潞州總管李襲譽擊敗之，虜牛羊萬計。

驃騎大將軍可朱渾定遠告「并州總管李仲文與突厥通謀，欲俟洛陽兵交，引胡騎入長安。」

揆諸事理，計其時日，是唐高祖已知突厥與王世充、李仲文等之通謀，而後始命皇太子建成鎮蒲州以備之也。則皇太子建成所備禦者，必不限於突厥，而兼及與突厥通謀之輩也，明矣。

新唐書卷一高祖本紀武德三年七月載：

壬戌（初一），秦王世民討王世充。甲戌（十三日），皇太子屯於蒲州以備突厥。丙戌（二十五日），梁師都導突厥、稽胡寇邊，行軍總管段德操敗之。

是太子屯蒲州後，突厥、稽胡、梁師都果然聯合共寇唐邊也。而唐高祖所命備禦突厥之皇太子，又豈能僅備突厥，而不兼備與突厥聯合之稽胡、梁師都耶？

考唐開國時期，自太原起義後，建成領左軍都督，世民領右軍都督時起，軍權即全操於高祖、建成、世民父子兄弟之手。當時，秦王世民正討王世充於洛陽附近，而齊王元吉亦參與伐王世充之師。則備禦突厥之主帥，舍建成其誰屬哉？

據舊唐書所記，對秦王已書明「率諸軍」，對皇太子則未書明「率諸軍」，太子果無「率諸軍」

之權耶？更須從其事前事後之情勢，由側面證之。

舊唐書高祖本紀義寧二年（即武德元年）載：

春正月戊辰，世子建成爲撫寧大將軍東討元帥，太宗爲副，總兵七萬（通鑑稱十餘萬人），徇地東都。

據此知建成在鎭蒲州以前，其職權曾在太宗之上。

同書同紀武德四年正月載：

辛巳，命皇太子總統諸軍討稽胡。

唐大詔令集卷一百三十命皇太子討稽胡詔：

可令太子建成總統諸軍，以時致討，……行軍節度期會進止者，委建成處分。

通鑑卷一百九十武德五年十一月載：

甲申，詔太子建成將兵討（劉）黑闥，其陝東道大行臺（世民主管）及山東道行軍元帥，河南河北諸州，並受建成處分，得以便宜從事。

又可證太子建成在鎭蒲州之後，復曾「總統諸軍」或「便宜從事」而權且在太宗之上矣。

突厥爲當時北方之強國，唐之勁敵。備突厥與伐王世充，雖似爲二事，而實則息息相關。甚至伐王世充軍事之成敗，亦繫於備禦突厥之成敗。備禦突厥之責任，尤重於伐王世充之責任。太子建成負此重任矣，事前事後均掌重權矣。在鎭蒲州備突厥時，皇太子建成何得有責任而無職權？特史官爲抑當無疑問。

建成諱而不書耳。依情勢推斷：幷州及幷州以北對突厥及其通謀者之前線，勢必受建成節制及調度，

舊唐書高祖本紀武德四月正月載：

丁卯（初九），竇建德行臺尚書令胡大恩以大安鎮來降，封定襄郡王，賜姓李氏。辛巳（二十三日）命皇太子總統諸軍討稽胡。

通鑑卷一百八十八武德四年正月載：

癸酉（十五日）以（胡）大恩爲代州總管，……大恩徙鎮雁門。

是大恩降唐及徙鎮雁門之時，正值太子建成鎮蒲州以備突厥之期，而且已臨太子受命總統諸軍以討稽胡之前夕矣。

以當時之情勢觀之，劉武周所曾據之馬邑，已落於突厥之手，略北之定襄，卽突厥處羅可汗所立隋王楊政道之都也。馬邑、定襄皆突厥寇唐之基地。雁門瀕臨邊塞，與馬邑、定襄密邇相對，卽唐備禦突厥之重鎮也。李大恩由大安徙鎮雁門，其職責卽爲備突厥之入侵。稽胡與突厥既爲寇唐之一體，而太子建成之總統諸軍討稽胡，並未卸去備禦突厥之責任，則李大恩之鎮雁門，實建成討稽胡之前奏，李大恩卽建成之先鋒也。奚有備禦突厥之將領與備禦突厥之主帥不相關聯者哉！是李大恩之徙鎮雁門，雖出於高祖之命，但必得建成之同意，甚至爲建成之建議與申請。易言之：李大恩降唐後，必屬於建成部下，受建成之節制。

舊唐書卷六十八秦叔寶傳：

（叔寶）拜（王）世充曰：「雖蒙殊禮，不敢仰視；請從此辭。」世充不敢逼，於是來降，高祖令事秦府。

同書同卷程知節傳：

與秦叔寶等馬上揖世充曰：「……今謹奉辭。」於是躍馬與左右數十人歸國……授秦王府左三統軍。

秦叔寶與程知節均爲王世充將領之降唐者，高祖俱令事秦府。當時高祖以東方軍事付之秦王，以北方軍事付於皇太子。李大恩爲竇建德之將領於河北降唐者，高祖令受建成節制，亦事之自然者也。況其降時建成參與謀議乎？特史官有意不書耳。

舊唐書卷六十盧江王瑗傳：

（武德）九年，累遷幽州大都督……時隱太子建成將有異圖，外結於瑗。及建成誅死，遣通事舍人崔敦禮召瑗入朝……瑗乃囚敦禮，舉兵反。

新唐書卷九十二羅藝傳：

武德二年，乃奉表以地歸，詔封燕王賜姓……黑闥引突厥入寇，藝復以兵與皇太子建成會於洺州……秦王左右嘗至其營，藝疻辱之。高祖怒以屬吏，久乃釋。時突厥放橫，藉藝威名，欲憚虜，詔以本官領天節軍將鎮涇州。太宗卽位，進開府儀同三司，藝內懼，乃圖反。……

新唐書卷九十七魏徵傳：

（太宗）即位，拜諫議大夫，封鉅鹿縣男。當是時，河北州縣素事隱（太子）巢（刺王）者不自安，往往曹伏思亂。徵白太宗曰：「不示至公，禍不可解。」帝曰：「爾行安喻河北。」道遇太子千牛李志安，齊王護軍李思行傳送京師。……

是武德末年，鎮守北邊之軍事將領，多爲建成部下黨羽，而且於太宗即位後多獲罪也。

武德五年四月，李大恩殉國之時，秦王世民已平世充，擒竇建德，軍功甚盛，奪嫡之念已萌，且已認建成爲競爭之對象矣。對於向來受建成節制之李大恩，焉能不視爲建成之黨羽哉？武德九年六月四日，玄武門事變發生，秦王世民由被立爲太子而即帝位。斯時，李大恩已死矣，否則，縱非廬江王瑗、羅藝之續，亦李志安、李思行之列，勢所難免也。

貞觀九年，太宗親觀國史後，爲收天下之人心，正後世之耳目，遂令許敬宗刪國史爲實錄。許敬宗利祿小人也，爲應太宗政治之需要，於史實多所竄改。不溢太宗之美，無以表其義；不掩建成之軍功，無由彰其惡；於是，掩沒建成之軍功，遂成爲許敬宗著實錄時，目的之一矣。

許敬宗掩沒建成軍功之方法頗多，最要者有：

（一）對建成所立的軍功，常略去建成之名。如平西河之役是。溫大雅著大唐創業起居注記曰：「兵向西河，大郎（建成）二郎（世民）在路一同義士等其甘苦，齊其休息。」而據通鑑考異云：「高祖、太宗實錄但云太宗徇西河。」創業注成於武德初，信史也。高祖、太宗實錄成於貞觀年間，有所謂而作者也。所以司馬溫公已斷爲：「史官沒建成之名耳。」（通鑑考異）後世已成定論。

（二）對建成部下立功之將領，不書明屬於建成部下。例如義寧元年十一月高祖克長安之役。溫大雅大唐創業起居注記云：「京城東面南面，隴西公（建成）主之。西面北面，燉煌公（世民）主之。……纔至景風門，東面軍頭雷永吉已先登而入。……」據此，雷永吉爲建成部下明矣。但實錄則將雷永吉改名雷紹，而且不書明爲建成部下。此點司馬溫公於通鑑考異內已考明，亦後世不易之論也。此外段德操，擊敗稽胡之唐將也。確爲建成總統諸軍討稽胡時之部下。許敬宗於實錄內亦不書明爲建成部下。可見許敬宗對建成部下立軍功之將領，不書明屬於建成部下，不限於一人，採用此法者數矣。

李大恩爲建成之部屬，許敬宗必知之甚詳。倘若依實書明，卽等於間接顯露建成之軍功。如果承認建成之軍功，則玄武門事變，太宗之殺建成，何得比於周公之殺管、蔡哉？許敬宗既必需掩沒太子建成之軍功，自不得不推而廣之，掩沒建成與其部屬之關係。

舊唐書卷一百八十七上常達傳：

（高祖）命起居舍人令狐德棻曰：「劉感、常達，須載之史策也。」

可見高祖對忠臣義士事蹟紀載之注意。

册府元龜卷四二五將帥部死事二：

大恩爲虜所敗，死之。高祖聞之，傷惜久之。

舊唐書卷四十三職官志：

史官：掌修國史，不虛美，不隱惡。

據高祖對李大恩之關懷，及史官記事之確實，當李大恩殉國後，國史當直書其事蹟，甚或已撰有其傳稿矣。

許敬宗於貞觀八年卽兼修國史，至貞觀十七年修武德、貞觀實錄完成。時間不爲不久。對國史內容，至爲熟悉。對李大恩事蹟之記載，決不至於忽略。當許敬宗見到史官所記李大恩之事蹟或其傳稿時，自然會感到既大有礙於太宗的大義，而且不利於其個人的利祿前程。許敬宗作實錄時，或爲取媚於太宗，或爲其個人利祿；對李大恩事蹟，焉有不删改者哉？

許敬宗刪改之法頗易。國史如已有李大恩傳稿，刪除卽可。於新作實錄中，首先删除李大恩與建成之主屬關係，其餘略爲删改可耳。較之僞造太宗首謀起義等案，省時省力，許敬宗何樂而不爲？

舊唐書卷八十二許敬宗傳：

高祖太宗兩朝實錄，其敬播所修者，頗多詳直，敬宗又輒以己愛憎曲事删改。

許敬宗修實錄時，以己愛憎曲事删改，已爲定論矣。

許敬宗删改之史事多矣，兩唐書許敬宗傳記之詳矣。不見於其傳，而經司馬溫公通鑑考異中證明其確係删改者，更多矣。其未經溫公考明而經筆者考定者，又不可勝計。（如拙作唐史考辨所載）則許敬宗之删改李大恩事蹟並删除其傳稿事，雖未見諸記載，但證之各方史事，確爲勢所必然，證之許敬宗删改史事之手法，彼此則若合符節。

李大恩傳稿既被删除，後之掌國史者，無傳稿可資，因而未補，是以直至後晉天福時，舊唐書作成，以及北宋嘉祐時，新唐書作成，李大恩傳並付缺如。

史學之首要，貴眞與公。突厥頡利可汗，著名之梟雄也。舊唐書突厥傳稱其：

兵馬強盛，有憑陵中國之志。高祖每優容之，賜與不可勝計，頡利言辭悖傲，請求無厭。

及李大恩之屢敗突厥，竟迫使頡利可汗向唐求和，有功於國者也。許敬宗爲掩沒建成軍功而删除李大恩傳稿，獻媚於太宗，私也。以私害公而使史事失眞，豈事之宜哉？焉得謂平？

李大恩傳雖失，但李大恩之部分事蹟，尙散見於資治通鑑，册府元龜，唐大詔令，全唐文諸書以及兩唐書突厥傳中。茲特綴之作李大恩傳以補兩唐書之缺。但因部分史料已被删除，無由得其全貌，僅係梗概而已。雖然，抛磚在於引玉，仰望博學君子，其續補之。

二、補李大恩傳

李大恩，恆山（註一）人也。本姓胡氏（註二）。少驍勇，善騎射（註三）。隋大業末，盜賊羣起，大恩聚徒繕甲，輯寧邊境（註四）。竇建德之盛也，大恩往歸附之。積功升爲行臺尙書令（註五），鎭守大安（註六）。

竇建德圍攻幽州，爲羅藝所敗，復信讒殺其將王伏寶，納言宋正本（註七），大恩遂不自安。時唐領土日廣，國勢日隆，秦王世民帥師伐王世充於洛陽，皇太子建成鎭蒲州以備突厥（註八）。大恩仰慕朝風，乃奉表歸國（註九）。武德四年正月，高祖詔令大恩爲代州總管，加授上柱國，封定襄王，食邑五千戶，賜姓李氏，上屬籍宗正（註十）。

時突厥頡利可汗有憑陵中國之志（註十一），聯合梁師都，稽胡酋帥劉仚成共寇唐邊（註十二）。代州石嶺以北，自劉武周亂後，盜賊充斥，民無寧日（註十三）。高祖以大恩諳於邊疆，雁門爲防突厥重鎭，令大恩徙鎭之（註十四），聽太子建成節制（註十五）。

大恩徙鎭雁門後，討擊，悉平之（註十六），安輯邊境，勳績允著，高祖下詔深嘉獎之（註十七）。

四月，頡利可汗自率萬餘騎，與馬邑賊苑君璋將兵六千人共攻雁門，大恩擊走之（註十八）先是頡利言辭悖傲，求請無厭，漢陽公蘇瓌、太常卿鄭元璹、左驍衛大將軍長孫順德先後使突厥，頡利並拘之，唐亦留其使數輩；自是爲大恩所挫，乃懼，遂放順德等還，更請和好，獻魚膠數十斛，欲令二國同於此膠。高祖亦放其使者還（註十九）。五月，大恩復擊苑君璋，破之，北邊略定（註二十）

八月，突厥復以盛兵來寇，大恩遣行軍總管王孝基拒戰，舉軍皆沒。突厥進圍崞縣，大恩以衆寡不敵，據城自守。突厥憚其威名，亦不敢逼。月餘，引兵而去（註二十一）。

武德五年春，突厥飢饉，大恩上表奏言馬邑可圖，高祖詔令殿內少監獨孤晟將兵與其合勢，期以二月會于馬邑。晟失期不至，大恩不能獨進，頓兵於新城以待之。頡利可汗遣數萬騎與劉黑闥合軍進圍大恩。高祖聞之，遽令右驍衞大將軍李高遷救之。未至，大恩糧盡，夜突圍出，爲突厥所邀，力戰不敵，遂歿於陣。死者數千人。高祖聞之，殤惜久之。獨孤晟坐減死徙邊（註二十二）。

附註

註一：據通鑑卷一百八十八「竇建德行台尙書令恆山胡大恩請降。」一語。又按恆山郡名，即恆州。天寶時，改名常山。即今河北正定。

註二：據舊唐書高祖本紀：「武德四年春正月丁卯，竇建德行臺尙書令胡大恩以大安鎭來降，封定襄郡王賜姓李氏。」

註三：參考陳寅恪著：隋末唐初所謂「山東豪傑」。載於嶺南學報十二期。

註四：據全唐文卷二，高祖褒胡大恩來降詔。

註五：據舊唐書高祖本紀，及通鑑卷一百八十八。

註六：據同註二。又大安鎭在今河北趙縣境。

註七：據舊唐書卷五十四竇建德傳。

註八：見於舊唐書高祖本紀武德三年七月。

註九：全唐文卷二褒胡大恩來降詔。

註　十：參閱舊唐書高祖本紀及唐大詔令集卷六十四胡大恩賜姓屬籍宗正詔。

註十一：據舊唐書突厥頡利可汗傳。

註十二：新唐書高祖本紀武德三年七月。

註十三：通鑑卷一百八十八武德四年正月，及全唐文卷二高祖赦代州總管府內詔。

註十四：參考褒胡大恩來降詔，及通鑑武德四年正月。

註十五：根據本文序內研究所得。

註十六：通鑑武德四年正月。

註十七：全唐文卷二赦代州總管府內詔。

註十八：舊唐書卷一百九十四上突厥頡利可汗傳。

註十九：同上。

註二十：通鑑武德四年五月。

註廿一：册府元龜卷之三百九十三將帥部威名二，及通鑑武德四年八月。

註廿二：册府元龜卷四二五將帥部死事二，通鑑武德五年四月。及舊唐書卷一百九十四上突厥頡利可汗傳。

（本文發表於國立師範大學歷史學報第三期六十四年二月）

中華史地叢書
唐史研究

作　　者／李樹桐　著
主　　編／劉郁君
美術編輯／中華書局編輯部

出 版 者／中華書局
發 行 人／張敏君
行銷經理／王新君
地　　址／11494 臺北市內湖區舊宗路二段181巷8號5樓
客服專線／02-8797-8396　　　傳　真／02-8797-8909
網　　址／www.chunghwabook.com.tw
匯款帳號／兆豐國際商業銀行　東內湖分行
067-09-036932　中華書局股份有限公司

法律顧問／安侯法律事務所
印刷公司／維中科技有限公司　海瑞印刷品有限公司
出版日期／2015年3月再版
版本備註／據1979年6月初版復刻重製
定　　價／NTD 540

國家圖書館出版品預行編目（CIP）資料

唐史研究 / 李樹桐著. — 再版. — 臺北市 :
中華書局, 2015.03
面 ; 公分. —(中華史地叢書)
ISBN 978-957-43-2373-9(平裝)

1.唐史 2.史學評論

624.108　　　104005855

NO.G0010
ISBN 978-957-43-2373-9（平裝）